JN132432

全国商業高等学校協会主催
情報処理検定試験準拠

情報処理検定試験模擬問題集　2級
ビジネス情報編

■ はじめに ■

　本書は，平素の学習がそのまま全商情報処理検定試験〈ビジネス情報〉第2級合格につながるよう構成してあります。皆さんが最後の問題までていねいに学習され，検定試験合格の栄冠を得られることを願ってやみません。

● 「解説」では，検定基準範囲のまとめができます。

● 「実技問題」は，検定試験実技問題に対応できる作表とグラフ表現力の養成を目的に作られています。

● 「模擬問題」は，最新の第2級検定基準と，これまでの検定試験問題の分析を反映して作成しました。

● 「検定試験問題」は，全商情報処理検定試験の過去問を2回分収録しました。

■ 情報処理検定試験について ■

　情報処理検定試験は，コンピュータの関連知識と利用技術・プログラミングを検定するために，公益財団法人全国商業高等学校協会の主催によって行われます。

　検定は，第1級（ビジネス情報・プログラミング），第2級（ビジネス情報・プログラミング）および第3級が設定されています。第2級のビジネス情報と第3級には実技試験があります。検定に合格するためには，各級とも各試験において，100点を満点としたときに70点以上の成績を得ると合格になります。検定に合格した者には合格証書が授与されます。

　試験時間は次のようになります。

	ビジネス情報		プログラミング
	筆記試験	実技試験	筆記試験
1級	60分		60分
2級	30分	20分	50分

	筆記試験	実技試験
3級	20分	20分

目　次

※実技試験の提供データは，弊社ホームページよりダウンロードしてご使用ください。

＊とうほうトップページ・副教材関連データダウンロード　https://toho.tokyo-horei.co.jp/gakusan/download.php#jmogi

※解答用紙はミシン目から切り離してお使いいただけます。

ハードウェア・ソフトウェアに関する知識

1 ハードウェアの構成

（1）補助記憶装置

① 磁気ディスク装置

　　表面に磁性材料を塗布した円盤（磁気ディスク）を高速回転させ，磁気ヘッドを移動させて読み書きする装置。一般に磁気ディスク機構とアクセス機構が一体化されたハードディスク装置のことをいう。

② 磁気ディスク装置の構造

　ア　磁気ヘッド：磁気ディスク装置の磁気ディスクにデータを読み書きする部分。

　イ　アクセスアーム：先端に付いている磁気ヘッドを所定の位置まで移動させる部品。

　ウ　トラック：磁気ディスクの記録単位で，磁気ディスクを同心円状に分割したもの。

　エ　セクタ：磁気ディスクの最小記録単位で，トラックを放射状に分割した部分。

　オ　シリンダ：磁気ディスクの記録単位で，アクセスアームを動かさないで読み書きできる（同じ半径の）円筒状のトラックの集まり。

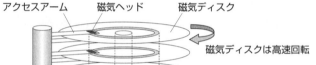

磁気ディスク装置の構造

アクセスアーム　　磁気ヘッド　　磁気ディスク

磁気ディスクは高速回転

アクセスアームを動かして磁気ヘッドを読み取り位置へ移動

磁気ディスクのトラック・セクタ

トラック

セクタ　セクタ　セクタ

　　磁気ディスクを読み書きする**磁気ヘッド**は，**アクセスアーム**の先端にあり，アクセスアームを移動させて読み書きをする。ディスクは，同心円状の**トラック**に分割されており，トラックをさらに放射状に分割した**セクタ**を単位として読み書きが行われる。通常，複数枚のディスクを一定の間隔で重ねた構造になっており，各ディスクの間にあるアクセスアームと磁気ヘッドは同時に作動する。アクセスアームを動かさないで読み書きできる円筒状のトラックの集まりを**シリンダ**という。

（2）入力装置

① OCR［Optical Character Reader　光学式文字読取装置］

　　手書きの文字や印刷された文字を光学的に読み取る装置。スキャナで読み取った画像から文字を認識して，変換するOCRソフトもある。

② OMR［Optical Mark Reader　光学式マーク読取装置］

　　マークシートに塗られたマークを光学的に読み取る装置。

（3）UPS［Uninterruptible Power Supply：無停電電源装置］

　　バックアップ用の充電池により，停電時でも一定時間コンピュータを稼働できるようにする装置。停電時にはシステムと連携し，安全にシステムを終了させる機能を持つ製品が多い。

シュナイダーエレクトリック株式会社

練習問題1-1 解答 ➡ p.2

【1】 次の文に最も関係の深い語を答えなさい。

(1) 手書きや印刷された文字を光学的に読み取り，文字データとして入力する装置。

(2) 磁気ディスク装置において，データを読み書きする最小の記録単位。

(3) データを読み書きするために，磁気ヘッドをディスク上の所定の位置に移動させるための部品。

(4) マークシートに記入されたマークを光学的に読み取り，コンピュータに入力する装置。

(5) 磁気ディスク装置において，ディスク表面の磁気記録層にデータを読み書きする部分。

(6) 磁気ディスク装置の記録面にある同心円状に分割された1周分の記録場所。

(7) 磁気ディスク装置で，同心円状の複数のトラックが，論理的な円筒状になっている記録単位。

(8) 表面に磁性材料を塗布した円盤に，電子情報を同心円上に記憶させる記憶装置。

(9) 自然災害や人為的なミスの影響で電力供給が止まった際，しばらくの間コンピュータに電気を供給する装置。

(1)		(2)		(3)	
(4)		(5)		(6)	
(7)		(8)		(9)	

▶2 ソフトウェアに関する知識

（1）画像のデジタル表現

　コンピュータではさまざまな文字や画像をデジタルデータとして扱い，ディスプレイやプリンタなどを利用して表現している。

① ドット［dot］

　文字や画像を構成する小さな点で，ディスプレイ表示やプリンタで印刷する際の画像を構成する最小単位。ドットは「点」を意味し，白と黒の2階調（点があるかないか）である。ドットの密度が大きいほど，細かな文字や絵を表現することができる。

ドットの密度が大きい　ドットの密度が小さい

② ピクセル（画素）［pixel］

　画像を構成する小さな点で，色情報（色調や階調）を持つ最小単位。画素ともいう。一般的に単なる点情報を表すドットとは区別される。

ピクセルの拡大図

③ 解像度

画像の質や情報量を表す基準で，単位幅をいくつの点の集合として表現するかを表す単位。ディスプレイの場合は，「1600×1200」のように，横×縦で表示するドット数で表すが，一般的に1インチあたり最大いくつの点を表示できるかを，dpiやppiの単位で表現する。この値が高いほど，より細かな画質が得られる。

ア dpi ［ディーピーアイ：dots per inch］

1インチを何個のドットの集まりとして表現できるかを表す単位。たとえば，300dpiなら，1インチあたり300個の点があることになる。この値が大きいほど，解像度が高いことを示す。

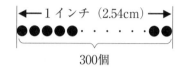

イ ppi ［ピーピーアイ：pixels per inch］

1インチを何個のピクセル（画素）の集まりとして表現できるかを表す単位。主にビットマップデータ（ペイント系グラフィックスデータ）の解像度を表すのに用いられる。

④ RGB ［アールジービー］

Red（赤），Green（緑），Blue（青）のことで，光の三原色とも呼ばれる。コンピュータでは，この3色の組み合わせでさまざまな色を表現し，保存する。

⑤ CMYK ［シーエムワイケー］

Cyan（藍色），Magenta（深紅色），Yellow（黄），blacK（黒）のことで，カラー印刷で利用される原色。カラー印刷では，この4色の組み合わせにより印刷時の色を表現する。

⑥ 画像容量の計算

画像容量は，画像の画素数と色を表現するために必要な容量（ビットカラー）によって決まる。

ア ビットカラー

コンピュータ上での色表現方法で，1つの画素（ドット・ピクセル）について何ビットの色情報を持たせるかを表す。

1ビットで表示できる色数は

○●の2パターンで2通り（$2^1 = 2$）である。

2ビットで表示できる色数は

○○ ○● ●○ ●●の4通り（$2^2 = 4$）である。

ビットカラーは次の計算式で表すことができる。

$$2^{ビット数} = 表示できる色数$$

ビット数と表示できる色数

8ビットカラー →	2^8 =	256色
16ビットカラー →	2^{16} =	65,536色
24ビットカラー →	2^{24} =	約1,677万色

イ 画像容量の計算

例 画像サイズが横1,600×縦1,200ピクセルで256色を表現する画像の容量は約何Mバイトか。

1,600ピクセル
1ピクセルごとに256色
1,200ピクセル

解法 ①画像のピクセル数は1,600×1,200である。各ピクセルに256色表示するためには，256=2^8であるので，8ビット必要である。

②画像容量を計算すると，1,600 × 1,200 × 8 = 15,360,000（ビット）となる。

③バイトで答える必要があるので，バイトに直す。**1バイト＝8ビット**であるので，

15,360,000 ÷ 8 = 1,920,000（バイト）となる。

④最後にMバイトに直すと，1,920,000 ÷ 10^6 = 1.92 となる。

答 約1.92Mバイト

ウ 画像容量の計算式

画像容量の計算は次の式で求めることができる。

画像に必要なバイト数 ＝	横のピクセル数 × 縦のピクセル数 × 1ピクセルに必要なビット数

8

ハ
ー
ド
・
ソ
フ
ト

（2）圧縮・解凍ソフトウェア

　コンピュータで扱われるデータは膨大である。それらのデータを保存や転送する際に，データ容量を小さくしたり，小さくしたデータ容量を元の状態に戻したりすることができる。

① 圧縮

　一定の手順にしたがって，データの意味を保ったまま，容量を削減する処理のこと。圧縮ソフトウェアを使用して圧縮する。サイズの大きいファイルを転送する場合や，ハードディスクの容量を節約したい場合に行う。

② 解凍

　圧縮されたデータを元のデータに復元する処理のこと。「展開」「伸張」などともいう。自己解凍形式以外の圧縮ファイルは，解凍ソフトウェアを使用して解凍する。

③ アーカイバ

　複数のファイルをまとめたり，まとめたファイルから元のファイルを取り出したりするソフトウェア。まとめたファイルをアーカイブという。ファイルを圧縮する機能，圧縮したファイルを解凍する機能も持つものが一般的である。代表的なアーカイバとしては，ZIPなどがある。

（3）プラグアンドプレイ ［plug and play］

　コンピュータに周辺機器を追加する際，ハードウェアをコネクタに差し込むだけで，OSが自動的にソフトウェアをインストールして設定を行い，ユーザが手動で設定作業をしなくても使用できるようにするシステム。

練習問題1-2
解答 ➡ p.2

【1】次の文に最も関係の深い語を答えなさい。

(1) プリンタに出力された文字や画像を構成する最小の要素である点。

(2) 色情報（色調や階調）を持つデジタル画像を構成する最小単位の点。

(3) 色の混合比率を変化させて色を表現するカラー印刷で，使用する4色の頭文字をとったもの。

(4) データの意味を保ったまま圧縮されたデータを，元の状態に戻すこと。

(5) 複数のファイルを1つにまとめたり，逆にまとめたファイルを元に戻したりするソフトウェア。

(6) コンピュータに周辺機器を接続する際，OSが必要な設定を自動で行い，使用できるようにするシステム。

(1)		(2)		(3)	
(4)		(5)		(6)	

【2】次の各問いの答えを解答群から選び，記号で答えなさい。

(1) 1ピクセルを4ビットで表現することができる色は何色か。

(2) 1ピクセルに256色を表現するために何ビット必要か。

(3) 画像サイズが横1,280×縦720ピクセルで，256色表示させた場合の画像容量は約何MBか。ただし，1KBは1,000Bとする。

(4) 画像サイズが横1,024×縦768ピクセルで，65,536色（16ビットカラー）表示させた場合の画像容量は約何MBか。ただし，1KBは1,024Bとする。

(5) 横1,200ピクセル，縦800ピクセルで，24ビットの色情報を持つ画像を撮影できるデジタルカメラがある。このカメラに128MBの記録用メモリを使用すると，圧縮しない画像は何枚記録できるか。ただし，1KBは1,000Bとする。

┌─ 解答群 ─────┐
ア．0.90　　イ．0.92
ウ．1.5　　エ．1.6
オ．4　　　カ．6
キ．8　　　ク．16
ケ．44　　　コ．45
└──────────┘

(1)		(2)		(3)		(4)		(5)	

3 ディレクトリとファイル

（1）ディレクトリ（フォルダ）

　ディレクトリとは，記憶装置の中でファイルを分類して保存するために作られた記憶場所のことをいう。OSによってはフォルダとも呼ばれる。ディレクトリ名を付けて関連する複数のファイルを1つのディレクトリに入れることにより，ファイルを効率的に管理することができる。ディレクトリ（フォルダ）の中に新たなディレクトリ（フォルダ）を作成することにより，より細かくファイルを分類して保存することができる。このような構造を階層構造という。

ディレクトリの階層構造図

　右図は，ディレクトリの階層構造を示した例であり，授業のディレクトリの中にはビジネス基礎・課題研究・原価計算・情報処理の4つのディレクトリがあり，情報処理のディレクトリの中には，課題・模擬問題・練習問題の3つのディレクトリが存在していることを意味している。

```
∨ 📁 授業
    📄 ビジネス基礎
    📄 課題研究
    📄 原価計算
∨ 📁 情報処理
    📄 課題
    📄 模擬問題
    📄 練習問題
```

① **ルートディレクトリ**

　ディレクトリの階層構造の中で最上位にあるディレクトリ。ディレクトリの階層構造図の中ではローカルディスク（C:）がルートディレクトリである。

② **サブディレクトリ**

　ディレクトリの中にあるディレクトリ。ルートディレクトリ以外のディレクトリは，すべてサブディレクトリである。

（2）ファイル

　ファイルとは，プログラムやデータなど，一定の目的を持った情報の集まりである。

① **ファイル名**

　プログラムやデータを特定するための名称。

② **拡張子**

　ファイル名の一部であり，ファイルの種類や内容を識別するために，ファイル名の最後に付ける文字列。

ファイル名

kada<u>il.xlsx</u>
拡張子

③ **ワイルドカード（＊，?）**

　文字列やファイル名を検索するときに，任意の文字や文字列の代わりに使用する特別な記号。「＊」と「?」がある。

＊	任意の長さの文字列を表す
?	任意の1文字を表す

例　以下のファイル名の中から，ワイルドカードを使用して検索する。

agt15.gif	apps.exe	atm.sys	admp.gif	back.exe	calc.gif	dialer.bmp

1．「a＊.＊」の条件で検索　⇨

agt15.gif	apps.exe	atm.sys	admp.gif

　ファイル名の最初に「a」の文字が付くファイルをすべて検索することができる。

2．「a???.???」の条件で検索　⇨

apps.exe	admp.gif

　ファイル名の最初に「a」の文字が付き，条件と同じ文字数のファイルをすべて検索することができる。

④ **テキストファイル**

　内容が文字データだけからなるファイル。ほとんどのソフトウェアで利用できる。

⑤ **バイナリファイル**

　データが文字として呼び出すことのできない2進数のコードに変換されたままのファイル。対応したソフトウェアでのみ利用できる。

（3）ファイル形式

① 画像ファイルの形式

ア　BMP［ビットマップ：BitMaP］

Windows標準の画像形式で，静止画像を点の集まり（ビットマップ）で表現し，記録したフルカラー（24ビット，約1677万色）のファイル形式。非圧縮なので画質はよいが，データ量が多くなる。

イ　JPEG［ジェーペグ：Joint Photographic Experts Group］

フルカラー静止画像を圧縮したファイル形式。圧縮率が高いのでインターネットで広く使われている。人間の目には気づかない色の変化の情報を間引きして圧縮をするため，伸張したときに劣化する。

ウ　GIF［ジフ：Graphic Interchange Format］

従来からインターネットで広く使われてきた代表的な画像圧縮ファイル形式。扱える色が256色と少なく，イラストやロゴ，アイコンに向いている。動画のアニメーションGIFや，透明色を利用して背景イメージと重ね合わせる透過GIFなどの拡張仕様がある。圧縮による劣化がない。

エ　PNG［ピング：Portable Network Graphics］

インターネット上で利用するために作られた画像圧縮ファイル形式。48ビットの高画質でカラー表現できるうえ，圧縮による劣化がない。

② 動画像ファイルの形式

ア　MPEG［エムペグ：Moving Picture Experts Group］

動画や音声を圧縮したファイル形式。MPEG1はCDやビデオCD，MPEG2はデジタルテレビやDVDビデオ，MPEG4は携帯電話などで利用されている。

③ 音声・音楽ファイルの形式

ア　MIDI［ミディ：Musical Instruments Digital Interface］

電子ピアノなどの電子楽器を制御するための規格。また，その規格で記録された音楽ファイル。

イ　MP3［エムピースリー：MPEG Audio Layer-3］

MPEG1を利用して音声をCD並の高品質で圧縮するファイル形式。

④ 圧縮ソフトのファイル形式

ア　ZIP［ジップ］

複数のファイルをまとめて，1つのファイルとして扱うためのファイル形式。複数のファイルを電子メールで送信したり，インターネットからダウンロードしたりする場合などに利用される。世界中で広く利用されており，データ圧縮や暗号化などの機能も備えている。

⑤ その他のファイル形式

ア　CSV［シーエスブイ：Comma Separated Values］

データをコンマ「,」で区切って並べたファイル形式。表計算ソフトやデータベースソフトがデータを保存する形式で，行データを1行として扱い，列のデータをコンマ「,」で区切って記録する。汎用性が高く，多くのアプリケーションソフト間で利用できる。

エクセルデータ

	A	B	C	D	E
1	北海道	本州	四国	九州	沖縄
2	60	50	70	40	10
3	15	25	20	25	45

エクセルデータをCSV形式で保存したデータ

```
北海道,本州,四国,九州,沖縄
60,50,70,40,10
15,25,20,25,45
```

イ　PDF［ピーディーエフ：Portable Document Format］

米国Adobe Systems社によって開発された，電子文書表示用のファイル形式。コンピュータのOSの違いや使用フォントの違いなどに影響されず同一の文書を表示できる。PDF文書を見るためにはインターネット上で無料配布されている アドビリーダー［Adobe Reader］を使用する。

ハード・ソフト

練習問題1-3

解答 ➡ p.2

【1】次の文に最も関係の深い語を答えなさい。

(1)　ファイルの種類や内容を識別するために，ファイル名の最後に付ける文字列。

(2)　OSやコンピュータの機種に依存しない，文字データだけで構成された文書のファイル。

(3)　ファイルを階層構造で管理するとき，あるディレクトリの下位に作成されるディレクトリ。

(4)　文字として読み出すことができない2進数形式のファイル。

(5)　階層構造の最上位にあるディレクトリ。

(6)　複数のファイルを1つのファイルとしてまとめて圧縮することができる，世界中で最も広く利用されているファイル圧縮形式。

(1)	
(2)	
(3)	
(4)	
(5)	
(6)	

【2】次の文に最も関係の深い語を解答群から選び，記号で答えなさい。

(1)　静止画像を点の集まりとして，圧縮せずに記録するファイル形式。

(2)　画質は低下するが圧縮率が高い，静止画像データのファイル形式。

(3)　インターネットで利用するために作られた48ビットの高画質の画像圧縮ファイル形式。

(4)　専用のソフトウェアを利用することで，コンピュータの機種や使用環境に依存せずに閲覧できる電子文書のファイル形式。

(5)　音声データを高音質のまま圧縮できるファイル形式。

(6)　電子楽器を制御するための規格であり，音楽情報を保存したファイル形式。

(7)　動画や音声を圧縮したファイル形式。

(8)　データをコンマ（,）で区切って並べたファイル形式。

(1)	
(2)	
(3)	
(4)	
(5)	
(6)	
(7)	
(8)	

―― 解答群 ――

ア．GIF	イ．MIDI	ウ．BMP	エ．CSV	オ．PNG	カ．バイナリファイル
キ．PDF	ク．JPEG	ケ．MP3	コ．ZIP	サ．MPEG	

4 関連知識

（1）情報関連規格

① **ISO**［アイエスオー：International Organization for Standardization］
　　国際標準化機構。工業分野をはじめ，さまざまな産業における製品等の国際標準化を推進する国際機関。略称は「IOS」ではなく「ISO」。

② **IEEE**［アイトリプルイー：Institute of Electrical and Electronics Engineers］
　　電気電子学会。アメリカに本部を持つ電気・電子分野の世界最大の学会。ネットワークや各種インタフェースの規格を決めるなどの活動を行っている。

③ **JIS**［ジス：Japanese Industrial Standards］
　　日本産業規格。日本国内の製品やサービスなどについて規格や測定法などを定めた国家規格。文字コードなど，コンピュータや情報処理に関する規格もJISに定められている。

④ **ANSI**［アンシー：American National Standards Institute］
　　米国規格協会。アメリカの工業製品に関する規格を制定する団体。

（2）文字コード

　　コンピュータで文字や記号を利用するために，それぞれに割り当てられた固有の数字を**文字コード**という。文字コードは世界の各言語に存在する。

① JISコード［ジスコード：Japanese Industrial Standards Code］

JISで規格化された日本語文字コード。ASCIIコードを拡張し，かな，漢字等も使えるようにした。

② ASCIIコード［アスキーコード：American Standard Code for Information Interchange］

ANSIが定めた文字コードで，英数字の最も標準的な文字コード。

③ Unicode［ユニコード］

各国が独自に使っているコードを統一する目的で作られた文字コードで，世界の主要な文字が収録されている。

（3）システムにかかる費用

① イニシャルコスト

新規にコンピュータやシステムを導入・構築する際に必要となる費用。

② ランニングコスト

コンピュータやシステムの運用，または保守や管理に必要な費用。たとえば，使っていくうえで必要となるプリンタのインク代，印刷用紙代などの運用費，または，ウイルスなどからコンピュータを守るための保守費用などがある。

③ TCO（Total Cost of Ownership：総保有コスト）

イニシャルコストとランニングコストを含めた費用の総額。導入時のイニシャルコストが低くてもランニングコストが高かったり，またその逆もあるためシステム導入時にはトータルでかかる総コストを算定する。システム導入の可否を検討する材料として使われる。

（4）2進数の計算

0と1の2種類を使って数を表す方法を2進数という。コンピュータでは，「電気が通る，通らない」といった状態を表現するので適している。この2進数の1桁をビットといい，情報表現の最小単位である。

① **10進数から2進数への変換**

10進数を2で割り切れなくなるまで割り，その余りを逆に読む。

例　10進数14を2進数にしなさい。

```
2) 14        余り ↑
2)  7 ・・・0
2)  3 ・・・1
    1 ・・・1        答  1110
```

② **2進数から10進数への変換**

2進数の各桁に，桁ごとの重みを乗じてその和を求める。

例　2進数1011を10進数にしなさい。

$$1 \quad 0 \quad 1 \quad 1$$
$$\times \quad \times \quad \times \quad \times$$

2^3	2^2	2^1	2^0
‖	‖	‖	‖
8	4	2	1	← 桁ごとの重み

> **ポイント**
> $2^0 = 1$ である

$$\downarrow \quad \downarrow \quad \downarrow \quad \downarrow$$
$$8 + 0 + 2 + 1 = 11 \qquad 答　11$$

③ **2進数の加算**

例　2進数1110と2進数1011の和を求めなさい。

```
   1110
+  1011
  11001        答  11001
```

加算の基本

0 + 0	=	0
0 + 1	=	1
1 + 0	=	1
1 + 1	=	10

1 + 1は桁が上がり10となる。

10進数と2進数の対応表

10進数	2進数
0	0
1	1
2	10
3	11
4	100
5	101
6	110
7	111
8	1000
9	1001
10	1010
11	1011
12	1100
13	1101
14	1110
15	1111
16	10000
17	10001
18	10010
19	10011
20	10100

ハード・ソフト

④　２進数の減算

例　２進数1110と２進数1011の差を求めなさい。

```
    1 1 1 0
  -  1 0 1 1
    0 0 1 1        答  1 1
```

─ 減算の基本 ─

$0 - 0$	$=$	0
$0 - 1$	$=$	-1
$1 - 0$	$=$	1
$1 - 1$	$=$	0

……… −１になる場合は，上位の桁から借りてくる。

⑤　２進数の乗算

例　２進数1110と２進数1011の積を求めなさい。

```
      1 1 1 0
   ×  1 0 1 1
      1 1 1 0
     1 1 1 0
    0 0 0 0
   1 1 1 0
 1 0 0 1 1 0 1 0        答  1 0 0 1 1 0 1 0
```

─ 乗算の基本 ─

0×0	$=$	0
0×1	$=$	0
1×0	$=$	0
1×1	$=$	1

練習問題1-4

解答 ➡ p.2

【１】次の文に最も関係の深い語を解答群から選び，記号で答えなさい。

(1)　電気電子学会。
(2)　国際標準化機構。
(3)　日本産業規格。
(4)　米国規格協会。
(5)　ANSIが定めた文字コード。
(6)　JISで規格化された日本語文字コード。
(7)　各国が独自に使っているコードを統一する目的で作られた文字コード。
(8)　新規にコンピュータやシステムを導入する際に必要となる費用。
(9)　コンピュータの運用，または保守・管理に必要な費用。
(10)　イニシャルコストとランニングコストの総額。

─ 解答群 ─

ア．Unicode	イ．ANSI	ウ．JISコード	エ．ISO	オ．ASCIIコード
カ．IEEE	キ．JIS	ク．ランニングコスト		ケ．TCO
コ．イニシャルコスト				

(1)	
(2)	
(3)	
(4)	
(5)	
(6)	
(7)	
(8)	
(9)	
(10)	

【２】次の(1)〜(3)の10進数を２進数に，(4)〜(6)の２進数を10進数にしなさい。

(1)　14　　(4)　1101
(2)　24　　(5)　10111
(3)　38　　(6)　110111

(1)		(2)		(3)	
(4)		(5)		(6)	

【３】次の計算をしなさい。

(1)　２進数110と２進数1101の和を表す２進数
(2)　２進数1001と10進数16の和を表す２進数
(3)　２進数1110と２進数101の差を表す２進数
(4)　２進数1111と10進数５の差を表す２進数
(5)　２進数110と２進数11の積を表す２進数
(6)　２進数101と10進数７の積を表す２進数

(1)		(2)	
(3)		(4)	
(5)		(6)	

通信ネットワークに関する知識

１▶ ネットワークの構成

（1） LAN ［Local Area Network：ローカルエリアネットワーク］

　LANとは，学校や企業などの建物や敷地など，限られた範囲を結んだネットワークのことをいう。LANを利用すれば，パソコンどうしで簡単にファイルの受け渡しを行ったり，1台のプリンタをネットワーク内で共有して使用したりすることができる。

（2） 通信回線の種類

　ネットワーク上からインターネットなどに接続するためには，通信回線を利用して接続する。

　① アナログ回線

　　電流の強弱などのように，連続的に変化する物理量の信号（アナログ信号）を利用する回線。

　② デジタル回線

　　「OFF」と「ON」のように2進数（0と1）の信号（デジタル信号）を利用する回線。

（3） パケット ［packet］

　ネットワーク上に送信するデータを一定の大きさに分割したもの。packetは「小包」の意味。パケットには，分割したデータとともに送信先の宛名などの情報も含まれる。パケットを用いてデータをやり取りする方式をパケット通信と呼ぶ。複数のデータを並行して送信することができ，回線の使用効率を高めることができる。携帯電話などでのデータ通信でも利用されている。

（4） 有線LAN ［ワイヤードLAN：Wired LAN］

　有線LANは，LANケーブルを使って機器を接続し，データの送受信をするシステムである。有線LANは，ケーブルを使っているので電波が安定して使用できるが，ケーブルの届く範囲でしか通信ができない。光ファイバ回線を利用すると動画などのデータ量が多い情報でも短時間で送受信ができる。

（5） 無線LAN ［ワイヤレスLAN：Wireless LAN］

　無線LANは，ケーブルを使わず，赤外線や電波や光などの無線通信を利用してデータの送受信を行うシステムである。ワイヤレスLANともいう。無線LANの規格は，「IEEE802.11」として標準化されている。

　① Wi-Fi ［ワイファイ：Wireless Fidelity］

　　米国の業界団体であるWi-Fi Alliance（ワイファイ　アライアンス）が機器間の相互接続性を認定したことを示す無線LAN製品のブランド名，または無線LANの接続方式。パソコン関連製品から，携帯型ゲーム機や携帯電話などにも搭載が進んでおり，アクセスポイント等を経由してインターネット等へ接続することができる。

②　SSID［エスエスアイディー：Service Set Identifier］

　　無線LANにおけるアクセスポイントの識別子。無線LANのアクセスポイントが複数ある場合に，どのアクセスポイントに接続するかを指定する必要があり，SSIDは，そのために利用される。最大32文字までの英数字が設定できる。

③　テザリング［tethering］

　　スマートフォンなどの通信機能を使って，パソコンやタブレット，ゲーム機などのモバイル端末をインターネットへ常時接続する機能。Tetheringには「つなぐ」という意味がある。Wi-Fiや赤外線などの無線LAN，USBケーブルなどを使って手軽にインターネットを利用することができる。

② ネットワークの活用

（1）LAN形態の種類

　　LANに接続したときにサービスを提供するコンピュータを**サーバ**，サービスを依頼するコンピュータを**クライアント**という。LANは，サーバとクライアントの関係から大きく以下の2種類に分類される。

①　ピアツーピア［peer to peer］

　　互いのコンピュータが対等の立場のLANをいう。数台のコンピュータを接続する場合に利用する。お互いが場面に応じてクライアントになったり，サーバになったりし，どちらかがサーバ専用というように決められていないLANである。

②　クライアントサーバシステム［client server system］

　　大規模なLANで利用される形態であり，コンピュータが数台のサーバ専用コンピュータと，何台ものクライアントに分かれるシステムをいう。サーバは複数のサービスを同時に提供してもよい。またそのサーバにない機能は他のサーバに依頼することもできる。

（2）ストリーミング［streaming］

　　インターネット上で動画や音声などを受信しながら同時に再生する方式。全データのダウンロード完了を待たずに視聴でき，データを端末側に蓄積しないため端末の記憶容量を消費しない。

（3）グループウェア［groupware］

　　ネットワークを利用して，グループでの情報共有やコミュニケーションの効率化を図り，グループによる共同作業を支援するソフトウェア。主な機能としては，電子会議室，電子メール，スケジュール管理，ドキュメント管理などで，メッセージの伝達や情報の共有化を行う。

グループウェアのイメージ

練習問題2

解答 ➡ p.2

【1】 次の文に最も関係の深い語を答えなさい。

(1) 学校や企業の同じ建物内などにあるコンピュータを接続し，データの受け渡しを可能にするネットワーク。

(2) データ通信を行うときの伝送単位の一つで，データを一定のサイズに分割したもの。

(3) LANケーブルを使用して機器を接続することで安定して通信ができるシステム。

(4) 接続された各コンピュータが対等な関係であり，サーバ専用のコンピュータを置かないLANのこと。

(5) 大規模なLANで使用される形態で，サービスを提供するコンピュータとそれを利用するコンピュータで分かれているシステムのこと。

(6) インターネット上の音楽や動画を視聴する際，ダウンロードを待たずに受信と同時に再生できる方式。

(1)		(2)		(3)	
(4)		(5)		(6)	

【2】 次の文に最も関係の深い語を解答群から選び，記号で答えなさい。

(1) 音声を直接銅線に乗せて送る，連続的に変化する物理的な信号を利用する回線。

(2) データの送受信に際し，0と1に変換してやり取りを行う通信回線。

(3) LANケーブルを使用せずに赤外線や電波で複数の機器を接続することができるシステム。

(4) 接続する機器の種類の違いを問わず，相互に接続できることが認められた無線LANの接続方式。

(5) 無線LANにおいてアクセスポイントが複数ある場合に接続したい機器を識別するための文字列。最大32文字までの英数字が設定できる。

(6) スマートフォンなどの通信機器を親機とし，無線LANを使用してほかのゲーム機やタブレットをインターネットに接続するしくみ。

(7) ネットワークを利用して情報共有や作業の効率化を図るための共同作業を支援するソフトウェア。電子会議室，電子スケジュール管理などの機能がある。

```
── 解答群 ─────────────────────────────────
 ア．グループウェア    イ．SSID       ウ．デジタル回線    エ．無線LAN
 オ．アナログ回線      カ．ストリーミング   キ．Wi-Fi       ク．テザリング
```

(1)		(2)		(3)		(4)		(5)		(6)		(7)	

情報モラルとセキュリティに関する知識

1 権利の保護と管理

（1）知的財産権

　知的財産権とは，知的創作活動によって生み出されたものを，創作した人の財産として保護するための権利。知的財産権には特許権，実用新案権，意匠権，商標権，著作権などがあり，知的財産基本法のもと，それぞれの法律で保護されている。

```
┌─────────────────────知的財産権─────────────────────┐
│                                                        │
│   ┌───────産業財産権──────┐                          │
│   │ 特許権（特許法）      │    著作権（著作権法）     │
│   │ 実用新案権（実用新案法）│    商号（会社法・商法）など │
│   │ 意匠権（意匠法）      │                          │
│   │ 商標権（商標法）      │                          │
│   └───────────────────┘                          │
└────────────────────────────────────────────────────┘
```

① 産業財産権

　産業の発展を図るため，新しい技術やデザイン，ネーミングなどを，特許庁に出願し登録されることによって，一定期間独占的に使用できる権利。知的財産権のうち，特許権，実用新案権，意匠権，商標権の4つが該当する。

② 著作権

　小説，講演，音楽，美術，映画，コンピュータプログラム，データベースなどの著作物を創作したことにより著作者に発生する権利。著作者の死後70年まで保護される。著作権は，著作物を創作した時点で自動的に発生するので，文化庁に登録したり，作品を納品するなどの手続きは必要ない。

（2）肖像権

　肖像権は，本人の承諾なしに無断で写真やビデオに撮られたり，それらを無断で公表されたり利用されないよう主張できる権利である。Webページなどで写真等を掲載する場合には，本人の承諾を得る必要がある。現在のところ，肖像権に関することを法律で明文化したものはないが，民法上の不法行為とされる場合が多い。

（3）情報の保護や管理に関する法律

　私たちが安全に情報を活用して生活することができるように次のような法律が制定されている。

① 著作権法

　著作権などについて定めた，著作者などの権利の保護を図ることを目的とする法律。

② 個人情報保護法

　個人情報の保護に関する法律。本人の意図しない個人情報の不正な流用や，個人情報を扱う事業者がずさんなデータ管理をしないように，個人情報を取り扱うすべての事業者を対象に義務を果たすよう定めている。

③ 不正アクセス禁止法

　コンピュータの不正利用を禁止する法律。正式には「不正アクセス行為の禁止等に関する法律」という。他人のユーザIDやパスワードを使って，利用する権限を持たない者がコンピュータを不正に使用する行為や，アプリケーションソフトやOSなどのセキュリティ上の弱点をついてコンピュータを不正利用したり，保存されているプログラムやデータを改ざんしたりする行為を禁じている。

（4）ソフトウェア利用の形態

① フリーウェア

　著作権は放棄されていないが，無償で使用できるソフトウェア。インターネット上で提供されるソフトをダウンロードするか，雑誌の付録CD-ROMなどで提供されることが多い。

② シェアウェア

　一定期間は無償で試用し，期間終了後も使い続ける場合には著作者に規定の料金を支払うソフトウェア。フリーウェアと同様，インターネット上や雑誌の付録CD-ROMなどで提供されることが多い。

③ サイトライセンス

　企業や学校で，大量に同じソフトウェアを導入する場合に利用できる一括導入ライセンス契約。一括導入する数が多くなるにしたがって単価が安くなる。また，ライセンスのみを購入するために，ソフトウェアの解説書などは1冊であり，保管場所を多くとることもない。

④ OSS［オーエスエス：Open Source Software：オープンソースソフトウェア］

　ソフトウェアのソースコードが無償で公開され、改良や再配布が誰に対しても許可されているソフトウェア。

２ セキュリティ管理

　インターネットなどで外部のネットワークに接続する場合，データやプログラムの盗み見・改ざん・破壊などのコンピュータ犯罪が行われないようにするためには，セキュリティ管理が必要になる。セキュリティ管理の一部として次のような対策がとられている。

① アクセス許可

　複数のユーザが1つのコンピュータを共有したり，ネットワークを通じて複数のユーザがファイルやフォルダを共有したりする環境では，ファイルやフォルダへのセキュリティ管理が必要となる。現在のマルチユーザ対応のOSでは，ユーザやグループごとに，ファイルやフォルダへのアクセス権限を設定することができる。アクセス権限には「読み取り」，「書き込み」などがある。ファイルやフォルダへアクセスできる権限を与えることを**アクセス許可**という。

ア　読み取り

　ファイル内容や属性などの読み取り許可を与えること。

イ　書き込み

　ファイル内容の書き込み，ファイルへのデータの追加，属性の書き込みなどの許可を与えること。

ウ　フルコントロール

　ファイル内容の読み取りや書き込みなど，すべてのアクセス権限を与えること。

② セキュリティホール

　コンピュータのOSやソフトウェアにおいて，プログラムの不具合や設計上のミスが原因となって発生するセキュリティ上の欠陥をいう。セキュリティホールから，ハッキングに利用されたり，ウイルスに感染したりする可能性がある。セキュリティホールが発見されると，多くの場合，ソフトウェア開発メーカーはパッチという修正プログラムを開発して提供する。

③ バックアップ

　プログラムやデータのファイルをコピーして，別の記録メディアに保存すること。重要なプログラムやデータは，不正アクセスによって改ざんされたりウイルスの侵入によって破壊されても困らないように，定期的にバックアップをとる必要がある。

セキュリティ

④ **暗号化・復号**

メールの内容やWebページに送信する内容などは，送受信の間に第三者に盗み見される可能性がある。見られたくないものは，送信する内容を第三者には理解できないように暗号化することで安全性を保つ必要がある。送信する内容を第三者には理解できない形に変換することを**暗号化**という。なお，受信者はそのままでは内容を理解できないので，暗号化された文を変換し，元の文に戻す。これを**復号**という。

⑤ **ファイアウォール**

「防火壁」という意味で，外部のネットワークから不正アクセスやコンピュータウイルスの侵入を防ぐしくみ。企業などのLANと外部のネットワーク（インターネットなど）の間に立ち，やり取りされるデータすべてを監視し，不正なアクセスやデータを検出・遮断する。

⑥ **多要素認証**

本人しか知らない知識情報（パスワードや秘密の質問等）だけでなく，本人しか持っていない所有物情報（ICカードやスマートフォン等）や本人固有の生体情報（顔や静脈等）などを2つ以上組み合わせてセキュリティを高める認証方法。

⑦ **多段階認証**

複数の認証段階を経て利用者認証を行う方法。ID・パスワードを使った認証を行った後，スマートフォンなどに送られたワンタイムパスワードを利用して，再度認証するなどの手法がある。ID・パスワードを不正に取得されても不正アクセスがされにくくなる。

⑧ **ワンタイムパスワード**

一度限り，短時間のみ有効なパスワードを利用して利用者認証を行うしくみ。長期間にわたって利用される通常の固定のパスワードよりセキュリティが高い。ショートメッセージサービス（SMS）で配付される方式がある。

⑨ **シングルサインオン（SSO）**

一度の利用者認証で複数のコンピュータやソフトウェアを使用できるしくみ。異なるコンピュータやソフトウェアを利用するたびに利用者認証をする手間がなくなり，利便性が向上する。

⑩ **キーロガー**

キーボードの操作を記録するソフトウェア。有益なものとして利用されることもあるが，攻撃者が不正にコンピュータにインストールして個人情報やパスワードを盗むために利用することもある。

⑪ **ランサムウェア**

コンピュータに保存されているファイルを不正に暗号化して利用できなくし，元に戻すために金銭を要求するマルウェア。Ransom（身代金）とSoftware（ソフトウェア）を組み合わせた造語である。

⑫ **ガンブラー**

管理者用アカウントを盗んでサーバに侵入し，通常利用している正規のウェブサイトを改ざんして，閲覧するだけでマルウェアに感染するように仕組む攻撃手法。訪問者は，正規のウェブサイトにアクセスするだけでマルウェアに感染させられるため，感染を防ぎにくい。

セキュリティ

練習問題3

解答 ➡ p.2

【1】次の文に最も関係の深い語を答えなさい。

(1) 芸術作品やコンピュータのプログラムなどを創造した時点で著者に発生する権利。

(2) 本人の承諾なしに容姿を撮影されたり，無断で公開されたりしないように主張できる権利。

(3) 本来アクセス権限のないネットワークに侵入したり，他人のIDやパスワードを不正に取得したりする行為を禁止する法律。

(4) ソフトウェアを購入する際の契約方法の一つで，組織や部署単位で利用許諾を一括で取得する契約形態。

(5) 災害や何らかの障害によるデータの破損に備えて，別の記憶媒体に保存しておくこと。

(6) 著作権は放棄されていないが，無料で使用できるソフトウェア。

(7) 情報漏えい防止を目的として，第三者が解読できない状態にデータを変換すること。

(8) 知識情報・所有物情報・生体情報などを2つ以上組み合わせた認証方法。

(9) 要素の数は問わず，複数の段階を経て認証する方法。

(10) 短時間で更新される，一度だけ有効な使い捨てのパスワード。

(11) 一度の認証で複数のサービスを使用できるしくみ。

(12) キーボードの入力操作を記録するソフトウェア。このしくみを悪用し，機密情報を盗み出される危険性がある。

(13) データを不正に暗号化し使えなくすることで，元に戻すために身代金を要求する不正プログラム。

(14) 正規のウェブサイトを改ざんし，閲覧するだけでウイルスに感染するようにしくむ攻撃手法。

(1)		(2)		(3)		(4)	
(5)		(6)		(7)		(8)	
(9)		(10)		(11)		(12)	
(13)		(14)					

【2】次の文に最も関係の深い語を解答群から選び，記号で答えなさい。

(1) 名前や住所・購買履歴などを，本人の同意なしに第三者に提供しないことなどを規定している法律。

(2) 著作権などのように，人間の創作活動から生まれたものを保護するための権利の総称。

(3) 産業の発展を図るため，新しい技術やデザイン，ネーミングなどを，特許庁に出願し登録されることによって，一定期間独占的に使用できる権利。

(4) 組織内のコンピュータネットワークに対する外部からの不正な侵入を防ぐシステム。

(5) 一定の期間は無償で試用できるが，その後も継続して利用する場合は代金を支払うソフトウェア。

(6) ソフトウェアの設計不良などによるシステムの安全機能上の欠陥。

(7) 内容が解読できないように加工されたデータを，元のデータに戻すこと。

(8) ソフトウェアのソースコードが無償で公開され，誰にでも改良や再配布が許可されているソフトウェア。

(9) ファイルへのすべてのアクセス権限を与えること。

┌─ 解答群 ─────────────────────────────┐
ア．OSS	イ．著作権法	ウ．知的財産権	エ．ファイアウォール
オ．暗号化	カ．肖像権	キ．産業財産権	ク．セキュリティホール
ケ．復号	コ．シェアウェア	サ．個人情報保護法	シ．フルコントロール
└─────────────────────────────────────┘

(1)		(2)		(3)		(4)		(5)		(6)		(7)		(8)		(9)	

表計算ソフトウェアの活用

1▶ 複合条件と集計

（1）複合条件の判定

=AND(論理式1,[論理式2]…)

複数の「論理式」がすべて「真」の場合に，「真」となる。

例　1回が80以上で，しかも2回が80以上の場合は「合格」と表示し，それ以外の場合は何も表示しない。

　　　　F3：=IF(AND(B3>=80,C3>=80),"合格","")

	A	B	C	D	E	F
1			成績一覧表			
2	番号	1回	2回	合計	順位	判定
3	1	80	50	130	3	
4	2	90	80	170	1	合格
5	3	70	70	140	2	

=OR(論理式1,[論理式2]…)

複数の「論理式」のうちいずれかが「真」の場合に，「真」となる。

例　1回が80以上か，または2回が80以上の場合は「合格」と表示し，それ以外の場合は何も表示しない。

　　　　F3：=IF(OR(B3>=80,C3>=80),"合格","")

	A	B	C	D	E	F
1			成績一覧表			
2	番号	1回	2回	合計	順位	判定
3	1	80	50	130	3	合格
4	2	90	80	170	1	合格
5	3	70	70	140	2	

=NOT(論理式)

「論理式」が「偽」の場合に，「真」となる。

例　合計が160未満でない場合は「合格」と表示し，それ以外の場合は何も表示しない。

　　　　F3：=IF(NOT(D3<160),"合格","")

	A	B	C	D	E	F
1			成績一覧表			
2	番号	1回	2回	合計	順位	判定
3	1	80	50	130	3	
4	2	90	80	170	1	合格
5	3	70	70	140	2	

（2）条件付きカウント

=COUNTIFS(検索条件範囲1,検索条件1,[検索条件範囲2,検索条件2],…)

「検索条件範囲」の中で「検索条件」をすべて満たすデータの個数を求める。

※　検索条件範囲と検索条件は，1組～127組指定できる。

例1　判定が「合格」のデータの個数を求める。

　　　　F6：=COUNTIFS(F3:F5,"合格")

	A	B	C	D	E	F
1			成績一覧表			
2	番号	1回	2回	合計	順位	判定
3	1	80	50	130	3	
4	2	90	80	170	1	合格
5	3	70	70	140	2	
6					合格者数	1

例2　1回が「70以上」で，かつ2回が「70以上」のセルを検索し，データの個数を求める。

　　　　F7：=COUNTIFS(B3:B5,">=70",C3:C5,">=70")

	A	B	C	D	E	F
1			成績一覧表			
2	番号	1回	2回	合計	順位	判定
3	1	80	50	130	3	
4	2	90	80	170	1	合格
5	3	70	70	140	2	
6					合格者数	1
7				2回とも70以上の人数		2

（3）条件付き合計

=SUMIFS(合計対象範囲,条件範囲1,条件1,[条件範囲2,条件2],…)

「合計対象範囲」の中で「条件範囲」の「条件」をすべて満たすデータの合計を求める。

※　条件範囲と条件は，1組～127組指定できる。

例1　判定が「合格」のセルに対応する合計の列の合計を求める。

　　　　D6：=SUMIFS(D3:D5,F3:F5,"合格")

	A	B	C	D	E	F
1			成績一覧表			
2	番号	1回	2回	合計	順位	判定
3	1	80	50	130	3	
4	2	90	80	170	1	合格
5	3	70	70	140	2	
6		合格者の合計		170		

例2　1回が「70以上」で，かつ2回が「70以上」のセルを検索し，対応する合計の列の合計を求める。

　　　　D7：=SUMIFS(D3:D5,B3:B5,">=70",C3:C5,">=70")

	A	B	C	D	E	F
1			成績一覧表			
2	番号	1回	2回	合計	順位	判定
3	1	80	50	130	3	
4	2	90	80	170	1	合格
5	3	70	70	140	2	
6		合格者の合計		170		
7		2回とも70以上の合計		310		

（4）条件付き平均

＝AVERAGEIFS(平均対象範囲,条件範囲１,条件１,[条件範囲２,条件２],…)

「平均対象範囲」の中で「条件範囲」の「条件」をすべて満たすデータの平均を求める。

※　条件範囲と条件は，１組〜127組指定できる。

例1　判定が「合格」のセルに対応する合計の列の平均を求める。
　　D6：=AVERAGEIFS(D3:D5,F3:F5,"合格")

例2　１回が「70以上」で，かつ２回が「70以上」のセルを検索し，対応する合計の列の平均を求める。
　　D7：=AVERAGEIFS(D3:D5,B3:B5,">=70",C3:C5,">=70")

練習問題4-1

解答 ➡ p.3

【1】 A1に70，B1に80が入力されているとき，次の式で表示される文字を答えなさい。

(1)　=IF(AND(A1>=80,B1>=80),"A","B")　　　　(2)　=IF(OR(A1>=80,B1>=80),"A","B")

(3)　=IF(NOT(A1>=70),"A","B")　　　　　　　(4)　=IF(NOT(AND(A1>=70,B1>=70)),"A","B")

(5)　=IF(A1>=80,IF(B1>=80,"A","B"),"C")　　(6)　=IF(A1>=80,"A",IF(B1>=80,"B","C"))

(1)		(2)		(3)		(4)		(5)		(6)	

【2】 次のような成績表と集計表に設定する式の空欄を答えなさい。

	A	B	C	D	E	F	G	H	I
1									
2	成績表						集計表		
3	番号	性別	国語	数学	合計点	順位	①男の人数		3
4	1	男	70	50	120	4	②女の国語の合計		250
5	2	女	90	80	170	2	③男の数学の平均		60
6	3	男	40	30	70	6	④合計点が100点以上の男の人数		2
7	4	男	80	100	180	3	⑤順位が3位以内の女の合計点の合計		360
8	5	女	60	30	90	5	⑥国語が70点以上で数学が70点以上の合計点の平均		180
9	6	女	100	90	190	1	⑦順位が4位以内で合計点が150点以上の男の国語の合計		80

(1) I3に「性別」が 男 の人数を求める式を答えなさい。
　= ⬚1 (⬚2 , ⬚3)

(2) I4に「性別」が 女 の「国語」の合計を求める式を答えなさい。
　= ⬚1 (⬚2 , ⬚3 , ⬚4)

(3) I5に「性別」が 男 の「数学」の平均を求める式を答えなさい。
　= ⬚1 (⬚2 , ⬚3 , ⬚4)

(4) I6に「合計点」が 100 以上で「性別」が 男 の人数を求める式を答えなさい。
　= ⬚1 (⬚2 , ⬚3 , ⬚4 , ⬚5)

(5) I7に「順位」が 3 以内で「性別」が 女 の「合計点」の合計を求める式を答えなさい。
　= ⬚1 (⬚2 , ⬚3 , ⬚4 , ⬚5 , ⬚6)

(6) I8に「国語」が 70 以上で「数学」が 70 以上の「合計点」の平均を求める式を答えなさい。
　= ⬚1 (⬚2 , ⬚3 , ⬚4 , ⬚5 , ⬚6)

(7) I9に「順位」が 4 以内で「合計点」が 150 以上で「性別」が 男 の「国語」の合計を求める式を答えなさい。
　= ⬚1 (⬚2 , ⬚3 , ⬚4 , ⬚5 , ⬚6 , ⬚7 , ⬚8)

(1)	1		2		3			
(2)	1		2		3		4	
(3)	1		2		3		4	
(4)	1		2		3		4	
	5							
(5)	1		2		3		4	
	5		6					
(6)	1		2		3		4	
	5		6					
(7)	1		2		3		4	
	5		6		7		8	

表計算ソフト

❷▶ 検索の関数

（1）列方向の検索

=VLOOKUP(検索値,範囲,列番号,[検索方法])

「範囲」の左端列から，「検索値」と一致する値を検索し，その行の左から数えて「列番号」列目のデータを表示する。

※列番号は，1から数える。

　検索方法は，FALSE（0）を指定すると，検索値と完全に一致する値だけを検索する。TRUE（0以外，省略）を指定すると，一致する値がない場合に，検索値未満の最大値を検索する。

例1　商品コードをもとに，商品表を参照して表示する（完全一致）。

　　　　B3：=VLOOKUP(A3,D3:E5,2,FALSE)

	A	B	C	D	E
1	商品名検索			商品表	
2	商品コード	商品名		商品コード	商品名
3	200	カメラ		100	パソコン
4				300	プリンタ
5				200	カメラ

例2　距離をもとに，グリーン料金表を参照して表示する（範囲一致）。

　　　　B3：=VLOOKUP(A3,D3:E5,2,TRUE)

　　　　※TRUEは省略可。

	A	B	C	D	E
1	グリーン料金検索			グリーン料金表	
2	距離	料金		距離	料金
3	150	2,000		0	1,000
4				100	2,000
5				200	3,000

（注）D3の0は，0以上100未満を示している。

（2）行方向の検索

=HLOOKUP(検索値,範囲,行番号,[検索方法])

「範囲」の上端行から，「検索値」と一致する値を検索し，その列の上から数えて「行番号」行目のデータを表示する。

例　商品コードをもとに，商品表を参照して表示する（完全一致）。

　　　　B3：=HLOOKUP(A3,E2:G3,2,FALSE)

	A	B	C	D	E	F	G
1	商品名検索			商品表			
2	商品コード	商品名		商品コード	100	200	300
3	200	カメラ		商品名	パソコン	カメラ	プリンタ

（3）指定した文字のセルの位置

=MATCH(検査値,検査範囲,[照合の種類])

「検査範囲」を検索し，「検査値」と一致する相対的なセル位置を表す数値を求める。

例　科目名表を検索し，「科目名」が数学Ⅱと一致する位置を求める。

　　　B4：=MATCH(B3,D4:I4,0)

　　　※照合の種類は，次のものを指定する。

	A	B	C	D	E	F	G	H	I
1									
2	位置検索表			科目名表					
3	科目名	数学Ⅱ					科目名		
4	位置	4		現代文A	日本史B	現代社会	数学Ⅱ	化学	英語会話

照合の種類	意　　味
0	検査値に一致する値を検索する。検査範囲は並べ替え不要。検査値にワイルドカード（*,?）の使用可。
1	検査値以下の最大値を検索する。検査範囲は昇順。省略可。
−1	検査値以上の最小値を検索する。検査範囲は降順。

※検査値が見つからない場合は，エラー値#N/Aが返される。

（4）指定した位置のセルの参照

=INDEX(配列,行番号,列番号)

「配列」の中で，上からの「行番号」と左からの「列番号」が交差する値を表示する。

例　「科目名」が化学，「番号」が2の点数を表示する。

　　　B5：=INDEX(E5:J9,B4,MATCH(B3,E4:J4,0))

	A	B	C	D	E	F	G	H	I	J
1										
2	成績検索表			成績表						
3	科目名	化学						科目名		
4	番号	2		番号	現代文A	日本史B	現代社会	数学Ⅱ	化学	英語会話
5	点数	48		1	92	97	58	68	36	21
6				2	71	83	34	29	48	71
7				3	90	74	34	68	85	92
8				4	79	63	81	30	81	84
9				5	32	62	65	52	31	27

練習問題4-2　　　　　解答 ➡ p.3

【1】 次の表に設定する式の空欄を答えなさい。

問1．B4の「種別」は，A4の「種別コード」をもとに種別コード表を参照して，種別を表示する。

	A	B	C	D	E
1				種別コード表	
2					
3	種別コード	種別		種別コード	種別
4	2	大学短大		1	民間就職
5				2	大学短大
6				3	専門学校
7				4	公務員

= ▢ 1 ▢（▢ 2 ▢，▢ 3 ▢，▢ 4 ▢,FALSE）

1		2		3		4	

問2．B5の「運賃」は，B3の「出発地」とB4の「到着地」をもとに運賃表を参照して，値を表示する。

	A	B	C	D	E	F	G
1							
2	運賃検索表			運賃表			
3	出発地	熊本			名古屋	東京	青森
4	到着地	東京		福岡	9,860	11,210	23,350
5	運賃	24,750		佐賀	18,160	22,460	34,310
6				熊本	20,450	24,750	36,500
7				鹿児島	23,890	28,190	39,860

= ▢ 1 ▢（E4:G7，▢ 2 ▢（B3,D4:D7,0），▢ 3 ▢（B4,E3:G3,0））

1		2		3	

3 文字列と数値の関数

（1）整数化

=INT（数値）

「数値」を切り捨てて，整数にした数値を求める。

例 「数値」を切り捨て，整数を求める。

B4：=INT(B3)

※INT関数とROUNDDOWN関数との違いは，引数がマイナスの場合に異なる。INT関数は，引数に指定した数値

	A	B	C	D	E	F	G
1							
2	切り捨て表						
3	数値	2.5	1.5	0.5	-0.5	-1.5	-2.5
4	INT関数	2	1	0	-1	-2	-3
5	ROUNDDOWN関数	2	1	0	0	-1	-2

を超えない最大の整数を返すのに対して，ROUNDDOWN関数は，単なる小数点以下の切り捨てとなる。

（2）剰余の算出

=MOD（数値,除数）

「数値」÷「除数」の余りを求める。

例 番号の下3桁を求める。

B3：=MOD(A3,1000)

	A	B
1		
2	番号	下3桁
3	45678	678

（3）n番目の数値

=LARGE（配列,順位）

「配列」の中で，「順位」番目に大きい数値を求める。

例 数量の中から，上から2番目を求める。

J2：=LARGE(A3:G3,2)

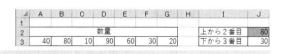

=SMALL（配列,順位）

「配列」の中で，「順位」番目に小さい数値を求める。

例 数量の中から，下から3番目を求める。

J3：=SMALL(A3:G3,3)

（4）文字列結合

文字列1＆文字列2…

「文字列1」と「文字列2」を結合する。

例　「姓」と「名」を1文字あけて結合して，姓名にする。

　　　　C3：＝A3&" "&B3

	A	B	C
1			
2	姓	名	姓名
3	山田	花子	山田　花子

（5）指定した文字の文字位置

＝SEARCH(検索文字列,対象,[開始位置])

「対象」の中から，「検索文字列」を検索し，最初に現れる位置を求める。

例　「文字列」の中のwを検索し，左から何文字目にあるかを求める。

　　　　B4：＝SEARCH("w",A4)

　※SEARCH関数は，大文字・小文字の区別不可。ワイルドカードを使用
　　可能。

	A	B	C
2	「w」の位置		
3	文字列	SEARCH関数	FIND関数
4	Windows	1	6

＝FIND(検索文字列,対象,[開始位置])

「対象」の中から，「検索文字列」を検索し，最初に現れる位置を求める。

例　「文字列」の中のwを検索し，左から何文字目にあるかを求める。

　　　　C4：＝FIND("w",A4)

　※FIND関数は，大文字・小文字の区別可。ワイルドカード使用不可。

（6）指定した書式の文字列に変換

＝TEXT(値,表示形式)

「値」を指定した「表示形式」の文字列に変換する。

例1　「数値」を指定した書式の文字列に変換して表示する。

　　　　B3：＝TEXT(A3,"000.00")

　　　　B4：＝TEXT(A4,"###.##")

　　　　B5：＝TEXT(A5,"???.??")

　　　　B6：＝TEXT(A6,"###,###")

　　　　B7：＝TEXT(A7,"0%")

　　　　B8：＝TEXT(A8,"￥###,###")

　　　　B9：＝TEXT(A9,"金###,###円也")

	A	B
1		
2	数値	文字列
3	12.3	012.30
4	12.3	12.3
5	12.3456	12.35
6	12345	12,345
7	0.12	12%
8	12345	￥12,345
9	12345	金12,345円也

表示形式	意　　味
0（ゼロ）	数値の桁数が表示形式の0の桁数より少ない場合は，0を表示する
#	数値の桁数が表示形式の#の桁数より少ない場合は，0を表示しない
?	数値の桁数が表示形式の?の桁数より少ない場合は，空白を表示する
,（コンマ）	桁区切り記号を表示する
%	パーセント表示にする
￥	￥記号を表示する
文字列	文字列を表示する

例2　「シリアル値が入力されている日付」を指定した書式の文字列に変換して表示する。

　　　　B3：＝TEXT(A3,"yyyy")

　　　　B4：＝TEXT(A4,"m")

　　　　B5：＝TEXT(A5,"d")

　　　　B6：＝TEXT(A6,"aaa")

　　　　B7：＝TEXT(A7,"ddd")

	A	B
1		
2	数値	文字列
3	2030/7/24	2030
4	2030/7/24	7
5	2030/7/24	24
6	2030/7/24	水
7	2030/7/24	Wed

表示形式	意　　味
yyyy	西暦を4文字で表示する
m	月を1～2文字で表示する
d	日を1～2文字で表示する
aaa	曜日を1文字で表示する
ddd	曜日を英字3文字で表示する

4 日時・曜日の関数

（1） 日時の関数

=DATE(年,月,日)

「年」「月」「日」を「年月日」の日付のシリアル値を求める。

例　2022年1月19日のシリアル値を求める。　　式：=DATE(2022,1,19)　　　答：44580

=TIME(時,分,秒)

「時」「分」「秒」を「時分秒」の時刻のシリアル値を求める。

例　午前9時のシリアル値を求める。　　　式：=TIME(9,0,0)　　　答：0.375

=YEAR(シリアル値)

「シリアル値」の年を求める。

例　現在の日付の年を求める。　　　式：=YEAR(TODAY( ))

=MONTH(シリアル値)

「シリアル値」の月を求める。

例　現在の日付の月を求める。　　　式：=MONTH(TODAY( ))

=DAY(シリアル値)

「シリアル値」の日を求める。

例　現在の日付の日を求める。　　　式：=DAY(TODAY( ))

=HOUR(シリアル値)

「シリアル値」の時を求める。

例　現在の時刻の時を求める。　　　式：=HOUR(NOW( ))

=MINUTE(シリアル値)

「シリアル値」の分を求める。

例　現在の時刻の分を求める。　　　式：=MINUTE(NOW( ))

=SECOND(シリアル値)

「シリアル値」の秒を求める。

例　現在の時刻の秒を求める。　　　式：=SECOND(NOW( ))

（2） 曜日の関数

=WEEKDAY(シリアル値,[種類])

「シリアル値」（日付文字列）の曜日を，数値で求める。

例　2022年1月19日の曜日を示す数値を求める。
　　式：=WEEKDAY("2022/1/19",1)
　　答：4

種類	日	月	火	水	木	金	土
1(省略)	1	2	3	4	5	6	7
2	7	1	2	3	4	5	6
3	6	0	1	2	3	4	5

（3） 日数の計算

　年月日や時刻はシリアル値で表されているので，差を求めることにより，経過日数や経過時間を求めることができる。

　　経過日数 ＝ 終了日 － 開始日

① **片落とし**・・・開始日か終了日を含めない。片落とし＝終了日－開始日
② **両端入れ**・・・開始日と終了日を含める。両端入れ＝片落とし＋1
③ **両端落とし**・・・開始日と終了日を含めない。両端落とし＝片落とし－1

例　2030年1月19日から2031年1月20日までの日数を求める（片落とし）。
　　式：=DATE(2030,1,19)－DATE(2031,1,20)　　　　　　　答：366日

（4）時間の計算

経過時間 ＝ 終了時刻 － 開始時刻

例　8時30分から同日の17時15分の経過時間を求める。

式：=TIME(17,15,0) － TIME(8,30,0)　　　　　　　　　　　　答：8時間45分

練習問題4-3

解答 ➡ p.3

【1】 次の文にあてはまる式を答えなさい。

（1）A7に入力されている数値「1031」から，数値「10」を求める。

（2）A8に入力されている数値「1031」から，数値「31」を求める。

（3）D1〜D9に入力されている数値から小さい方から2番目を求める。

（4）D1〜D9に入力されている数値から大きい方から4番目を求める。

(1)	
(2)	
(3)	
(4)	

【2】 次の式で表示される数値を答えなさい。

（1）=INT(12345/1000)

（2）=MOD(12345,1000)

(1)		(2)	

【3】 A2には下の表のような文字列が入力されている。次の式で表示される数値を答えなさい。

	A
1	
2	あBcAbcaBcabcabc
3	

（1）=SEARCH("abc",A2)

（2）=FIND("abc",A2)

（3）=SEARCH("＊bc",A2)

(1)		(2)		(3)	

【4】 A2には下の表のような数値が入力されている。次の式で表示される文字列を答えなさい。

	A
1	
2	12345
3	

（1）=TEXT(A2,"000,000")

（2）=TEXT(A2,"###,###")

（3）=TEXT(A2,"￥###,##0")

（4）=TEXT(A2,"金###,##0円也")

(1)		(2)		(3)		(4)	

【5】 次の表は宇宙船が火星に到着する予定時刻について作成したものである。表に設定する式の空欄を答えなさい。ただし，A4にはシリアル値が入力されており，「2025/12/24 9:12:35」のように表示する形式が設定されている。

	A	B	C	D	E	F	G	H
1								
2	火星到着時刻表							
3	到着予定	年	月	日	曜日	時	分	秒
4	2025/12/24 9:12:35	2025	12	24	水	9	12	35

（1）B4に設定する次の式の空欄を答えなさい。

= ［　　　　　　　］(A4)

（2）E4に設定する次の式の空欄を答えなさい。

= ［　　　　　　　］(A4,"aaa")

（3）H4に設定する次の式の空欄を答えなさい。

= ［　　　　　　　］(A4)

(1)		(2)		(3)	

▶5▶ 関数のネスト

（1）関数のネスト

関数の中に関数を入れることを**関数のネスト（入れ子）**という。

例1 商品コードの左端から3文字目をもとに，色コード表を参照して表示する。

B4：=VLOOKUP(MID(A4,3,1),E4:F7,2,FALSE)

※検索の型は完全一致で，E列の「色コード」が昇順ではないので，FALSEを指定する。

	A	B	C	D	E	F	G	H	I
1									
2	価格検索				色コード表			価格表	
3	商品コード	色名	価格		色コード	色名		サイズ	価格
4	TVS32	シルバー	145,000		S	シルバー		20	85,000
5					B	ブラック		26	110,000
6					W	ホワイト		32	145,000
7					R	レッド		40	165,000

例2 商品コードの右端から2文字をもとに，価格表を参照して表示する。

C4：=VLOOKUP(VALUE(RIGHT(A4,2)),H4:I7,2)

※H列の「サイズ」が数値なので，VALUE関数で数値化する。

検索の型は完全一致だが，「サイズ」が昇順なのでFALSEを省略できる。

（2）IF関数のネスト

例1 風速が10m未満の場合は「走行注意」，20m未満の場合は「速度落とせ」，それ以外の場合は「通行止め」を表示する。

B3：=IF(A3<10,"走行注意",IF(A3<20,"速度落とせ","通行止め"))

	A	B
1		
2	風速	表示
3	10	速度落とせ

例2 点数が80以上の場合は「優」，60以上の場合は「良」，30以上の場合は「可」，それ以外の場合は「不可」を表示する。

B3：=IF(A3>=80,"優",IF(A3>=60,"良",IF(A3>=30,"可","不可")))

	A	B
1		
2	点数	判定
3	65	良

練習問題4-4
解答 ➡ p.3

【1】 次の表に設定する式の空欄を答えなさい。

C6の「空席情報」は，C3の「座席数」からB6の「予約数」を引いたものが0の場合は 満席 と表示し，5以下の場合は あとわずか と表示し，それ以外の場合は 空席あり と表示する。ただし，この式をC7～C10にコピーするものとする。

	A	B	C
1			
2	本日の予約状況表		
3		座席数	400
4			
5	列車名	予約数	空席情報
6	空港エクスプレス1号	273	空席あり
7	空港エクスプレス3号	398	あとわずか
8	空港エクスプレス5号	400	満席
9	空港エクスプレス7号	331	空席あり
10	空港エクスプレス9号	395	あとわずか

=IF(　　　(1)　　　,"満席",

　　IF(　　　(2)　　　,"あとわずか","空席あり"))

(1)	
(2)	

【2】 次の表に設定する式の空欄を答えなさい。

B5の「結果」は，B4～F4の「記録」の中で一番速い場合は 1位通過 と表示し，速いほうから3番目以内の場合は 予選通過 と表示し，それ以外の場合は何も表示しない。ただし，この式をC5～F5にコピーするものとする。

	A	B	C	D	E	F
1						
2	平泳ぎ記録表					
3	選手番号	101	102	103	104	105
4	記録	31.01	30.33	31.75	29.38	30.56
5	結果		予選通過		1位通過	予選通過

=IF(　　　(1)　　　,"1位通過",

　　IF(　　　(2)　　　,"予選通過",""))

(1)	
(2)	

❻ 複合参照

数式をコピーした場合に，参照する番地を相対的な位置関係に自動的に調整したり，固定したままにしたりすることができる。

（1） 相対参照

相対参照しているセル番地で指定した式をコピーすると，行や列は相対的に自動調整される。

例　C1に「＝A1」を入力し，D3までコピーした場合の式と表示値

	A	B	C	D
1	10	40	=A1	=B1
2	20	50	=A2	=B2
3	30	60	=A3	=B3

	A	B	C	D
1	10	40	10	40
2	20	50	20	50
3	30	60	30	60

（2） 絶対参照

絶対参照しているセル番地で指定した式をコピーしても，行や列は固定され変化しない。

例　C1に「＝$A$1」を入力し，D3までコピーした場合の式と表示値

	A	B	C	D
1	10	40	=$A$1	=$A$1
2	20	50	=$A$1	=$A$1
3	30	60	=$A$1	=$A$1

	A	B	C	D
1	10	40	10	10
2	20	50	10	10
3	30	60	10	10

（3） 複合参照

複合参照しているセル番地で指定した式をコピーすると，行（または列）は固定され，列（または行）は相対的に自動調整される。

例　C1に「＝A$1」（行のみ固定）を入力し，D3までコピーした場合の式と表示値

	A	B	C	D
1	10	40	=A$1	=B$1
2	20	50	=A$1	=B$1
3	30	60	=A$1	=B$1

	A	B	C	D
1	10	40	10	40
2	20	50	10	40
3	30	60	10	40

例　C1に「＝$A1」（列のみ固定）を入力し，D3までコピーした場合の式と表示値

	A	B	C	D
1	10	40	=$A1	=$A1
2	20	50	=$A2	=$A2
3	30	60	=$A3	=$A3

	A	B	C	D
1	10	40	10	10
2	20	50	20	20
3	30	60	30	30

練習問題4-5

解答 ➡ p.3

【1】次のような表に関する設問に答えなさい。

次の表のA2〜A4，B1〜D1には，次のような数値が入力されている。B2に各設問のような式を入力し，D4までコピーした場合に，D4に表示される数値を答えなさい。

（1）　=A2+B1

	A	B	C	D
1		1	2	3
2	1			
3	2			
4	3			

（2）　=$A$2+B1

	A	B	C	D
1		1	2	3
2	1			
3	2			
4	3			

（3）　=A$2+B1

	A	B	C	D
1		1	2	3
2	1			
3	2			
4	3			

（4）　=$A2+B1

	A	B	C	D
1		1	2	3
2	1			
3	2			
4	3			

(1)	
(2)	
(3)	
(4)	

【2】次の表は，利益率を変化させて販売価格を求めるシミュレーション表である。C5に設定する式の空欄を答えなさい。ただし，C5に設定した式をF8までコピーするものとする。なお，販売価格は，「仕入原価 × (1 + 利益率)」の式で求め，10円未満を切り上げる。

C5 ：＝ ☐(1)☐ (☐(2)☐ * (1+ ☐(3)☐), ☐(4)☐)

	A	B	C	D	E	F
1						
2	販売価格計算表					
3	商品名	仕入原価	利益率			
4			50%	70%	85%	100%
5	商品A	94	150	160	180	190
6	商品B	125	190	220	240	250
7	商品C	98	150	170	190	200
8	商品D	220	330	380	410	440

(1)	
(2)	
(3)	
(4)	

【3】次の表は，ある消防署の119番通報数と出動数を月別に集計した表である。6行目の「通報数累計」は，4行目の「通報数」を1月から累計したものであり，7行目の「出動数累計」も同様である。B6に設定する式として適切なものを選び記号で答えなさい。ただし，この式をG7までコピーするものとする。

	A	B	C	D	E	F	G
1							
2	１１９番通報数・出動数						
3	月	1月	2月	3月	4月	5月	6月
4	通報数	368	546	430	340	416	322
5	出動数	234	323	265	220	258	211
6	通報数累計	368	914	1,344	1,684	2,100	2,422
7	出動数累計	234	557	822	1,042	1,300	1,511

ア．＝SUM(B4:B4)
イ．＝SUM(B\$4:B4)
ウ．＝SUM(\$B4:B4)

☐

７ マルチシートのセル参照

他のワークシートのセルを参照して，計算することができる。

ワークシート名！セル番地

他のワークシートのセルを参照する。

最初のワークシート名：最後のワークシート名！共通のセル番地

連続した複数のワークシートの共通のセル番地を参照する。

例 シート名「A社」～「C社」の評価をシート名「合計」に集計する。

	A	B	C	D
1				
2	A社評価表			
3	評価項目	評価		
4	価格	5		
5	性能	4		
6	サービス	3		
7	合計	12		

〈 A社 B社 C社 合計 〉

	A	B	C	D
1				
2	B社評価表			
3	評価項目	評価		
4	価格	3		
5	性能	5		
6	サービス	5		
7	合計	13		

〈 A社 B社 C社 合計 〉

	A	B	C	D
1				
2	C社評価表			
3	評価項目	評価		
4	価格	4		
5	性能	4		
6	サービス	3		
7	合計	11		

〈 A社 B社 C社 合計 〉

	A	B	C	D
1				
2	評価集計表			
3	評価項目	評価計		
4	価格	12		
5	性能	13		
6	サービス	11		
7	合計	36		

〈 A社 B社 C社 合計 〉

シート名「合計」のB4 ： ＝A社!B4 ＋ B社!B4 ＋ C社!B4
＝SUM(A社:C社!B4)

練習問題4-6　　解答 ➡ p.3

【1】次の表の各シートには，ある会社の社員が7月～12月までに契約を取りつけた数が入力されている。シート名「合計」のB列の「契約数合計」は，シート名「7月」～「12月」のB列の合計を求める。シート名「合計」のB4に設定する式の空欄を答えなさい。

＝SUM(☐(d)☐ B4)

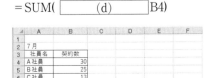

	A	B	C	D	E	F
1						
2	7月					
3	社員名	契約数				
4	A社員	30				
5	B社員	25				
6	C社員	13				
7						

〈 7月 8月 9月 10月 11月 12月 合計 〉

	A	B	C	D	E	F
1						
2	合計					
3	社員名	契約数合計				
4	A社員	143				
5	B社員	140				
6	C社員	108				
7						

〈 7月 8月 9月 10月 11月 12月 合計 〉

☐

表計算ソフト

❽ グラフの作成

（1）散布図

散布図は，２種類の項目を横軸と縦軸にとり，対応点を打点（プロット）して作成したグラフである。２つの項目に関連があるかどうかを見るのに適している。

①グラフのもとになるＢ４～Ｃ10をドラッグして，範囲指定する。

②［挿入］リボンの［散布図］ボタンをクリックし，［散布図］を選択する。

③各種の設定や体裁を整える。

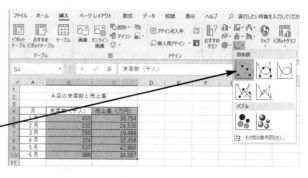

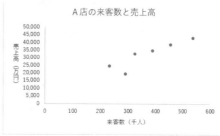

【散布図の完成】

（2）複合グラフ

複合グラフは，第１軸と第２軸を使い，１つのグラフの中に異なる種類のグラフや，数値の種類や桁数が異なる同じ種類のグラフを設定したグラフである。代表的なものには，２軸上の折れ線と棒グラフや２軸上の折れ線グラフなどがある。

ア　２軸上の折れ線と棒グラフ

①　２軸上の折れ線と棒グラフの作成

①グラフのもとになるＡ４～Ｄ９をドラッグして，範囲指定する。

②［挿入］リボンの［複合グラフの挿入］→［集合縦棒－第２軸折れ線グラフ］を選択する。

②　行／列の切り替え

①［デザイン］リボンの［行／列の切り替え］ボタンをクリックし，Ｘ軸を商品名から月に切り替える。

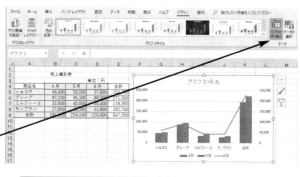

③　グラフの種類の変更

①［デザイン］リボンの［グラフの種類の変更］ボタンをクリックする。

②［グラフの種類］は，ショコラ～モンブランの商品名は［集合縦棒］，合計は［折れ線］に設定する。

③［第２軸］は合計のみにチェックを入れる。

④各種の設定や体裁を整える。

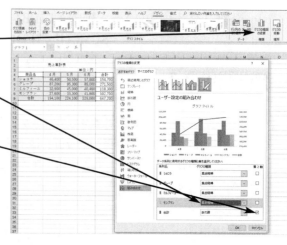

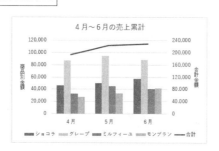

【２軸上の折れ線と棒グラフの完成】

イ　２軸上の折れ線グラフ

①　２軸上の折れ線グラフの作成

①グラフのもとになるＡ４〜Ｃ10をドラッグして，範囲指定する。

②［挿入］リボンの［複合グラフの挿入］→［集合縦棒−第２軸折れ線グラフ］を選択する。

③［グラフの種類の変更］をクリックし，［組み合わせ］→「系列名」→「売上金額」のグラフの種類を［マーカー付き折れ線］にする。

④「売上金額」の［第２軸］のチェックが外れているか確認する。

⑤各種の設定や体裁を整える。

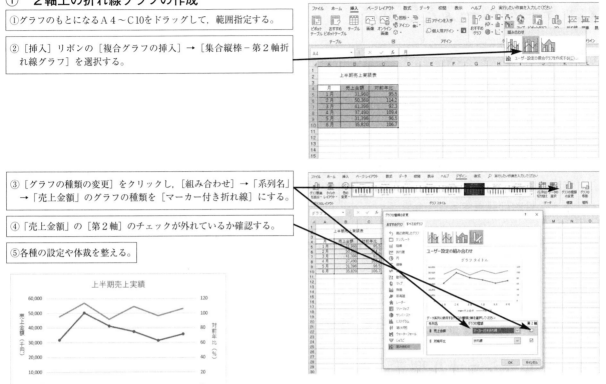

【２軸上の折れ線グラフの完成】

（３）軸の反転

作成したグラフの軸の順番を逆にする操作を軸の反転といい，次のように行う。

①項目軸を右クリックして［軸の書式設定］をクリックする。

②［軸のオプション］から［軸を反転する］にチェックを入れ，「横軸との交点」の［最大項目］を選択する。

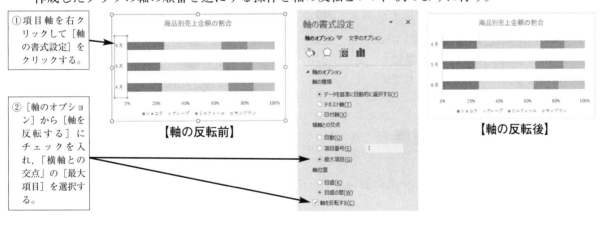

【軸の反転前】

【軸の反転後】

（４）区分線

グラフに区分線を表示することで，データの比較をしやすくなる。

①グラフを選択し，［デザイン］リボンの［グラフ要素を追加］→［線］→［区分線］をクリックする。

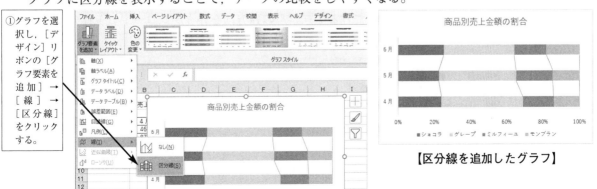

【区分線を追加したグラフ】

データベースソフトウェアの活用

■1 データベースとDBMS

（1）データベース

① **データベース**

　一定の目的に従って，関連性のあるデータを，検索しやすいように蓄積管理したデータの集合体をデータベースという。

② **情報検索**

　データベースから必要なデータを取り出して利用することを**情報検索**という。企業のそれぞれの業務では，データベースから必要なデータを取り出し，関連付けて組み合わせるなどして，さまざまな目的に利用する。

（2）DBMS（DataBase Management System）

　データの共有や関連付けを行う，データベースの作成・運用・管理をするソフトウェアを総称して**DBMS**（データベース管理システム）と呼ぶ。

■2 リレーショナル型データベース

（1）リレーショナル型データベース

　現在最も普及しているデータベースで，データをすべて二次元のテーブル（表）の形で扱い，複数の表の間に共通の項目を相互に関係付けたもので，**関係データベース**とも呼ばれる。

（2）基本表と仮想表

　実際にデータが保存されている表を**基本表**（実表）といい，抽出してできた表を，**仮想表**（ビュー表）という。仮想表は，基本表のデータを参照しているだけで，データが保存されているわけではない。

基本表

商品番号	商品名	単価	カロリー
B01	焼肉弁当	500	990
B02	中華弁当	450	660
B03	のり弁当	400	590
B04	牛丼	480	745
B05	カツ丼	550	790

仮想表

商品名	単価
焼肉弁当	500
中華弁当	450
のり弁当	400
牛丼	480
カツ丼	550

（3）テーブルの構成要素

① **テーブル（表）**

　リレーショナル型データベースにおいてデータは二次元の表形式で管理される。その1つの表のことを**テーブル**（表）と呼ぶ。

② **レコード（行）**

　リレーショナル型データベースにおけるテーブルの行方向をいう。1行が1件分のデータを示す。

③ **フィールド（列）**

　リレーショナル型データベースにおけるテーブルの列方向をいう。レコード（1件分のデータ）を構成する単位。

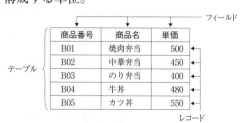

（4）データ型

　テーブルを作成する場合，入力するデータの目的や内容によりテーブルのフィールドを定義する。データ型はフィールドに格納されているデータの性質やサイズを指定する。

① 数値型

　計算に用いる数値で，右詰めで表示される。

② 文字型

　文字列や計算の必要のない数値で，左詰めで表示される。テキスト型ともいう。

③ 日付/時刻型

　日付や時刻に用いる数値で，右詰めで表示される。日付や時刻の差などを求めることができる。

＜フィールド定義の例＞

（5）リレーショナル型データベースの関係演算

　リレーショナル型データベースでは，次のような操作を通じてさまざまな表を関係付けることができる。

① 選択

　基本表から条件を満たすレコード（行）だけを取り出して新たに表を作成すること。

例　「単価」が500円以上の条件を満たすレコードを取り出す

② 射影

　基本表から条件を満たすフィールド（列）だけを取り出して新たに表を作成すること。

例　「商品名」と「単価」のフィールドを取り出す

③ 結合

　複数の基本表から共通項目をもとに新しい表を作成すること。

例　2つの表の共通項目である「商品番号」をもとにして，重複しているフィールドを除いた表を作成する

（6）リレーショナル型データベースの集合演算

集合演算とは，同じ構造を持つ2つの表から新しい表を作り出すことで，次のような種類がある。

① 和

2つの表にあるすべてのレコードをまとめること。同じレコードは1つにする。

A 商品番号	商品名
B01	焼肉弁当
B02	中華弁当
B03	のり弁当

B 商品番号	商品名
B03	のり弁当
B04	牛丼
B05	カツ丼

商品番号	商品名
B01	焼肉弁当
B02	中華弁当
B03	のり弁当
B04	牛丼
B05	カツ丼

② 差

一方の表から他方の表のレコードだけを取り除くこと。

A 商品番号	商品名
B01	焼肉弁当
B02	中華弁当
B03	のり弁当
B04	牛丼
B05	カツ丼

B 商品番号	商品名
B03	のり弁当
B04	牛丼
B05	カツ丼

商品番号	商品名
B01	焼肉弁当
B02	中華弁当

③ 積

2つの表の共通のレコードだけを取り出すこと。

A 商品番号	商品名
B01	焼肉弁当
B02	中華弁当
B03	のり弁当

B 商品番号	商品名
B03	のり弁当
B04	牛丼
B05	カツ丼

商品番号	商品名
B03	のり弁当

3 キーの種類

テーブル（表）から特定のデータを検索するとき，データを見つけ出すことができる項目（列）を**キー項目**という。

（1）主キー

ある項目の値が決まれば，他の値も一意に決まるという項目を**主キー**という。商品番号が決まれば，商品名・単価・カロリーが決まる。

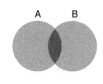

商品番号	商品名	単価	カロリー
B01	焼肉弁当	500	990

（2）複合キー（連結キー）

複数の項目の値が決まれば，他の値も一意に決まるという項目を**複合キー（連結キー）**という。注文番号と商品番号が決まれば，数量が決まる。

注文番号	商品番号	数量
1001	B01	8
1001	B04	3

（3）外部キー

注文表の商品番号は，商品表の商品番号を参照している。このように別の表の主キーを参照する項目を，**外部キー**という。

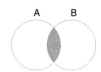

注文番号	商品番号	数量
1001	B01	8

商品番号	商品名	単価	カロリー
B01	焼肉弁当	500	990

データベース

練習問題5-1

解答 ➡ p.3

【1】次の文に最も関係の深い語を解答群から選び，記号で答えなさい。

(1) データベースを作成，管理，運用するソフトウェアのこと。

(2) 表から指定された列だけを取り出して新たに表を作成すること。

(3) 基本表をもとにして，ある条件により作られる見かけ上の表。

(4) 列ごとに格納されるデータの性質やサイズを表すこと。

(5) 同じ性質を持つ項目の集まりのこと。リレーショナル型データベースではその列方向を表す。

```
解答群
ア．結合          イ．ＤＢＭＳ        ウ．実表          エ．データ型
オ．射影          カ．フィールド       キ．ビュー表       ク．レコード
ケ．リレーショナル型データベース            コ．選択
```

(1)	(2)	(3)	(4)	(5)

【2】次の文の下線部が正しいものには○を，誤っているものには正しい語を書きなさい。

(1) リレーショナル型データベースの表の形式で構成されたデータの集まりを<u>フィールド</u>という。

(2) データを検索するとき，別の表の主キーを参照する項目を<u>複合キー</u>という。

(3) 1件分のデータのことを<u>テーブル</u>といい，リレーショナル型データベースではその行方向を表す。

(4) 集合演算で，2つの表の共通のレコードだけを取り出すことを<u>積</u>という。

(5) 複数の表から新たな1つの表を作り出すことを<u>射影</u>という。

(1)	(2)	(3)	(4)	(5)

【3】次の売上表と商品表は，ある小売店におけるリレーショナル型データベースを示したものである。表1，表2は，売上表と商品表から作り出した新たな表である。各問いの答えを解答群から選び記号で答えなさい。

売上表

売上番号	商品コード	数量
1	10	5
2	30	1
3	20	3
4	30	2
5	10	1

商品表

商品コード	商品名	単価
10	鉛筆	10
20	ボールペン	100
30	ノート	150

表1

売上番号	商品名	数量
1	鉛筆	5
2	ノート	1
3	ボールペン	3
4	ノート	2
5	鉛筆	1

表2

売上番号	商品コード	数量
2	30	1
4	30	2

(1)	
(2)	
(3)	

(1) 商品表の「商品コード」や「商品名」のように同じ性質を持つ項目の集まりを答えなさい。

(2) 表1は売上表と商品表から作成したものである。このような表を作成する操作方法を答えなさい。

(3) 表2は売上表から作成したものである。このような表を作成する操作方法を答えなさい。

```
解答群
ア．テーブル    イ．選択    ウ．レコード    エ．射影    オ．フィールド    カ．結合
```

4 SQL

　SQLとは，Structured Query Languageの略で，リレーショナル型データベースを設計したり，効率よく操作するための言語である。

（1）SELECT文

　テーブル（表）から指定した条件を満たすレコード（行）を抽出するときは，SELECT文で記述する。

> SELECT フィールド名1,フィールド名2,… FROMテーブル名 WHERE 検索条件

・**フィールド名**は，抽出するフィールド（項目）を指定する。複数のフィールドを抽出するときはコンマで区切り，全フィールドを抽出するときは，「＊」で指定する。
・**テーブル名**は，抽出するもとになるテーブル（表）を指定する。
・**検索条件**は，フィールド名が，文字型は「'」（シングルコーテーション）で囲み，数値型は囲まない。
　　　例　商品番号 = 'B01'　商品名 = '焼肉弁当'　数量 <= 10　カロリー >= 700
　例1　商品表から，商品番号がB04のすべてのフィールドを抽出する。
　　　SELECT ＊ FROM 商品表 WHERE 商品番号 = 'B04'
　例2　商品表から，単価が500円未満の商品名と単価を抽出する。
　　　SELECT 商品名,単価　FROM 商品表　WHERE 単価 < 500
　例3　商品表から，単価が500円以下で，カロリーが700kcalより大きい商品名，単価，カロリーを抽出する。
　　　SELECT 商品名,単価,カロリー FROM 商品表 WHERE 単価 <= 500 AND カロリー > 700

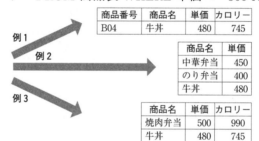

（2）比較演算子（=, >, >=, <, <=, <>）

比較演算子	使用例	意　　味
=	単価 = 500	単価が500円と等しい
>	単価 > 500	単価が500円より大きい
>=	単価 >= 500	単価が500円以上
<	単価 < 500	単価が500円より小さい
<=	単価 <= 500	単価が500円以下
<>	単価 <> 500	単価が500円と等しくない

（3）論理演算子（AND, OR, NOT）

論理演算子	優先順位	使用例	意　　味
AND	2	単価 <= 500 AND カロリー > 700	単価が500円以下で，しかもカロリーが700kcalより大きい
OR	3	単価 <= 500 OR カロリー > 700	単価が500円以下か，またはカロリーが700kcalより大きい
NOT	1	NOT 商品番号 = 'B01'	商品番号がB01でない

データベース

（4）算術演算子（＋, －, ＊, ／, ＾）

算術演算子	優先順位	使用例	計算結果の例（数量が9の場合）
＋（加算）	3	数量＋3	12
－（減算）	3	数量－3	6
＊（乗算）	2	数量＊3	27
／（除算）	2	数量／3	3
＾（べき乗）	1	数量＾3	729

（5）複数のテーブル（表）の結合

複数のテーブル(表)に共通しているフィールドの値が同じもの同士を結び付けることを結合という。

> SELECT フィールド名1, フィールド名2,··· FROM テーブル名1, テーブル名2
> 　　　WHERE テーブル名1.フィールド名 = テーブル名2.フィールド名
> 　　　　　AND 検索条件

FROMのあとに結合するテーブル名，WHEREのあとに結合する条件を指定する。フィールド名が同じ場合はどのテーブルのフィールドなのかを区別するために，テーブル名.フィールド名で指定する。

結合の手順

例　注文表と商品表の商品番号で結合し，注文番号が1002の注文番号，商品名，数量，単価を抽出する。

SELECT 注文番号, 商品名, 数量, 単価 FROM 注文表, 商品表
　　　WHERE 注文表.商品番号=商品表.商品番号
　　　　　AND 注文番号=1002

注文表

注文番号	商品番号	数量
1001	B01	8
1001	B04	3
1002	B02	1
1002	B05	2
1003	B04	1
1004	B01	2
1005	B02	5
1005	B03	5

商品表

商品番号	商品名	単価	カロリー
B01	焼肉弁当	500	990
B02	中華弁当	450	660
B03	のり弁当	400	590
B04	牛丼	480	745
B05	カツ丼	550	790

注文表の8行と商品表の5行をつなぎあわせて8行×5行＝40行,3列と4列をあわせて3列＋4列＝7列の表が作成される。

注文番号	注文表.商品番号	数量	商品表.商品番号	商品名	単価	カロリー
1001	B01	8	B01	焼肉弁当	500	990
1001	B01	8	B02	中華弁当	450	660
1001	B01	8	B03	のり弁当	400	590
1001	B01	8	B04	牛丼	480	745
1001	B01	8	B05	カツ丼	550	790
～	～	～	～			～

注文表.商品番号=商品表.商品番号を満たすレコードが抽出される。

注文番号	注文表.商品番号	数量	商品表.商品番号	商品名	単価	カロリー
1001	B01	8	B01	焼肉弁当	500	990
1004	B01	2	B01	焼肉弁当	500	990
1002	B02	1	B02	中華弁当	450	660
1005	B02	5	B02	中華弁当	450	660
1005	B03	5	B03	のり弁当	400	590
1001	B04	3	B04	牛丼	480	745
1003	B04	1	B04	牛丼	480	745
1002	B05	2	B05	カツ丼	550	790

注文番号＝1002を満たすレコードから，指定されたフィールドが抽出される。

注文番号	商品名	数量	単価
1002	中華弁当	1	450
1002	カツ丼	2	550

5 関数

次のような集計関数を利用し，データの集計を行う。

関数名	意　　味
SUM（フィールド名）	ある項目の合計を求める
AVG（フィールド名）	ある項目の平均を求める
MAX（フィールド名）	ある項目の最大値を求める
MIN（フィールド名）	ある項目の最小値を求める
COUNT（＊）	ある条件に合致した行の数を求める

① **SUM　数値の合計を求める**

例　注文表の「数量」の合計を求める。

SELECT SUM（数量） FROM 注文表

27

② **AVG　数値の平均を求める**

例　注文表の「商品番号」が B 02 の「数量」の平均を求める。

SELECT AVG（数量） FROM 注文表
　　　　WHERE 商品番号 = 'B02'

3

③ **MAX　数値の最大値を求める**

例　商品表の「カロリー」の最大値と商品名を求める。

SELECT 商品名, MAX（カロリー） FROM 商品表

商品名	
焼肉弁当	990

④ **MIN　数値の最小値を求める**

例　商品表の「単価」の最小値を求める。

SELECT MIN（単価） FROM 商品表

400

⑤ **COUNT　数値の個数を求める**

例　注文表の「数量」が 5 以上の個数を求める。

SELECT COUNT（＊） FROM 注文表 WHERE 数量 >= 5

3

6 列名の別名指定（AS）

集計関数や計算式で求めたフィールドには，「Expr ○○○○」などの名前が付けられるが，抽出したフィールドに別名を指定することができる。

例　注文表の「数量」の合計を求め，「数量の合計」という名前を付ける。

SELECT SUM（数量） AS 数量の合計 FROM 注文表

数量の合計
27

練習問題5-2

解答 ➡ p.3

【1】次の条件に合ったSQL文を答えなさい。

(1) 成績表の「国語」の合計を求める。

(2) 成績表の「英語」の平均を求め，「英語の平均」というフィールド名を付ける。

(3) 成績表の「数学」の最大値を求める。

(4) 成績表の「社会」の最小値と氏名を求める。

(5) 成績表の「理科」が30未満の件数を求める。

(1)	
(2)	
(3)	
(4)	
(5)	

【2】次の表は，日本人のノーベル賞受賞者（受賞時に日本国籍）の表である。次のSELECT文によって抽出されるデータを，解答群の中から選び，記号で答えなさい。

ノーベル賞表

受賞番号	受賞者	受賞年	賞コード	受賞時年齢
J01	湯川 秀樹	1949	N3	42
J02	朝永 振一郎	1965	N3	59
J03	川端 康成	1968	N4	69
J04	江崎 玲於奈	1973	N3	48
J05	佐藤 栄作	1974	N5	73
J06	福井 謙一	1981	N2	63
J07	利根川 進	1987	N1	48
J08	大江 健三郎	1994	N4	59
J09	白川 英樹	2000	N2	64
J10	野依 良治	2001	N2	63
J11	小柴 昌俊	2002	N3	76
J12	田中 耕一	2002	N2	43
J13	小林 誠	2008	N3	64
J14	益川 敏英	2008	N3	68
J15	下村 脩	2008	N2	80
J16	鈴木 章	2010	N2	80
J17	根岸 英一	2010	N2	75
J18	山中 伸弥	2012	N1	50
J19	赤崎 勇	2014	N3	85
J20	天野 浩	2014	N3	54
J21	大村 智	2015	N1	80
J22	梶田 隆章	2015	N3	56
J23	大隅 良典	2016	N1	71
J24	本庶 佑	2018	N1	76
J25	吉野 彰	2019	N2	71

賞名表

賞コード	賞名
N1	医学・生理学賞
N2	化学賞
N3	物理学賞
N4	文学賞
N5	平和賞
N6	経済学賞

(1) SELECT 受賞者 FROM ノーベル賞表 WHERE 受賞年 < 1974

(2) SELECT 受賞者 FROM ノーベル賞表 WHERE 受賞時年齢 < 45 OR 受賞時年齢 > 75

(3) SELECT 受賞者 FROM ノーベル賞表, 賞名表
　　　　　WHERE ノーベル賞表.賞コード = 賞名表.賞コード
　　　　　　AND 賞名 = '物理学賞' AND 受賞時年齢 <= 64

(4) SELECT 受賞者 FROM ノーベル賞表, 賞名表
　　　　　WHERE ノーベル賞表.賞コード = 賞名表.賞コード
　　　　　　AND NOT (賞名 = '物理学賞' OR 賞名 = '化学賞')

解答群

ア.	イ.	ウ.	エ.	オ.	カ.	キ.
湯川 秀樹	湯川 秀樹	湯川 秀樹	川端 康成	湯川 秀樹	湯川 秀樹	湯川 秀樹
朝永 振一郎	小柴 昌俊	朝永 振一郎	佐藤 栄作	朝永 振一郎	朝永 振一郎	小柴 昌俊
江崎 玲於奈	田中 耕一	川端 康成	利根川 進	江崎 玲於奈	川端 康成	田中 耕一
小林 誠	下村 脩	江崎 玲於奈	大江 健三郎	天野 浩	江崎 玲於奈	下村 脩
天野 浩	鈴木 章	佐藤 栄作	山中 伸弥	梶田 隆章		鈴木 章
梶田 隆章	赤崎 勇		大村 智			根岸 英一
	大村 智		大隅 良典			赤崎 勇
	本庶 佑		本庶 佑			大村 智
						本庶 佑

(1)		(2)		(3)		(4)	

◆用語チェック問題◆

解答 ➡ p.64

1．ハードウェア・ソフトウェアに関する知識
（1）ハードウェアの構成

	問　題	解　答
1	手書きや印刷された文字を光学的に読み取り，文字データとして入力する装置。	
2	マークシートに記入されたマークを光学的に読み取り，コンピュータに入力する装置。	
3	表面に磁性材料を塗布した円盤を回転させながら，磁気ヘッドを移動させて情報を読み書きする装置。	
4	磁気ディスク装置において，ディスク表面の磁気記録層にデータを読み書きする部分。	
5	磁気ディスク装置において，データを読み書きするために，磁気ヘッドをディスク上の所定の位置に移動させるための部品。	
6	磁気ディスク装置において，同心円状の複数のトラックが，論理的な円筒状になっている記録単位。	
7	磁気ディスク装置などの記録面で，同心円状に分割された1周分の記録場所。	
8	磁気ディスク装置などの記録面で，データの読み書きをする最小単位。	
9	大容量のバッテリを内蔵し，停電などの電力トラブルが発生した際，コンピュータに電力を一定時間供給する装置。	

（2）ソフトウェアに関する知識

	問　題	解　答
10	プリンタに出力する文字や画像を構成する最小の要素である点。	
11	色情報（色調や階調）を持つデジタル画像を構成する最小単位の点。	
12	ディスプレイの表示能力やプリンタの印刷能力などのきめ細かさや画質の滑らかさを表す尺度。	
13	1インチあたりに何個のドットを表現できるかを表す単位。	
14	1インチあたりに何個のピクセル（画素）を表現できるかを表す単位。	
15	ディスプレイ装置やデジタルカメラなどで，画像を表現する際に使用される光の三原色。	
16	カラー印刷で，シアン，マゼンタ，イエロー，ブラックの混合比率を変化させて色を表現する方法。	
17	データの意味を保ったまま，データ容量を小さく変換すること。	
18	データの意味を保ったまま圧縮されたデータを元の状態に戻すこと。	
19	複数のファイルを1つにまとめたり，逆にまとめたファイルを元に戻したりするソフトウェア。	
20	コンピュータに周辺機器を追加する際，ハードウェアをコネクタに差し込むだけで，OSが自動的に設定を行い，使用できるようにするシステム。	

(3) ディレクトリとファイル

	問題	解答
21	階層型の記憶管理システムにおいて，最上位に位置するディレクトリ。	
22	ファイルを階層構造で管理する場合，最上位ディレクトリの下位に作成されるすべてのディレクトリ。	
23	ファイルの種類を識別する目的で使われる，ファイル名の最後に付ける文字列。	
24	あらゆる機種のパソコンで利用できる，文字データのみで構成されたファイル。	
25	文字として読み出すことのできない2進数形式のファイル。	
26	ファイルにデータを記録するための方式やルール。アプリケーションやOSによって作成するファイル内の表現方法や構造が異なる。	
27	静止画像を点の集まりとして，圧縮せずに記録するファイル形式。	
28	フルカラーで扱うことのできる，静止画像を非可逆圧縮（画質は多少低下するが圧縮率が高い）して記録するファイル形式。	
29	256色までの画像を保存することができ，インターネット上のイラストやアイコンなどの保存に使われているファイル形式。	
30	透明度などの情報を持ち，フルカラーの静止画像を劣化することなく圧縮できるファイル形式。	
31	動画や音声データを圧縮して保存したファイル形式。用途により数種類の規格がある。	
32	電子楽器を制御するための規格で，音楽の再生に必要な音程，音の長さ，強弱，音色などの演奏情報を記録するファイル形式。	
33	高圧縮率で高音質なデータ圧縮技術により，音声・音楽データを記録するファイル形式。	
34	データをコンマで区切って並べたファイル形式。	
35	専用のソフトウェアを利用することで，コンピュータの機種や使用環境に依存せずに閲覧できる電子文書のファイル形式。	
36	複数のファイルを1つのファイルとしてまとめて圧縮することができる，世界中で最も広く利用されるファイル圧縮形式。	

(4) 関連知識

	問題	解答
37	国際標準化機構。情報処理システムや工業製品における技術の発展・標準化を進めることを目的として設立された国際機関。	
38	日本国内における製品やサービスなどの標準規格である日本産業規格の略称。	
39	アメリカ国内における工業製品の標準化・規格化を行っている米国規格協会の略称。	
40	アメリカに本部を持つ，電気・電子分野における世界規模の学会。	
41	コンピュータで扱う文字や記号の1つ1つに割り当てられた固有の数字。	
42	日本産業規格で定めた文字コード。	
43	アメリカの規格協会が定めたアメリカにおける標準の文字コード。	
44	世界中で使われている多くの文字を表現するために定められた国際標準の文字コード。	

チェック問題

45	新規にコンピュータシステムを導入する際に必要となる費用。	
46	コンピュータシステムの運用，または保守・管理に必要な費用。	
47	イニシャルコストとランニングコストの総額。	
48	ファイルを検索する際に，任意の文字列や1つの文字の代用として使うことのできる記号。	

2．通信ネットワークに関する知識
（1）ネットワークの構成

	問　題	解　答
49	音声やデータを連続性のある信号でやり取りする通信回線。	
50	データを数値化した信号でやり取りする通信回線。	
51	学校や企業などの建物や敷地内の限られた範囲を結んだネットワーク。	
52	デジタル通信においてデータを送受信する際に，データを一定のサイズに分割したもの。送信先のアドレス，誤りの検出や訂正をするための情報を付加しており，インターネットや携帯電話の通信に用いられている。	
53	ケーブルを使用してつないだ機器同士で通信を行う方法。セキュリティが高く，電波も安定している。	
54	ケーブルを使わず，赤外線や電波や光などの無線通信を利用してデータの送受信を行うシステム。	
55	業界団体であるWi-Fi Alliance（ワイファイアライアンス）が機器の相互接続性を認定した無線LAN技術。	
56	無線LANにおいて，混信をさけるために最大32文字まで設定できるアクセスポイントの識別子。	
57	スマートフォンなどの通信機能を使って，他のコンピュータ等をインターネットに接続すること。	

（2）ネットワークの活用

	問　題	解　答
58	サーバ専用のコンピュータを置かないネットワーク形態。接続された各コンピュータが互いに対等な関係であり，プリンタ共有などを目的とした数台のコンピュータによる小規模なLANに向いている。	
59	サーバ専用のコンピュータを置くネットワーク形態。ファイルサーバ，プリントサーバなどのサービスを提供するコンピュータと，サービスを利用するコンピュータで構成される。	
60	インターネット上で，動画や音声などを受信しながら同時に再生する方式。	
61	企業などで，LANやインターネットを活用して情報共有やコミュニケーションを効率的に行うためのソフトウェア。	

3．情報モラルとセキュリティに関する知識
（1）権利の保護と管理

	問　題	解　答
62	知的創作活動によって生み出されたものを，創作した人の財産として保護するための権利。	
63	特許権など，特許庁に出願し登録されることによって，一定期間独占的に使用できる権利。	

	問題	解答
64	小説，音楽，美術，映画などを創作すると自動的に発生する権利。	
65	自分の姿が写っている写真などを，無断で使用されることがないように主張できる権利。	
66	著作者の権利と，これに隣接する権利を定め，その保護を目的とする法律。	
67	個人情報を取り扱う団体や個人に，安全管理措置を行うことを義務付け，個人情報の保護を図ることを目的とする法律。	
68	他人のユーザIDやパスワードを無断で使用し，ネットワーク上のコンピュータにアクセスすることを禁止する法律。	
69	使用期間に関係なく，無償で入手および利用できるソフトウェア。インターネット上で多く公開されている。	
70	一定の期間は無償で試用できるが，その後も継続利用する場合は，代金を支払うことで利用できるソフトウェア。	
71	学校や企業など特定の場所において，複数のコンピュータで同一のソフトウェアを使用するために，一括購入する際の契約方法。	
72	ソフトウェアのソースコードが無償で公開され，誰にでも改良や再配布が許可されているソフトウェア。	

(2) セキュリティ管理

	問題	解答
73	2つ以上の異なる要素を組み合わせて認証を行うこと。	
74	一度の認証で済ませず，複数回の認証を行うこと（認証要素の種類数は問わない）。	
75	一度きりしか使用することができないパスワード。	
76	一度の認証で複数の情報システムを利用できるしくみ。	
77	フォルダやファイルにアクセスできる権限を与えること。	
78	フォルダやファイルへのすべてのアクセス権限を与えること。	
79	ファイルの内容や属性などの読み取り許可を与えること。	
80	ファイル内容の書き込み，ファイルへのデータの追加，属性の書き込みなどの許可を与えること。	
81	組織内部のネットワークを，外部からの不正アクセスなどから保護するためのシステム。	
82	プログラムの設計ミスなどにより発生する，セキュリティ上の欠陥。	
83	キーボードからの入力内容を記録するソフトウェア。攻撃者が不正にコンピュータにインストールして個人情報などを盗み取る危険性がある。	
84	実行することにより，ハードディスク内などのデータを使用不可にし，元通り使えるようにすることと引き換えに金銭を要求するようなマルウェア。	
85	Webページにウイルスなどを埋め込み，そのWebページを閲覧した者がウイルスに感染するようにしくむ攻撃方法。	
86	ハードウェアの故障などによりデータが破壊されたときに備え，別の記憶媒体にデータを保存すること。	
87	内容がわからないように，一定の規則にしたがってデータを変換すること。	
88	内容がわからないように変換されたデータを，元のデータに戻すこと。	

チェック問題

4．データベースソフトウェアの活用
(1) リレーショナル型データベース

	問 題	解 答
89	データが利用しやすいように分類・整列されたデータの集まり。	
90	データベースの作成・運用・管理をするソフトウェア。	
91	リレーショナル型データベースで，実際にデータが保存されている表。	
92	入力したデータを保存しておく場所のことで，二次元の表の形式で表す。	
93	1行ごとのデータのこと。	
94	1列ごとのデータのこと。	
95	フィールドに格納されるデータのサイズや性質。	
96	データ型の1つで，計算に用いる数値。	
97	データ型の1つで，文字列や計算の必要のない数値。	
98	データ型の1つで，日時や時刻に用いる数値。	
99	基本表をもとにして，ある条件により作られる見かけ上の表。	
100	テーブルから選択，射影，結合などの操作により，新たに表を作成すること。	
101	テーブルから条件を満たすレコードだけを取り出して，新たに表を作成すること。	
102	テーブルから条件を満たすフィールドだけを取り出して，新たに表を作成すること。	
103	2つ以上の表から共通項目をもとにして，新たに表を作成すること。	
104	2つのテーブルから集合の考え方（和，積，差など）により，目的とするデータを取り出すこと。	
105	2つの表にあるすべてのレコードをまとめること。	
106	一方の表から他方の表のレコードだけを取り除くこと。	
107	2つの表の共通のレコードだけを取り出すこと。	
108	テーブルのレコードを識別するための目印。	
109	レコードを指定する際に，複数の項目の組み合わせによって特定できるもの。	
110	別の表の主キーを参照する項目。	

チェック問題

◆関数チェック問題◆

解答 ➡ p.64

［　］は省略可

処理項目	問　題	解　答
条件付き集計	①　「検索条件範囲」の中で「検索条件」に一致したデータの個数を求める。 ＝[　　　　]（検索条件範囲1，検索条件1，[検索条件範囲2，検索条件2]，…）	
	②　「条件範囲」の中で「条件」に一致したセルを検索し，対応する「合計対象範囲」のデータの合計を求める。 ＝[　　　　]（合計対象範囲，条件範囲1，[条件1，条件範囲2，条件2]，…）	
	③　「条件範囲」の中で「条件」に一致したセルを検索し，対応する「平均対象範囲」のデータの平均を求める。 ＝[　　　　]（平均対象範囲，条件範囲1，条件1，[条件範囲2，条件2]，…）	
セルの参照	④　「範囲」の左端の列を上から下へ「検索方法（FALSEは完全一致）」形式で検索し，「検索値」と一致する行の左から「列番号」列目のデータを表示する。 ＝[　　　　]（検索値，範囲，列番号，[検索方法]）	
	⑤　「範囲」の上端の行を左から右へ「検索方法（TRUEか省略は範囲一致）」形式で検索し，「検索値」と一致する列の上から「行番号」行目のデータを表示する。 ＝[　　　　]（検索値，範囲，行番号，[検索方法]）	
	⑥　「配列」の中で「行番号」と「列番号」が交差するセルのデータを表示する。 ＝[　　　　]（配列，行番号，列番号）	
セルの位置	⑦　「検査範囲」の中を「照合の種類（0は完全一致）」形式で検索し，「検査値」と一致する相対的なセル位置を求める。 ＝[　　　　]（検査値，検査範囲，[照合の種類]）	
文字列の操作	⑧　「値」を指定した「表示形式」の文字列に変換する。 ＝[　　　　]（値，表示形式）	
	⑨　「対象」の中を「開始位置（省略は1）」文字目から「検索文字列」を検索し，最初に現れた左端からの位置を求める。大文字と小文字は区別する。 ＝[　　　　]（検索文字列，対象，[開始位置]）	
	⑩　「対象」の中を「開始位置（省略は1）」文字目から「検索文字列」を検索し，最初に現れた左端からの位置を求める。大文字と小文字は区別されない。 ＝[　　　　]（検索文字列，対象，[開始位置]）	

チェック問題

n 番目の数値	⑪ 「配列」の中で「順位」番目に大きい値を求める。 =☐（配列, 順位）	
	⑫ 「配列」の中で「順位」番目に小さい値を求める。 =☐（配列, 順位）	
数値の処理	⑬ 「数値」を超えない最大の整数に切り捨てる。 =☐（数値）	
	⑭ 「数値」を「除数」で割ったときの剰余を求める。 =☐（数値, 除数）	
論理	⑮ すべての「論理式」が TRUE のときに TRUE を返す。 =☐（論理式 1, ［論理式 2］…）	
	⑯ いずれかの「論理式」が TRUE のときに TRUE を返す。 =☐（論理式 1, ［論理式 2］…）	
	⑰ 「論理式」が TRUE（FALSE）のときに FALSE（TRUE）を返す。 =☐（論理式）	
日時・曜日	⑱ 「時」「分」「秒」に対応するシリアル値を求める。 =☐（時, 分, 秒）	
	⑲ 「年」「月」「日」に対応するシリアル値を求める。 =☐（年, 月, 日）	
	⑳ 「シリアル値」に対応する年を求める。 =☐（シリアル値）	
	㉑ 「シリアル値」に対応する月を求める。 =☐（シリアル値）	
	㉒ 「シリアル値」に対応する日を求める。 =☐（シリアル値）	
	㉓ 「シリアル値」に対応する時刻の時を求める。 =☐（シリアル値）	
	㉔ 「シリアル値」に対応する時刻の分を求める。 =☐（シリアル値）	
	㉕ 「シリアル値」に対応する時刻の秒を求める。 =☐（シリアル値）	
	㉖ 「シリアル値」に対応する曜日を「種類（1 か省略は日曜が1〜土曜が7）」形式で求める。 =☐（シリアル値, ［種類］）	

チェック問題

◆SQLチェック問題◆

解答 ➡ p.64

問　　題	解　答
① 蔵書表から「貸出回数」が10回未満の「書名」を抽出する。 　　 (a) 　書名　 (b) 　蔵書表　 (c) 　貸出回数 ＜ 10	(a) (b) (c)
② 蔵書表から「発売年」が2010で，「貸出回数」が100以上の「書名」を抽出する。 SELECT　書名　FROM　蔵書表 　　　　　WHERE　発行年 ＝ 2010 　　　　 貸出回数 ＞ ＝ 100	
③ 蔵書表から「発売年」が1945以前か，「貸出回数」が100より多い「書名」を抽出する。 SELECT　書名　FROM　蔵書表 　　　　　WHERE　発行年 ＜ ＝ 1945 　　　　 貸出回数 ＞ 100	
④ 蔵書表から「貸出回数」が1以上でない「書名」と「著者名」を抽出する。 SELECT　書名, 著者名　FROM　蔵書表 　　　　　WHERE 　　　　 貸出回数 ＞ ＝ 1	
⑤ 蔵書表と貸出表を書籍コードで結合し，会員番号が10013374の書籍コード，書名，貸出日，返却日を抽出する。 SELECT　書籍コード, 書名, 貸出日, 返却日　FROM 　(a) 　　　　　WHERE 　(b) 　＝ 　(c) 　AND　会員番号 ＝ 10013374	(a) (b) (c)
⑥ 蔵書表から「貸出回数」の合計を求める。 SELECT 　　　　 FROM　蔵書表	
⑦ 蔵書表から「著者コード」がB367の「貸出回数」の平均を求める。 SELECT 　(a) 　FROM　蔵書表　WHERE 　(b)	(a) (b)
⑧ 蔵書表から「貸出回数」が最も大きい回数を求める。 SELECT 　　　　 FROM　蔵書表	
⑨ 蔵書表から「発売年」が最も古い年を求める。 SELECT 　　　　 FROM　蔵書表	
⑩ 貸出表から「会員番号」が11340052の貸出回数を求める。 SELECT 　(a) 　FROM　貸出表　WHERE 　(b)	(a) (b)
⑪ 貸出表から「貸出日」が2021年4月9日（20210409）の貸出数を求め，「4月9日の貸出数」という列名を付ける。 SELECT COUNT（＊） 　(a) 　4月9日の貸出数　FROM　貸出表 　　　　　WHERE 　(b)	(a) (b)

◆実技チェック問題◆

解答 ➡ p.4

文字列操作・検索・条件付き集計

【1】 ある飲食店では，一日分の売上数報告書を作成している。作成条件にしたがって，シート名「報告書」を作成しなさい。

作成条件
ワークシートは，提供されたものを使用する。

1. 「1．売上表」は，次のように作成する。
   (1) 「品名コード」は，「注文コード」の左端から1文字を抽出して表示する。
   (2) 「品名」は，「品名コード」から「メニュー表」を参照して表示する。
   (3) 「盛コード」は，「注文コード」の左端から2文字目を抽出して表示する。
   (4) 「売上数」は，「注文コード」の右端から2文字を抽出し，数値に変換して求める。
   (5) 「食事場所」は，「注文コード」の左端から3文字目を抽出し，「食事場所表」を参照して表示する。
2. 「売上数集計表」は，「1．売上表」から「品名」ごとに「売上数」の合計を求める。
3. 「食事場所集計表」は，「1．売上表」から「食事場所」ごとの件数を求める。

売上数報告書

メニュー表

盛コード	盛	品名コード		
		G	I	K
		牛丼	豚丼	カレー
N	並盛	500	600	700
C	中盛	600	700	800
D	大盛	700	800	900

食事場所表

場所コード	場所
A	店内
B	持ち帰り

1．売上表

注文コード	品名コード	品名	盛コード	売上数	食事場所
GNA02	G	牛丼	N	2	店内
KNA01	※	※	※	※	※
TCB03	※	※	※	※	※
TNB11	※	※	※	※	※
GCA01	※	※	※	※	※
KDB02	※	※	※	※	※
KNB01	※	※	※	※	※
GDA01	※	※	※	※	※
TNA02	※	※	※	※	※
GNA01	※	※	※	※	※
KDA02	※	※	※	※	※
KNB03	※	※	※	※	※
GDA01	※	※	※	※	※
TDA01	※	※	※	※	※
GNA01	※	※	※	※	※
TNB09	※	※	※	※	※
GCB10	※	※	※	※	※
GNB02	※	※	※	※	※
TDA01	※	※	※	※	※
KCA02	※	※	※	※	※

2．売上数集計表

品名	牛丼	豚丼	カレー
売上数	19	※	※

3．食事場所集計表

場所	件数
店内	12
持ち帰り	※

（報告書）

グループ集計（小計）・マルチシート

【2】　あるホテルでは，12月の予約状況の報告書を作成している。作成条件にしたがって，シート名「予約表」とシート名「報告書」を作成しなさい。

作成条件
ワークシートは，提供されたものを使用する。

1．シート名「予約表」は，次のように作成する。
(1)　「予約日」は，「予約コードの右端から2文字を抽出し，数値に変換して求める。
(2)　「部屋タイプ」は，「予約コード」の左端から4桁目より2文字を抽出し，シート名「料金表」を参照して表示する。
(3)　「料金計」は，「部屋タイプ」をもとに，シート名「料金表」を参照して次の式で求める。
　　　「料金計　＝　人数　×　料金」
2．シート名「報告書」は，次のように作成する。
(1)　「1．12月の予約状況表」は，シート名「予約表」から必要な範囲をコピーして，値を貼りつける。
(2)　「部屋タイプ」の昇順に並べ替える。
(3)　アプリケーションソフトのグループ集計機能を利用して，グループの基準を「部屋タイプ」，集計の方法を「合計」，集計するフィールドを「人数」・「料金計」として求める。
(4)　「2．部屋別集計表」は，「1．12月の予約状況表」から値を表示する。

料金表

	A	B	C
1			
2	料金表		
3	会議室コード	部屋タイプ	料金
4	DE	デラックス	20,000
5	ST	スタンダード	12,000
6	EC	エコノミー	8,000

（料金表）

予約表

	A	B	C	D	E	F
1						
2		1．12月の予約状況表				
3		予約コード	予約日	部屋タイプ	人数	料金計
4		001DE04	4	デラックス	6	120,000
5		005ST18	※	※	2	※
6		015ST26	※	※	2	※
7		016ST25	※	※	3	※
8		021DE11	※	※	5	※
9		022DE05	※	※	8	※
10		023EC19	※	※	1	※
11		027DE25	※	※	2	※
12		030EC12	※	※	2	※
13		034EC25	※	※	2	※
14		037DE12	※	※	3	※
15		041ST19	※	※	4	※
16		042ST13	※	※	6	※
17		054DE12	※	※	2	※
18		056EC04	※	※	2	※

（予約表）

報告書

	A	B	C	D	E	F
1						
2		1．12月の予約状況表				
3		予約コード	予約日	部屋タイプ	人数	料金計
4		023EC19	19	エコノミー	1	8,000
5		030EC12	※	エコノミー	※	※
6		034EC25	※	エコノミー	※	※
7		056EC04	※	エコノミー	※	※
8				エコノミー 集計	7	56,000
9		005ST18	※	スタンダード	※	※
10		015ST26	※	スタンダード	※	※
11		016ST25	※	スタンダード	※	※
12		041ST19	※	スタンダード	※	※
13		042ST13	※	スタンダード	※	※
14				スタンダード 集計	※	※
15		001DE04	4	デラックス	※	※
16		021DE11	※	デラックス	※	※
17		022DE05	※	デラックス	※	※
18		027DE25	※	デラックス	※	※
19		037DE12	※	デラックス	※	※
20		054DE12	※	デラックス	※	※
21				デラックス 集計	※	※
22				総計	50	780,000
23						
24		2．部屋別集計表				
25		部屋タイプ	人数合計	料金合計		
26		デラックス	※	※		
27		スタンダード	※	※		
28		エコノミー	7	56,000		

（報告書）

クロス集計（ピボットテーブル）・マルチシート

【3】 ある旅行会社は，旅館に関するアンケート調査を実施し，旅館アンケート集計報告書を作成することになった。作成条件にしたがって，シート名「集計表」とシート名「報告書」を作成しなさい。

作成条件
ワークシートは，提供されたものを使用する。

1．シート名「集計表」は，アプリケーションソフトのデータ集計機能を利用して集計する。
2．シート名「報告書」の「1．評価集計表」は，シート名「集計表」から必要な部分をコピーして値を貼り付ける。
3．シート名「報告書」の「2．総合評価計算表」は，次のように作成する。
　(1)　C14～G18は，「1．評価集計表」の評価にシート名「コード表」の「項目表」の「重み」を乗じて求める。
　(2)　「合計」は，C列～G列の合計を求める。
　(3)　「ランク」は，「合計」が400以上の場合は ★★★ を表示し，300以上の場合は ★★ を表示し，それ以外の場合は ★ を表示する。

（コード表）

	A	B	C
1			
2	項目表		
3	項目コード	項目名	重み
4	A	料理	5
5	B	風呂	5
6	C	客室	4
7	D	応対	3
8	E	料金	4

（投票表）

	A	B	C	D
1				
2	投票表			
3	投票コード	旅館名	項目名	評価
4	MKA5	萬久	料理	5
5	MKB4	萬久	風呂	4
6	MKC4	萬久	客室	4
〜	〜	〜	〜	〜
101	HYC4	花屋	客室	4
102	HYD3	花屋	応対	3
103	HYE5	花屋	料金	5

（集計表）

	A B	C	D	E	F	G	H
1							
2	合計 / 評価	列ラベル					
3	行ラベル	応対	客室	風呂	料金	料理	総計
4	花屋	16	13	15	17	14	75
5	金谷	※	※	※	※	※	※
6	長座	※	※	※	※	※	※
7	龍宮	※	※	※	※	※	※
8	萬久	※	※	※	※	※	※
9	**総計**	※	※	※	※	※	**411**

（報告書）

	A B	C	D	E	F	G	H	I
1								
2			旅館アンケート集計報告書					
3								
4	1．評価集計表							
5	旅館名	応対	客室	風呂	料金	料理		
6	花屋	16	13	15	17	14		
7	金谷	※	※	※	※	※		
8	長座	※	※	※	※	※		
9	龍宮	※	※	※	※	※		
10	萬久	※	※	※	※	※		
11								
12	2．総合評価計算表							
13	旅館名	応対	客室	風呂	料金	料理	合計	ランク
14	花屋	48	52	75	68	70	313	★★
15	金谷	※	※	※	※	※	※	※
16	長座	※	※	※	※	※	※	※
17	龍宮	※	※	※	※	※	※	※
18	萬久	※	※	※	※	※	※	※

チェック問題

複合グラフ・軸の反転・論理関数

【4】　ある会社では，支店別の売上状況の報告書を作成している。作成条件にしたがって，シート名「報告書」を作成しなさい。

作成条件

ワークシートは，提供されたものを使用する。

1．「支店別売上表」は，次のように作成する。
　⑴　「増減」は，次の式で求める。
　　　「今年度　－　前年度」
　⑵　「前年比」は，次の式で求め，％表示で小数第1位まで表示する。
　　　「今年度　÷　前年度」
　⑶　「備考」は，「今年度」が750,000以上で，かつ「前年比」が100％以上の場合，優良　と表示し，それ以外は何も表示しない。
2．「2．3店舗のグラフによる分析」は，「1．支店別売上表」から作成し，数値軸項目の目盛や項目軸の順序をシート名「報告書」と同様に設定する。

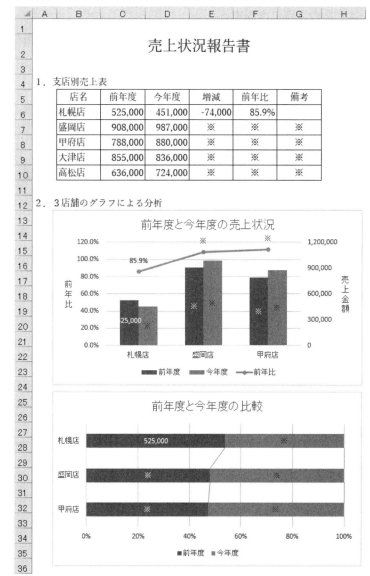

（報告書）

実技問題

解答 ➡ p.8

【1】 開店5年目のあるデパートでは，福袋について内容価格報告書を作成することになった。作成条件にしたがって，シート名「コード表」とシート名「内容価格表」から，シート名「報告書」を作成しなさい。

作成条件
ワークシートは，試験開始前に提供されたものを使用する。

1．表およびグラフの体裁は，右ページを参考にして設定する。

$$\left(\begin{array}{l}設\ 定\ す\ る\ 書\ 式：罫線 \\ 設定する数値の表示形式：3桁ごとのコンマ\end{array}\right)$$

2．表の※印の部分は，式や関数などを利用して求める。

3．グラフの※印の部分は，表に入力された値をもとに表示する。

4．「1．過去の内容価格集計表」は，次のように作成する。

 (1) 「価格合計」は，シート名「内容価格表」から「開店年数」ごとに「内容価格」の合計を求める。

5．「2．内容価格分析表」は，次のように作成する。

 (1) 「内容価格平均」は，シート名「内容価格表」から「種別」ごとに「内容価格」の平均を求める。

 (2) 「お得額」は**「内容価格平均 － 販売価格」**の式で求める。

 (3) 「備考」は，「お得額」を「販売価格」で割った値が 0.7 以上の場合，★★★ を表示し，それ以外の場合，何も表示しない。

6．積み上げ横棒グラフは，「2．内容価格分析表」から作成する。

 (1) 数値軸（横軸）の目盛りは，最小値（0），最大値（80,000）および間隔（10,000）を設定する。

 (2) 凡例の位置を設定する。

 (3) データラベルを「お得額」に設定する。

種別コード表

種別コード	種別
A	50,000円袋
B	30,000円袋
C	10,000円袋
D	5,000円袋

(コード表)

内容価格表

開店年数	種別コード	種別	内容価格
1年目	D	5,000円袋	7,300
1年目	C	10,000円袋	19,000
1年目	B	30,000円袋	44,000
〜	〜	〜	〜
5年目	C	10,000円袋	13,000
5年目	B	30,000円袋	51,000
5年目	A	50,000円袋	77,000

(内容価格表)

福袋の内容価格報告書

1. 過去の内容価格集計表

開店年数	価格合計
1年目	150,300
2年目	※
3年目	※
4年目	※
5年目	※

2. 内容価格分析表

種別	販売価格	内容価格平均	お得額	備考
50,000円袋	50,000	78,600	28,600	
30,000円袋	30,000	※	※	※
10,000円袋	10,000	※	※	※
5,000円袋	5,000	※	※	※

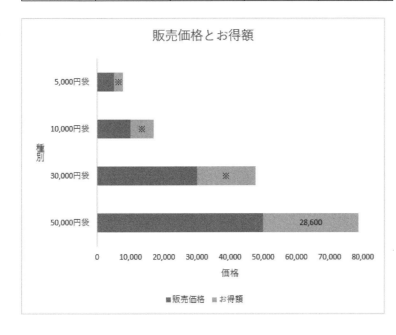

(報告書)

【2】 ある中古品物品販売店では，一日分の販売状況報告書を作成している。作成条件にしたがって，シート名「コード表」とシート名「販売表」から，シート名「報告書」を作成しなさい。

作成条件

ワークシートは，試験開始前に提供されたものを使用する。

1．表およびグラフの体裁は，右ページを参考にして設定する。

$$\begin{pmatrix} 設 \ 定 \ す \ る \ 書 \ 式：罫線 \\ 設定する数値の表示形式：3桁ごとのコンマ，\%，小数の表示桁数 \end{pmatrix}$$

2．表の※印の部分は，式や関数などを利用して求める。

3．グラフの※印の部分は，表に入力された値をもとに表示する。

4．「1．分類別集計表」は，次のように作成する。

 (1) 「定価計」は，シート名「販売表」から「分類名」ごとに「定価」の合計を求める。

 (2) 「中古価格計」は，シート名「販売表」から「分類名」ごとに「中古価格」の合計を求める。

 (3) 「お得額計」は，「定価計」から「中古価格計」を引いて求める。

 (4) 「お得額率」は，**「お得額計 ÷ 定価計」**の式で求める。ただし，%表示で小数第1位まで表示する。

 (5) 「お得順位」は，「お得額率」を基準として，降順に順位を付ける。

 (6) 「合計」は，各列の合計を求める。ただし，F11は「お得額率」で求める。

5．100%積み上げ横棒グラフは，「1．分類別集計表」から作成する。

 (1) グラフの数値軸目盛は，最小値（0%），最大値（100%）および間隔（25%）を設定する。

 (2) 軸ラベルの方向，凡例の位置を設定する。

6．「2．販売方法別集計表」は，次のように作成する。

 (1) 「販売数」は，シート名「販売表」から「販売方法名」ごとに件数を求める。

 (2) 「合計」は，「販売数」の合計を求める。

 (3) 「割合」は，「販売数」を「販売数」の「合計」で割って求める。ただし，%で小数第1位まで表示する。

（コード表）

	A	B
1		
2	販売コード表	
3	販売コード	販売方法名
4	N	ネット
5	T	店舗
6		
7	分類コード表	
8	分類コード	分類名
9	S	書籍
10	K	コミック
11	C	CD
12	D	DVD
13	G	ゲーム

（販売表）

	A	B	C	D	E	F	G
1							
2	販売表						
3	販売コード	販売方法名	分類コード	分類名	商品名	定価	中古価格
4	T	店舗	G	ゲーム	ドラゴンクエスト	6,090	2,450
5	N	ネット	C	CD	ハウルの動く城	2,999	250
6	T	店舗	S	書籍	銀河鉄道の夜	451	150
7	N	ネット	G	ゲーム	スーパーマリオ	4,800	2,950
8	N	ネット	S	書籍	仕事の教え方	1,365	300
〜	〜	〜	〜	〜	〜	〜	〜
34	N	ネット	C	CD	ALL SINGLES BEST	3,300	500
35	T	店舗	S	書籍	阪急電車	559	200
36	N	ネット	S	書籍	探偵はバーにいる	798	350

（報告書）

販売状況報告書

1．分類別集計表

分類名	定価計	中古価格計	お得額計	お得額率	お得順位
書籍	※	4,205	※	※	※
コミック	※	※	※	※	※
CD	※	※	※	※	※
DVD	※	※	※	※	※
ゲーム	※	※	※	※	※
合計	※	※	※	※	

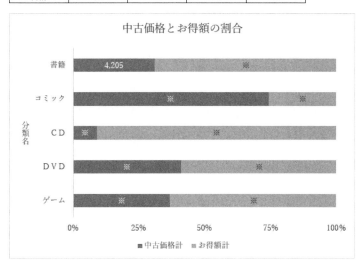

2．販売方法別集計表

販売方法名	販売数	割合
ネット	19	※
店舗	※	42.4%
合計	※	

【3】　ある社員食堂では，10月15日における売上報告書を作成することになった。作成条件にしたがっ
て，シート名「種別表」とシート名「売上データ表」から，シート名「報告書」を作成しなさい。

作成条件

ワークシートは，試験開始前に提供されたものを使用する。

1．表およびグラフの体裁は，右ページを参考にして設定する。

　　　設 定 す る 書 式：罫線
　　　設定する数値の表示形式：3桁ごとのコンマ，%，小数の表示桁数

2．表の※印の部分は，式や関数などを利用して求める。

3．グラフの※印の部分は，表に入力された数値をもとに表示する。

4．「1．商品別集計表」は，次のように作成する。

　(1)　「種別」は，「商品コード」の左端から1文字を抽出し，シート名「種別表」を参照して表
　　　示する。

　(2)　「数量」は，シート名「売上データ表」から「商品コード」ごとの件数を求める。

　(3)　「金額合計」は，シート名「売上データ表」から「商品コード」ごとに「金額」の合計を
　　　求める。

　(4)　「備考」は，「数量」が20以上の場合は ○ ，10以上の場合は △ ，それ以外の場合は何も表
　　　示しない。

　(5)　「順位」は，「数量」を基準として降順（逆順）に順位を付ける。

5．複合グラフは，「1．商品別売上集計表」から作成する。

　(1)　数値軸（縦軸）目盛は，最小値（0），最大値（40），および間隔（10）を設定する。

　(2)　第2数値軸（縦軸）目盛は，最小値（0），最大値（12,000），および間隔（2,000）を設定す
　　　る。

　(3)　軸ラベルの方向を設定する。

　(4)　データラベルを設定する。

6．「2．時間帯別集計表」は，次のように作成する。

　(1)　「数量」は，シート名「売上データ表」から「時間帯」ごとの件数を求める。

　(2)　「金額合計」は，シート名「売上データ表」から「時間帯」ごとに「金額」の合計を求め
　　　る。

　(3)　「割合」は，次の式で求める。ただし，%表示で整数部のみ表示する。

　　　　　「数量　÷　数量の合計」

	A	B
1		
2	種別表	
3	種類コード	種別
4	T	定食
5	M	麺類
6	D	デザート

（種別表）

	A	B	C	D
1				
2	売上データ表			
3	売上コード	商品コード	時間帯	金額
4	1015001	MD	11時台	200
5	1015002	MB	11時台	200
〰	〰	〰	〰	〰
118	1015115	DA	13時台	100
119	1015116	TD	13時台	500

（売上データ表）

	A	B	C	D	E	F	G
1							
2		社員食堂の売上報告書（１０月１５日分）					
3							
4	1．商品別集計表						
5	商品コード	種別	数量	金額合計	備考	順位	
6	TA	定食	16	8,000	△	2	
7	TB	※	※	※	※	※	
8	TC	※	※	※	※	※	
9	TD	※	※	※	※	※	
10	MA	※	※	※	※	※	
11	MB	※	※	※	※	※	
12	MC	※	※	※	※	※	
13	MD	※	※	※	※	※	
14	DA	※	※	※	※	※	
15	DB	※	※	※	※	※	
16	DC	※	※	※	※	※	

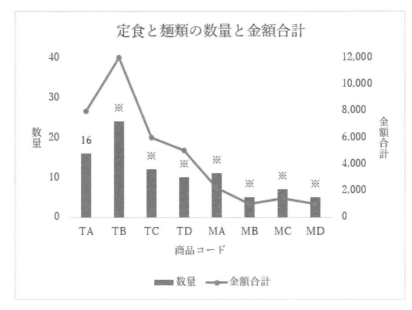

2．時間帯別集計表

時間帯	数量	金額合計	割合
11時台	※	6,800	19%
12時台	※	※	※
13時台	※	※	※

（報告書）

【4】　あるハンバーガーショップでは，ある日のバーガーセットの販売報告書を作成することになった。作成条件にしたがって，シート名「コード表」とシート名「販売データ表」から，シート名「報告書」を作成しなさい。

作成条件

ワークシートは，試験開始前に提供されたものを使用する。

1．表およびグラフの体裁は，右ページを参考にして設定する。

> 設 定 す る 書 式：罫線
> 設定する数値の表示形式：3桁ごとのコンマ，％，小数の表示桁数

2．表の※印の部分は，式や関数などを利用して求める。

3．グラフの※印の部分は，表に入力された数値を表示する。

4．「1．バーガーセット販売集計表」は，次のように作成する。

　(1)　「バーガー名」は，「バーガーCO」をもとに，シート名「コード表」を参照して表示する。

　(2)　「販売数」は，シート名「販売データ表」から「バーガーCO」ごとの件数を求める。

　(3)　「販売金額」は，「バーガーCO」をもとに，シート名「コード表」を参照した「金額」に「販売数」を乗じて求める。

　(4)　「備考」は，「販売金額」が最大値の場合は ★★★，最小値の場合は ★，それ以外の場合は ★★ を表示する。

　(5)　「合計」は，各列の合計を求める。

5．集合横棒グラフは，「1．バーガーセット販売集計表」から作成する。

　(1)　数値軸（横軸）目盛は，最小値（0），最大値（40,000），および間隔（10,000）を設定する。

　(2)　軸ラベルの方向を設定する。

　(3)　データラベルを設定する。

6．「2．サイドメニュー集計表」は，次のように作成する。

　(1)　「販売数」は，シート名「販売データ表」から「サイドCO」ごとの件数を求める。

　(2)　「割合」は，次の式で求める。ただし，％の小数第1位まで表示する。

> 　「販売数　÷　販売数の合計」

7．「3．ポテトとドリンクのセット集計表」は，次のように作成する。

　(1)　「販売数」は，シート名「販売データ表」から「ポテト」と「ドリンク」の組み合わせごとの件数を求める。

> D38の設定例　検索条件：「"??PT"&B38」
> 1・2文字目は任意の文字，3・4文字目は「PT」，5・6文字目は「ドリンクCO」となる「セットCO」を検索するので，検索条件は「"??PT"&B38」を利用できる。

　(2)　「割合」は，次の式で求める。ただし，％の小数第1位まで表示する。

> 　「販売数　÷　販売数の合計」

（コード表）

	A	B	C
1			
2	バーガーメニュー表		
3	バーガーCO	バーガー名	金額
4	BG	ビッグ	700
5	CK	チキン	500
6	CZ	チーズ	450
7	KT	カツ	650
8	TR	テリヤキ	600
9			
10	サイドメニュー表		
11	サイドCO	サイド名	
12	NG	ナゲット	
13	PT	ポテト	
14	SD	サラダ	
15			
16	ドリンクメニュー表		
17	ドリンクCO	ドリンク名	
18	CR	コーラ	
19	JS	ジュース	
20	SK	シェーク	

（販売データ表）

	A	B	C	D	E
1					
2	販売データ表				
3	販売CO	バーガーCO	サイドCO	ドリンクCO	セットCO
4	S001	TR	NG	CR	TRNGCR
5	S002	CK	PT	JS	CKPTJS
6	S003	KT	PT	CR	KTPTCR
〜	〜	〜	〜	〜	〜
198	S195	CK	PT	CR	CKPTCR
199	S196	KT	PT	CR	KTPTCR
200	S197	KT	PT	SK	KTPTSK
201	S198	TR	NG	CR	TRNGCR
202	S199	TR	PT	JS	TRPTJS
203	S200	TR	NG	JS	TRNGJS

（報告書）

	A	B	C	D	E	F

バーガーセット販売報告書

１．バーガーセット販売集計表

バーガーCO	バーガー名	販売数	販売金額	備考
CZ	チーズ	47	21,150	★★
CK	※	※	※	※
TR	※	※	※	※
KT	※	※	※	※
BG	※	※	※	※
	合計	※	※	

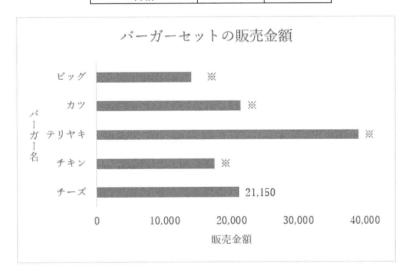

バーガーセットの販売金額

２．サイドメニュー集計表

サイドCO	サイド名	販売数	割合
NG	ナゲット	57	28.5%
PT	ポテト	※	※
SD	サラダ	※	※

３．ポテトとドリンクのセット集計表

ドリンクCO	ドリンク名	販売数	割合
CR	コーラ	58	54.7%
JS	ジュース	※	※
SK	シェーク	※	※

【5】 あるホームセンターの農業資材館では，1日分の売上報告書を作成している。作成条件にしたがっ て，シート名「コード表」とシート名「売上表」から，シート名「報告書」を作成しなさい。

作成条件

ワークシートは，試験開始前に提供されたものを使用する。

1. 表およびグラフの体裁は，右ページを参考にして設定する。

> 設 定 す る 書 式：罫線
> 設定する数値の表示形式：3桁ごとのコンマ，％，小数の表示桁数

2. 表の※印の部分は，式や関数などを利用して求める。

3. グラフの※印の部分は，表に入力された値をもとに表示する。

4.「1．分類別売上集計表」は，次のように作成する。

 ⑴ 「分類名」は，「分類コード」をもとに，シート名「コード表」を参照して表示する。

 ⑵ 「売上金額」は，シート名「売上表」の「商品コード」から，「分類コード」ごとに「金額」 の合計を求める。

> **D6の設定例　検索条件：「B6&"*"」**
>
> 「HR」で始まる商品コードの金額の合計を求めるので，検索条件は「B6&"*"」を利用で きる。

 ⑶ 「合計」は，6～10行目の合計を求める。

 ⑷ 「売上比率」は，**売上金額　÷　売上金額の合計**の式で求める。ただし，％表示で小数 第1位まで表示する。

 ⑸ 「順位」は，「売上比率」を基準として，降順に順位を付ける。

5. 集合横棒グラフは，「1．分類別売上集計表」から作成する。

 ⑴ グラフの数値軸目盛は，最小値（0），最大値（500,000）および間隔（100,000）を設定す る。

 ⑵ 軸ラベルの方向を設定する。

6.「2．店舗別集計表」は，次のように作成する。

 ⑴ 「店舗名」は，「店舗コード」をもとに，シート名「コード表」を参照して表示する。

 ⑵ 「売上金額」は，シート名「売上表」から「店舗コード」ごとに「金額」の合計を求める。

 ⑶ 「種類数」は，シート名「売上表」から「店舗コード」ごとに件数を求める。

 ⑷ 「備考」は，「売上金額」が一番大きい場合は ◎ を表示し，2番目に大きい場合は ○ を表 示し，それ以外の場合は何も表示しない。

 ⑸ 36行目の「合計」は，33～35行目の合計を求める。

（コード表）

	A	B	C
1			
2	分類コード表		
3	分類コード	分類名	
4	HR	肥料	
5	JS	除草剤	
6	YD	用土	
7	SS	散水用品	
8	ST	支柱	
9			
10	店舗コード表		
11	店舗コード	店舗名	
12	S	新川店	
13	K	上林店	
14	Y	山北店	
15			
16	商品コード表		
17	商品コード	商品名	単価
18	HR01	有機石灰20kg	550
19	HR02	野菜の堆肥20ℓ	400
20	HR03	鶏ふん15kg	150
～	～	～	～
44	ST02	支柱120cm5本組	348
45	ST03	支柱180cm5本組	528
46	ST04	支柱210cm5本組	833

（コード表）

（売上表）

	A	B	C	D	E
1					
2	売上表				
3	店舗コード	商品コード	数量	単価	金額
4	S	HR01	16	550	8,800
5	S	HR02	13	400	5,200
6	S	HR03	34	150	5,100
7	S	HR04	54	360	19,440
8	S	HR05	10	1,480	14,800
～	～	～	～	～	～
69	Y	YD02	5	780	3,900
70	Y	YD03	5	880	4,400
71	Y	YD04	8	630	5,040
72	Y	YD05	21	580	12,180
73	Y	YD06	3	1,150	3,450
74	Y	YD07	5	980	4,900
75	Y	YD08	3	630	1,890
76	Y	SS01	1	6,000	6,000
77	Y	SS03	1	630	630
78	Y	SS04	2	500	1,000
79	Y	ST01	6	220	1,320
80	Y	ST02	5	348	1,740
81	Y	ST03	12	528	6,336
82	Y	ST04	4	833	3,332

（売上表）

（報告書）

農業資材館の売上報告書

1．分類別売上集計表

分類コード	分類名	売上金額	売上比率	順位
HR	※	※	※	※
JS	除草剤	141,840	16.0%	3
YD	※	※	※	※
SS	※	※	※	※
ST	※	※	※	※
	合計	※	※	

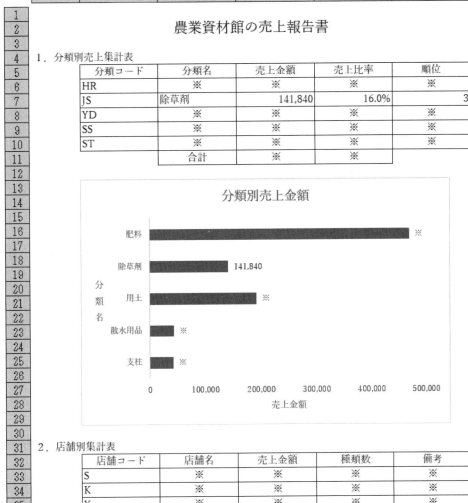

分類別売上金額

2．店舗別集計表

店舗コード	店舗名	売上金額	種類数	備考
S	※	※	※	※
K	※	※	※	※
Y	※	※	※	※
	合計	※	※	

（報告書）

実技問題

【6】　ある旅行会社では，バス会社からバスをチャーターして，東京と大阪の間で高速バスの運行をしている。昨年の販売所ごとの販売数から，1日あたりの販売数に関する報告書を作成することになった。作成条件にしたがって，シート名「コード表」とシート名「販売表」とシート名「集計表」から，シート名「報告書」を作成しなさい。

作成条件

ワークシートは，試験開始前に提供されたものを使用する。

1．表およびグラフの体裁は，右ページを参考にして設定する。

　　設　定　す　る　書　式：罫線
　　設定する数値の表示形式：3桁ごとのコンマ

2．表の※印の部分は，式や関数などを利用して求める。

3．グラフの※印の部分は，表に入力された値をもとに表示する。

4．シート名「集計表」は集計作業用シートで，報告書の作成に必要なデータを集計するために自由に利用する（必要がなければ利用しなくてもよい）。

5．「1．バス運賃表」は，次のように作成する。

　(1)　「運賃」は，「バスタイプ」をもとに，シート名「コード表」を参照して表示する。

6．「2．年間の販売数集計表」は，シート名「集計表」から必要な部分をコピーして，値を貼り付ける。または，シート名「販売表」から必要な値を集計する。

7．「3．1日あたりの販売数計算表」は，次のように作成する。

　(1)　C19～E20の「販売数」は，「バスタイプ」ごとに**「年間販売数 ÷ 365」**の式で求める。ただし，整数未満を切り上げる。

　(2)　F列の「合計」は，C列～E列の合計を求める。

　(3)　G列の「運賃合計」は，「バスタイプ」ごとに**「運賃　×　販売数の合計」**の式で求める。

　(4)　21行目の「合計」は，19～20行目の合計を求める。

8．複合グラフは，「3．1日あたりの販売数計算表」から作成する。

　(1)　グラフの数値軸目盛は，最小値（0），最大値（200）および間隔（50）を設定する。

　(2)　グラフの第2数値軸目盛は，最小値（0），最大値（1,000,000）および間隔（200,000）を設定する。

　(3)　軸ラベルの方向，凡例の位置を設定する。

（コード表）

販売所コード表

販売コード	販売所
TK	東京
SJ	新宿
YH	横浜

バスコード表

バスコード	バスタイプ	運賃
Y	ゆったり	7,000
S	スタンダード	5,000

（販売表）

昨年の販売表

乗車月	乗車日	発券コード	販売所	バスタイプ	販売数
1	1	SJS	新宿	スタンダード	27
1	1	SJY	新宿	ゆったり	53
1	1	TKS	東京	スタンダード	27
1	1	TKY	東京	ゆったり	31
〜	〜	〜	〜	〜	〜
12	31	YHS	横浜	スタンダード	32
12	31	YHY	横浜	ゆったり	35

（集計表の利用例）

合計 / 販売数	列ラベル ▼			
行ラベル　▼	東京	新宿	横浜	総計
ゆったり	12805	※	※	※
スタンダード	※	※	※	23669
総計	※	※	※	※

（報告書）

１日あたりの販売数報告書

１．バス運賃表

バスタイプ	運賃
ゆったり	※
スタンダード	※

２．年間の販売数集計表

バスタイプ	年間販売数			
	東京	新宿	横浜	合計
ゆったり	12,805	※	※	※
スタンダード	※	※	※	23,669
合計	※	※	※	※

３．１日あたりの販売数計算表

バスタイプ	販売数				運賃合計
	東京	新宿	横浜	合計	
ゆったり	36	※	※	※	※
スタンダード	※	※	※	67	335,000
合計	※	※	※	※	

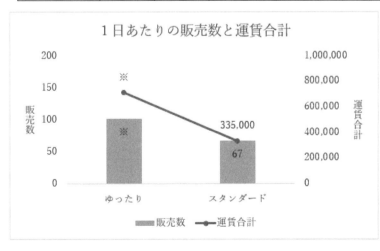

【7】 あるベビー用品レンタルショップでは，1日分の貸出報告書を作成することになった。作成条件にしたがって，シート名「コード表」とシート名「貸出表」から，シート名「報告書」を作成しなさい。

作成条件
ワークシートは，試験開始前に提供されたものを使用する。

1．表およびグラフの体裁は，右ページを参考にして設定する。
$$\begin{pmatrix} 設\ 定\ す\ る\ 書\ 式：罫線 \\ 設定する数値の表示形式：3桁ごとのコンマ，\%，小数の表示桁数 \end{pmatrix}$$

2．表の※印の部分は，式や関数などを利用して求める。

3．グラフの※印の部分は，表に入力された値をもとに表示する。

4．シート名「報告書」のF4の「貸出日」は，次のように作成する。

　(1)　シート名「貸出表」のF2の「貸出日」を表示する。

5．「1．貸出集計表」は，次のように作成する。

　(1)　「貸出回数」は，シート名「貸出表」から「商品名」ごとに件数を求める。

　(2)　「合計」は，C～E列の合計を求める。

　(3)　「貸出料金計」は，シート名「貸出表」から「商品名」ごとに「貸出料金」の合計を求める。

　(4)　「備考」は，「貸出料金計」が最大値の場合は ○，最小値の場合は △，それ以外の場合は何も表示しない。

6．100%積み上げ横棒グラフは，「1．貸出集計表」から作成する。

　(1)　グラフの数値軸目盛は，最小値（0%），最大値（100%）および間隔（20%）を設定する。

　(2)　凡例の位置，区分線を設定する。

7．「2．貸出期間集計表」は，次のように作成する。

　(1)　「回数」は，シート名「貸出表」から「貸出期間」ごとに件数を求める。

　(2)　「割合」は，次の式で求める。ただし，%の小数第1位まで表示する。

　　　　「回数　÷　回数の合計」

商品コード表

商品コード	B1	B2	B3	貸出期間
商品名	ベビーベッド	ベビーカー	ベビーシート	
1 〜 15日まで	¥5,000	¥10,000	¥2,500	半月
16 〜 30日まで	¥7,000	¥12,000	¥3,000	1月
31 〜 90日まで	¥10,000	¥15,000	¥5,000	3月
91 〜180日まで	¥13,000	¥18,000	¥7,000	6月
181 〜365日まで	¥15,000	¥20,000	¥10,000	1年

(コード表)

貸出表　　　　　　　　　　　貸出日　　4月20日

商品コード	商品名	貸出日数	貸出期間	返却予定日	貸出料金
B3	ベビーシート	15	半月	5月5日	¥2,500
B2	ベビーカー	7	半月	4月27日	¥10,000
B2	ベビーカー	90	3月	7月19日	¥15,000
〜	〜	〜	〜	〜	〜
B2	ベビーカー	30	1月	5月20日	¥12,000
B3	ベビーシート	90	3月	7月19日	¥5,000

(貸出表)

貸出報告書

貸出日　　※

1．貸出集計表

商品名	ベビーベッド	ベビーカー	ベビーシート	合計
貸出回数	4	※	※	※
貸出料金計	56,000	※	※	※
備考		※	※	

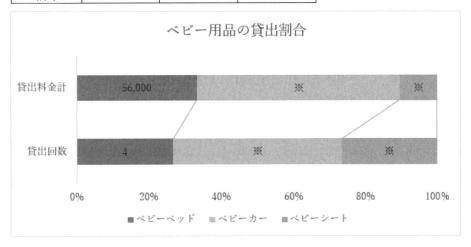

2．貸出期間集計表

貸出期間	半月	1月	3月	6月	1年
回数	4	※	※	※	※
割合	26.7%	※	※	※	※

(報告書)

【8】　ある販売店では，シャツの6月における売上報告書を作成することになった。作成条件にしたがって，シート名「コード表」とシート名「売上データ表」から，シート名「報告書」を作成しなさい。

作成条件

ワークシートは，試験開始前に提供されたものを使用する。

1．表およびグラフの体裁は，右ページを参考にして設定する。

　　設定する書式：罫線

　　設定する数値の表示形式：3桁ごとのコンマ，％，小数の表示桁数

2．表の※印の部分は，式や関数などを利用して求める。

3．グラフの※印の部分は，表に入力された数値をもとに表示する。

4．「1．ポロシャツ売上集計表」は，次のように作成する。

　(1)　「色名」は，「商品CO」の左端から2文字目より2文字を抽出し，シート名「コード表」を参照して表示する。

　(2)　「サイズ」は，「商品CO」の右端から1文字を抽出して求める。

　(3)　「売上回数」は，シート名「売上データ表」から「商品CO」ごとの件数を求める。

　(4)　「数量合計」は，シート名「売上データ表」から「商品CO」ごとに「数量」の合計を求める。

　(5)　「金額合計」は，シート名「売上データ表」から「商品CO」ごとに「金額」の合計を求める。

　(6)　「備考」は，「金額合計」が30,000以上の場合は ◎ ，10,000以上の場合は ○ ，それ以外の場合は何も表示しない。

5．集合縦棒グラフは，「1．ポロシャツ売上集計表」から作成する。

　(1)　数値軸（縦軸）目盛は，最小値（0），最大値（20），および間隔（5）を設定する。

　(2)　軸ラベルの方向を設定する。

　(3)　データラベルを設定する。

6．「2．サイズ別売上数量集計表」は，次のように作成する。

　(1)　「数量合計」は，シート名「売上データ表」から「サイズ」ごとに「数量」の合計を求める。

　(2)　「割合」は，次の式で求める。ただし，％の小数第1位まで表示する。

　　　「数量合計　÷　数量合計の合計」

種類コード表

種類CO	種類名	単価
T	ティーシャツ	1,000
P	ポロシャツ	2,000

色コード表

色CO	色名
WH	白
BK	黒
BL	青
RD	赤

(コード表)

売上データ表

売上CO	商品CO	種類CO	サイズ	単価	数量	金額
U060001	TBLM	T	M	1,000	1	1,000
U060002	TBKL	T	L	1,000	1	1,000
U060003	TWHL	T	L	1,000	1	1,000
～	～	～	～	～	～	～
U060098	TBLL	T	L	1,000	1	1,000
U060099	TBLL	T	L	1,000	1	1,000
U060100	PWHM	P	M	2,000	3	6,000

(売上データ表)

シャツの売上報告書（6月）

1．ポロシャツ売上集計表

商品CO	色名	サイズ	売上回数	数量合計	金額合計	備考
PWHL	白	L	4	8	16,000	○
PBKL	※	※	※	※	※	※
PBLL	※	※	※	※	※	※
PRDL	※	※	※	※	※	※
PWHM	※	※	※	※	※	※
PBKM	※	※	※	※	※	※
PBLM	※	※	※	※	※	※
PRDM	※	※	※	※	※	※
PWHS	※	※	※	※	※	※
PBKS	※	※	※	※	※	※
PBLS	※	※	※	※	※	※
PRDS	※	※	※	※	※	※

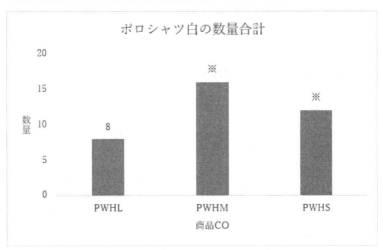

2．サイズ別売上数量集計表

サイズ	数量合計	割合
L	62	38.3%
M	※	※
S	※	※

(報告書)

実技問題

【9】　次の表は，ある日本料理店が経営する3店舗における6月の売上実績表である。作成条件にしたがって，シート名「価格表」とシート名「売上データ表」から，シート名「報告書」を作成しなさい。

作成条件
ワークシートは，試験開始前に提供されたものを使用する。

1．表およびグラフの体裁は，右ページを参考にして設定する。
> 設　定　す　る　書　式：罫線
> 設定する数値の表示形式：3桁ごとのコンマ，％，小数の表示桁数

2．表の※印の部分は，式や関数などを利用して求める。

3．グラフの※印の部分は，表に入力された値をもとに表示する。

4．「1．品名別売上実績表」は，次のように作成する。

　(1)　「品名」は，「品コード」をもとに，シート名「価格表」を参照して表示する。

　(2)　「等級」は，「品コード」をもとに，シート名「価格表」を参照して表示する。

　(3)　「イートイン数」は，シート名「売上データ表」から「品コード」ごとに「イートイン数」の合計を求める。

　(4)　「テイクアウト数」は，シート名「売上データ表」から「品コード」ごとに「テイクアウト数」の合計を求める。

　(5)　「売上数」は，E列の「イートイン数」とF列の「テイクアウト数」の合計を求める。

　(6)　「売上金額」は，「品コード」をもとに，シート名「価格表」を参照して次の式で求める。
　　　　　「価格　×　売上数」

　(7)　「備考」は，「売上数」が2,000以上かつ「テイクアウト数」が「売上数」の40%以上の場合○ を表示し，それ以外の場合何も表示しない。

5．「2．店舗別売上実績表」は，次のように作成する。

　(1)　「売上数」は，シート名「売上データ表」から「店舗名」ごとに「イートイン数」と「テイクアウト数」の合計を求める。

　(2)　「合計」は，各列の合計を求める。

　(3)　「割合」は，「売上数」を「売上数」の合計で割って求める。ただし，小数第3位未満を四捨五入し，％で小数第1位まで表示する。

6．100%積み上げ横棒グラフは，「1．品名別売上実績表」から作成する。

　(1)　区分線を設定する。

　(2)　数値軸（横軸）の目盛は，最小値（0%），最大値（100%）および間隔（20%）とし，グラフの下側に設定する。

　(3)　項目軸（縦軸）の順序を設定する。

　(4)　軸ラベルの方向を設定する。

　(5)　凡例の位置を設定する。

　(6)　データラベルを設定する。

7．「3．最大売上金額の品名・等級および最小売上金額の品名・等級」は，次のように作成する。

　(1)　「売上金額」の「最大」は，「1．品名別売上実績表」の「売上金額」の最も大きい値を表示する。同様に「売上金額」の「最小」は最小値を求める。

　(2)　「品名」は，「売上金額」をもとに，「1．品名別売上実績表」の「売上金額」を参照して，「売上数」と一致する値が上から何番目にあるかを求め，その値を行番号として「品名」を参照して表示する。

　(3)　「等級」も「品名」と同様に求める。

価格表

	A	B	C	D
1				
2	価格表			
3	品コード	品名	等級	価格
4	UN02	うな重	並	2,100
5	UN04	うな重	上	3,200
?	?	?	?	?
11	TE04	天丼	上	2,600
12	TE06	天丼	特上	3,200

(価格表)

売上データ表

	A	B	C	D	E	F
1						
2	売上データ表					
3	番号	日付	品コード	店舗名	イートイン数	テイクアウト数
4	1	6/1	NG02	本店	14	9
5	2	6/1	NG04	本店	16	19
?	?	?	?	?	?	?
496	493	6/30	TE06	東口店	8	5
497	494	6/30	UN02	東口店	18	11

(売上データ表)

	A	B	C	D	E	F	G	H	I
1									
2				売上実績表					
3									
4	1．品名別売上実績表								
5	品コード	品名	等級	イートイン数	テイクアウト数	売上数	売上金額	備考	
6	UN02	うな重	並	1,412	868	2,280	4,788,000		
7	UN04	※	※	※	※	※	※	※	
8	UN06	※	※	※	※	※	※	※	
9	NG02	※	※	※	※	※	※	※	
10	NG04	※	※	※	※	※	※	※	
11	NG06	※	※	※	※	※	※	※	
12	TE02	※	※	※	※	※	※	※	
13	TE04	※	※	※	※	※	※	※	
14	TE06	※	※	※	※	※	※	※	
15									
16	2．店舗別売上実績表								
17	店舗名	売上数	割合						
18	本店	7,106	37.6%						
19	西口店	※	※						
20	東口店	※	※						
21	合計	※	※						

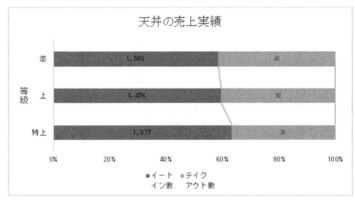

天丼の売上実績

	A	B	C	D	E	F	G	H	I
40	3．最大売上金額の品名・等級および最小売上金額の品名・等級								
41	内容	売上金額	品名	等級					
42	最大	※	※	※					
43	最小	※	※	※					

(報告書)

【10】　ある市営施設では，1か月の利用状況報告書を作成することになった。作成条件にしたがって，シート名「料金表」とシート名「利用状況表」から，シート名「報告書」を作成しなさい。

作成条件

ワークシートは，試験開始前に提供されたものを使用する。

1．表およびグラフの体裁は，右ページを参考にして設定する。

> 設 定 す る 書 式：罫線
> 設定する数値の表示形式：3桁ごとのコンマ，%，小数の表示桁数

2．表の※印の部分は，式や関数などを利用して求める。

3．グラフの※印の部分は，表に入力された数値をもとに表示する。

4．「1．市外利用状況一覧表」は，次のように作成する。

　(1)　「利用日」は，「コード」の左端から2文字を抽出し，数値に変換して求める。

　(2)　「施設名」は，「コード」をもとに，シート名「利用状況表」を参照して表示する。

　(3)　「利用時間帯」は，「コード」の左端から3桁目より2文字を抽出して求める。

　(4)　「人数」は，「コード」をもとに，シート名「利用状況表」を参照して表示する。

　(5)　「料金」は，「施設名」をもとに，シート名「料金表」を参照して利用料を求め，次の式で計算する。

　　　　　　　「利用料　×　人数」

　(6)　「備考」は，「人数」が60以上，または「料金」が10,000以上の場合は *** を表示し，それ以外の場合は何も表示しない。

5．「2．施設別集計表（市外）」は，次のように作成する。

　(1)　「利用件数」は，「1．市外利用状況一覧表」から「施設名」ごとに件数を求める。

　(2)　「人数合計」は，「1．市外利用状況一覧表」から「施設名」ごとに「人数」の合計を求める。

　(3)　「人数割合」は，次の式で求める。ただし，%の小数第1位まで表示する。

　　　　　　　「人数合計　÷　人数合計の合計」

6．「3．施設別集計表（全体）」は，次のように作成する。

　(1)　「利用件数」は，シート名「利用状況表」から「施設名」ごとに件数を求める。

　(2)　「人数合計」は，シート名「利用状況表」から「施設名」ごとに「人数」の合計を求める。

　(3)　「人数割合」は，次の式で求める。ただし，%の小数第1位まで表示する。

　　　　　　　「人数合計　÷　人数合計の合計」

7．集合縦棒グラフは，「2．施設別集計表（市外）」と「3．施設別集計表（全体）」から作成する。

　(1)　数値軸（縦軸）目盛は，最小値（0），最大値（1,200），および間隔（400）を設定する。

　(2)　軸ラベルの方向を設定する。

　(3)　データラベルを設定する。

　(4)　凡例の位置を設定する。

	A	B
1		
2	料金表	
3	施設名	利用料
4	野球場	120
5	サッカー場	150
6	体育館	180

(料金表)

	A	B	C
1			
2	利用状況表		
3	コード	施設名	人数
4	01AM1	野球場	67
5	01PM2	野球場	23
6	01AM1	サッカー場	52
～	～	～	～
70	30PM2	体育館	78
71	31AM1	サッカー場	50
72	31PM1	サッカー場	35
73	31AM1	体育館	30
74	31PM1	体育館	32

(利用状況表)

	A	B	C	D	E	F	G	H
1								
2		\multicolumn{7}{c}{市営施設の利用状況報告書}						
3								
4		1．市外利用状況一覧表						
5		コード	利用日	施設名	利用時間帯	人数	料金	備考
6		01PM2	1	野球場	PM	23	2,760	
7		01AM2	※	※	※	※	※	※
8		02AM2	※	※	※	※	※	※
9		08AM2	※	※	※	※	※	※
10		09PM2	※	※	※	※	※	※
11		10AM2	※	※	※	※	※	※
12		16AM2	※	※	※	※	※	※
13		16PM2	※	※	※	※	※	※
14		17AM2	※	※	※	※	※	※
15		23PM2	※	※	※	※	※	※
16		24PM2	※	※	※	※	※	※
17		27AM2	※	※	※	※	※	※
18		29PM2	※	※	※	※	※	※
19		30AM2	※	※	※	※	※	※
20		30PM2	※	※	※	※	※	※
21								
22		2．施設別集計表（市外）						
23		施設名	利用件数	人数合計	人数割合			
24		野球場	4	※	18.9%			
25		サッカー場	※	※	※			
26		体育館	※	※	※			
27								
28		3．施設別集計表（全体）						
29		施設名	利用件数	人数合計	人数割合			
30		野球場	※	957	※			
31		サッカー場	※	※	※			
32		体育館	※	※	※			
33								
34		4．全体と市外の利用者数の比較						

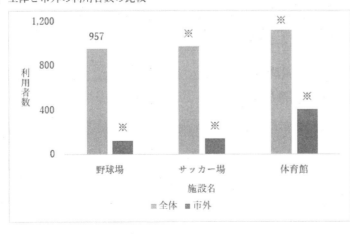

(報告書)

第1回　模擬問題（筆記）

制限時間：30分　解答 ➡ p.18

【1】　次の説明文に最も適した答えを解答群から選び，記号で答えなさい。

1．データをコンマ「,」で区切って保存するファイル形式。

2．スマートフォンなどの通信機能を使って，他のモバイル端末をインターネットに接続させる機能。

3．アクセスポイントを識別するための名前。

4．送受信するデータを一定のサイズに分割したもの。

5．設計上のミスやプログラム上の誤りによって発生する，ネットワークやコンピュータシステムの防御機構の欠陥。

```
─── 解答群 ───
ア．Wi-Fi          イ．テザリング      ウ．キーロガー    エ．CSV
オ．セキュリティホール  カ．OSS            キ．フリーウェア   ク．パケット
ケ．PDF            コ．SSID
```

【2】　次のA群の語句に最も関係の深い説明文をB群から選び，記号で答えなさい。

＜A群＞　1．シリンダ　　　　　2．ピアツーピア　　　　　3．サブディレクトリ

　　　　　4．IEEE　　　　　　5．復号

＜B群＞

ア．暗号化されたデータを，受信者が元の平文に変換すること。

イ．磁気ディスク装置で，アクセスアームを動かすことなく読み書きできるトラックの集まり。

ウ．ファイルを階層構造で管理するとき，最上位にあるディレクトリ。

エ．サービスを提供する側と利用する側のコンピュータで構成されているネットワーク形態。

オ．ハードディスクなどの記録面にある同心円状の記憶場所。

カ．ファイルを階層構造で管理するとき，最上位のディレクトリの下位に作成されるすべてのディレクトリ。

キ．他人に見られたくないデータを，ある規則にしたがって一見無意味なデータに変換する処理。

ク．アメリカに本部を置く電気・電子分野の世界最大の学会。

ケ．接続された各コンピュータが互いに対等な関係のネットワーク形態。

コ．工業製品の国際標準化を推進する国際機関。

【3】 次の説明文に最も適した答えをア，イ，ウの中から選び，記号で答えなさい。

1．2進数の1100と111の和を表す10進数。

    ア．18   **イ**．19   **ウ**．20

2．世界各国で独自に使っている文字コードを統一する目的で作られたコード。

    ア．Unicode   **イ**．JISコード   **ウ**．ASCIIコード

3．画像を点の集合として表現するファイル形式。

    ア．GIF   **イ**．MPEG   **ウ**．BMP

4．バックアップ用充電池により，停電時でも一定時間コンピュータを稼働できるようにする装置。

    ア．SSO   **イ**．UPS   **ウ**．バックアップ

5．次の結果表は，A表とB表を集合演算し作成した表である。演算内容として適切なものを選び，記号で答えなさい。

A表

社員番号	商品番号	売上数量
2	S04	1
5	S04	2
6	S01	2
7	S02	3
8	S01	1

B表

社員番号	商品番号	売上数量
2	S02	1
7	S02	3

結果表

社員番号	商品番号	売上数量
7	S02	3

    ア．和   **イ**．差   **ウ**．積

【4】　あるプールでは，1日のプールの利用状況と水着レンタルの受付状況を次のようなリレーショナル型データベースを利用し管理している。次の各問いに答えなさい。

プール料金表

種別	料金
A	1000
B	800
C	600
D	400

利用状況表

利用番号	利用時間	種別
P001	3	D
P002	3	A
P003	4	C
P004	4	C
P005	2	D
P006	1	D
P007	2	B
P008	7	D
P009	2	B
P010	4	A
P011	4	B
P012	3	C
P013	5	D
P014	6	A
P015	3	C

レンタル利用受付表

受付番号	利用番号	貸出種別
U01	P002	M01
U02	P006	C01
U03	P008	W01
U04	P012	W01
U05	P014	M01
U06	P015	M01

レンタル料金表

貸出種別	貸出料金
C01	500
C02	700
M01	800
W01	1000

問1．次の表は，レンタル利用受付表から利用番号と貸出種別のデータを取り出し作成したものである。このようなリレーショナル型データベースの操作として適切なものを選び，記号で答えなさい。

利用番号	貸出種別
P002	M01
P006	C01
P008	W01
P012	W01
P014	M01
P015	M01

ア． 選択

イ． 射影

ウ． 結合

問2．次のSQL文によって抽出されるデータとして適切なものを選び，記号で答えなさい。

```
SELECT    種別
  FROM    プール料金表
  WHERE   料金 < 800
```

ア.
A
B

イ.
C
D

ウ.
B
C
D

問3．次のSQL文によって抽出されるデータとして適切なものを選び，記号で答えなさい。

```
SELECT    利用番号
  FROM    利用状況表
  WHERE   利用時間 >= 4   AND   種別 = 'A'
```

ア.
P010
P014

イ.
P003
P004
P010
P011

ウ.
P010

問4．次のSQL文によって抽出されるデータとして適切なものを選び，記号で答えなさい。

```
SELECT    受付番号, 貸出料金
  FROM    レンタル利用受付表, レンタル料金表
  WHERE   レンタル利用受付表.貸出種別 = レンタル料金表.貸出種別
    AND   レンタル利用受付表.貸出種別 = 'W01'
```

ア.
U04	600

イ.
P008	400

ウ.
U03	1000
U04	1000

問5．次のSQL文を実行したとき，表示される適切な数値を答えなさい。

```
SELECT    MAX(利用時間)   AS   利用時間の最大
  FROM    利用状況表
  WHERE   種別 = 'A'
```

利用時間の最大
※

(注)　※印は，値の表記
　　を省略している。

【5】 次の各問いに答えなさい。

問1. 次の表は，400m走の予選記録表である。「結果」は，「記録」が2番目に速い選手の記録以下なら 決勝進出と表示する。D4に設定する式として適切なものを選び，記号で答えなさい。ただし，この式をD5〜D9にコピーする。

	A	B	C	D
1				
2	400m走予選記録表			
3	レーン	選手名	記録	結果
4	2	高橋　〇〇	52.74	
5	3	清水　〇〇	51.81	
6	4	滝沢　〇〇	51.24	決勝進出
7	5	小澤　〇〇	51.51	
8	6	久保　〇〇	51.09	決勝進出
9	7	宮島　〇〇	51.28	

ア． =IF(SMALL($C$4:$C$9,2)<=C4,"決勝進出","")

イ． =IF(RANK(C4,$C$4:$C$9,0)<=2,"決勝進出","")

ウ． =IF(RANK(C4,$C$4:$C$9,1)<=2,"決勝進出","")

問2. 次の表は，ある和菓子屋の商品ごとの販売個数により販売金額を求める早見表である。C5に設定する式として適切なものを選び，記号で答えなさい。ただし，この式をG8までコピーする。

	A	B	C	D	E	F	G
1							
2	販売金額早見表						
3	商品名	価格	個数				
4			1	2	3	4	5
5	だんご	90	90	180	270	360	450
6	豆大福	130	130	260	390	520	650
7	ぼた餅	140	140	280	420	560	700
8	大判焼	80	80	160	240	320	400

ア． =$B5*C$4

イ． =B$5*$C4

ウ． =B$5*C$4

問3. 次の表は，開始日から終了日までの日数を計算する表である。G5に設定する式として適切なものを選び，記号で答えなさい。

	A	B	C	D	E	F	G
1							
2	日数計算表						
3	開始日			終了日			日数
4	年	月	日	年	月	日	
5	2022	10	5	2022	11	24	51

ア． =DATE(A5,B5,C5)-DATE(D5,E5,F5)

イ． =DATE(D5,E5,F5)-DATE(A5,B5,C5)

ウ． =DATE(D5,E5,F5)-DATE(A5,B5,C5)+1

問4．次の表は，社会科見学の見学希望先をクラス別に集計したシートから学年の合計を求める表である。シート名「学年」のB5に設定する式として適切なものを選び，記号で答えなさい。なお，シートは「A組」，「B組」，「C組」，「学年」の順に並んでいる。

シート名「A組」

	A	B
1		
2	社会科見学希望表	
3		A組
4	見学先	希望数
5	東京証券取引所	10
6	日本銀行	9
7	国会議事堂	5
8	最高裁判所	4
9	中央卸売市場	12
10	計	40

シート名「B組」

	A	B
1		
2	社会科見学希望表	
3		B組
4	見学先	希望数
5	東京証券取引所	5
6	日本銀行	14
7	国会議事堂	9
8	最高裁判所	2
9	中央卸売市場	10
10	計	40

シート名「C組」

	A	B
1		
2	社会科見学希望表	
3		C組
4	見学先	希望数
5	東京証券取引所	5
6	日本銀行	11
7	国会議事堂	4
8	最高裁判所	2
9	中央卸売市場	18
10	計	40

シート名「学年」

	A	B
1		
2	社会科見学希望表	
3		学年
4	見学先	希望数
5	東京証券取引所	20
6	日本銀行	34
7	国会議事堂	18
8	最高裁判所	8
9	中央卸売市場	40
10	計	120

ア． =SUM(A組:C組!B5)

イ． =SUM(A組~C組!B5)

ウ． =SUM(A組+B組+C組!B5)

問5．次の表は，賃貸物件の最寄り駅までの所要時間一覧表である。「2番目」は，「最寄り駅までの所要時間」の中で2番目に短い時間を表示する。E4に設定する次の式の空欄にあてはまる適切なものを選び，記号で答えなさい。

	A	B	C	D	E
1					
2	賃貸物件所要時間一覧表			所要時間上位表	
3	物件名	最寄り駅までの所要時間		最短	0:05
4	○○コーポ	0:25		2番目	0:07
5	○○ハイツ	0:07		3番目	0:15
6	△△マンション	0:15			
7	△△荘	0:30			
8	□□コーポ	0:18			
9	□□荘	0:05			

=▢（B4:B9,2）

ア． LARGE

イ． SMALL

ウ． RANK

【6】 次の表は，ある旅行会社のシンガポールツアー申込受付表である。作成条件にしたがって，各問いに答えなさい。

	A	B	C	D	E	F	G	H	I	J
1										
2				シンガポールツアー申込受付表						
3										
4	受付番号	出発日	出発区分	ホテル	人数	基本料金	追加料金	合計料金	申込金	
5	1201	12.04	A	ヨーク	4	58,000	4,000	248,000	50,000	
6	1202	12.07	B	スタンダード	1	69,000	0	69,000	18,000	
7	1203	12.13	D	マンダリン	8	90,000	8,000	784,000	79,000	
8	1204	12.16	B	ヨーク	6	69,000	4,000	438,000	66,000	
9	1205	12.21	E	マンダリン	4	※	※	※	※	
10	1206	12.24	C	グッドウッド	2	79,000	20,000	198,000	40,000	
11	1207	12.26	D	スタンダード	3	90,000	0	270,000	54,000	
12										

13 基本料金表			ホテル表					申込金表	
14 出発区分	基本料金		ホテル	追加料金	利用人数	平均料金		合計料金	申込金率
15 A	58,000		スタンダード	0	4	169,500		0	25%
16 B	69,000		ヨーク	4,000	10	343,000		100,001	20%
17 C	79,000		マンダリン	8,000	12	604,000		300,001	15%
18 D	90,000		グッドウッド	20,000	2	198,000		500,001	10%
19 E	98,000								

(注) ※印は，値の表記を省略している。

作成条件

1．「シンガポールツアー申込受付表」は，次のように作成する。

(1) 「基本料金」は，「出発区分」をもとに，「基本料金表」を参照して求める。

(2) 「追加料金」は，「ホテル」をもとに，「ホテル表」を参照して求める。

(3) 「合計料金」は，「基本料金」と「追加料金」の和に「人数」を乗じて求める。

(4) 「申込金」は，「合計料金」をもとに，「申込金表」を参照して次の式で求め，1,000円未満を切り上げて表示する。

　　　「合計料金 × 申込金率」

2．「ホテル表」は，次のように作成する。

(1) 「利用人数」は，シンガポールツアー申込受付表の「ホテル」ごとに「人数」の合計を求める。

(2) 「平均料金」は，シンガポールツアー申込受付表の「ホテル」ごとに「合計料金」の平均を求め，100円未満を四捨五入して表示する。

問1．F5に設定する式として適切なものを選び，記号で答えなさい。

ア．=VLOOKUP(C5,$A$15:$B$19,2,FALSE)

イ．=VLOOKUP(C5,$A$15:$B$19,3,FALSE)

ウ．=HLOOKUP(C5,$A$15:$B$19,2,FALSE)

問2．I5に設定する次の式の空欄(a), (b)にあてはまる適切なものを選び，記号で答えなさい。

=ROUNDUP(H5*◻(a)◻(H5,$I$15:$J$18,2,◻(b)◻),-3)

ア．VLOOKUP

イ．HLOOKUP

ウ．TRUE

エ．FALSE

問3．I9に表示される適切な数値を答えなさい。

問4．F15に設定する式として適切なものを選び，記号で答えなさい。

ア．=COUNTIFS($E$5:$E$11,$D$5:$D$11,D15)

イ．=SUMIFS($E$5:$E$11,$D$5:$D$11,D15)

ウ．=SUMIFS($D$5:$D$11,$E$5:$E$11,D15)

問5．G15に設定する式として適切なものを選び，記号で答えなさい。

ア．=ROUND(AVERAGE($H$5:$H$11),-2)

イ．=ROUND(AVERAGEIFS($H$5:$H$11,$D$5:$D$11,D15),-2)

ウ．=ROUND(AVERAGEIFS($H$5:$H$11,$D$5:$D$11,D15),-1)

第1回　模擬問題(実技)

制限時間：20分　解答 ➡ p.20

　あるラーメン店では，ラーメンの8月における売上報告書を作成することになった。作成条件にしたがって，シート名「ラーメン表」とシート名「売上データ表」から，シート名「報告書」を作成しなさい。

作成条件

ワークシートは，試験開始前に提供されたものを使用する。

1．表およびグラフの体裁は，右ページを参考にして設定する。

> 設 定 す る 書 式：罫線
> 設定する数値の表示形式：3桁ごとのコンマ，小数の表示桁数

2．表の※印の部分は，式や関数などを利用して求める。

3．グラフの※印の部分は，表に入力された値をもとに表示する。

4．「1．ラーメン売上集計表」は，次のように作成する。

　(1)　「味」は，「味コード」をもとに，シート名「コード表」を参照して表示する。

　(2)　「数量合計」は，シート名「売上データ表」から「味」ごとに「数量」の合計を求める。

　(3)　「金額合計」は，シート名「売上データ表」から「味」ごとに「金額」の合計を求める。

　(4)　「備考」は，「数量合計」が400以上で，「金額合計」が300,000以上の場合は ○ を表示し，それ以外の場合は何も表示しない。

5．複合グラフは，「1．ラーメン売上集計表」から作成する。

　(1)　数値軸（縦軸）目盛は，最小値（0），最大値（1,000），および間隔（200）を設定する。

　(2)　第2数値軸（縦軸）目盛は，最小値（0），最大値（600,000），および間隔（200,000）を設定する。

　(3)　軸ラベルの方向を設定する。

　(4)　凡例の位置を設定する。

　(5)　データラベルを設定する。

6．「2．濃さ別金額集計表」は，次のように作成する。

　(1)　「金額合計」は，シート名「売上データ表」から「濃さ」ごとに「売上金額」の合計を求める。

　(2)　「割合(%)」は，次の式で求める。ただし，小数第1位まで表示する。

　　　　「金額合計　×　100　÷　金額合計の合計」

コード表

味表

	A	B	C
1			
2	味表		
3	味コード	味	単価
4	MI	みそ	700
5	SI	しお	700
6	SY	しょうゆ	650
7	TO	とんこつ	750
8			
9	スープの濃さ表		
10	濃さコード	濃さ	
11	F	ふつう	
12	U	うすめ	
13	K	こいめ	

(コード表)

売上データ表

	A	B	C	D	E	F
1						
2	売上データ表					
3	売上番号	売上コード	味	濃さ	数量	金額
4	H08001	MIF	みそ	ふつう	11	7,700
5	H08002	MIU	みそ	うすめ	4	2,800
6	H08003	MIK	みそ	こいめ	8	5,600
〜	〜	〜	〜	〜	〜	〜
203	H08200	SYU	しょうゆ	うすめ	13	8,450
204	H08201	SYK	しょうゆ	こいめ	14	9,100
205	H08202	TOF	とんこつ	ふつう	16	12,000
206	H08203	TOU	とんこつ	うすめ	5	3,750
207	H08204	TOK	とんこつ	こいめ	9	6,750

(売上データ表)

売上報告書（8月）

1．ラーメン売上集計表

味コード	味	数量合計	金額合計	備考
SY	しょうゆ	770	500,500	○
MI	※	※	※	※
SI	※	※	※	※
TO	※	※	※	※

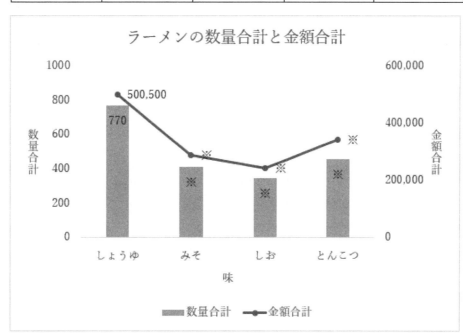

2．濃さ別金額集計表

濃さ	金額合計	割合（%）
ふつう	647,050	47.0
うすめ	※	※
こいめ	※	※

(報告書)

 第2回　**模擬問題（筆記）**　　制限時間：30分　解答 p.21

【1】　次の説明文に最も適した答えを解答群から選び，記号で答えなさい。

1．磁気ディスク装置の部品。情報を読み書きする部分をディスク上の所定の位置に移動させる働きをする。

2．コンピュータを扱う色の原色で，赤・緑・青のこと。

3．実行形式のプログラムファイルなど，文字として読み込むことのできない形式のファイル。

4．一定期間無償で使用し，期間終了後も使い続ける場合には著作権者に規定の料金を払うソフトウェア。

5．インターネット上で，動画や音声を受信しながら同時に再生する方式。

> ── 解答群 ──
> **ア．** バイナリファイル　　**イ．** RGB　　　　**ウ．** 磁気ヘッド　　**エ．** テキストファイル
> **オ．** ストリーミング　　**カ．** フリーウェア　　**キ．** CMYK　　　　**ク．** シェアウェア
> **ケ．** アクセスアーム　　**コ．** ピクセル

【2】　次のA群の語句に最も関係の深い説明文をB群から選び，記号で答えなさい。

＜A群＞　　1．解像度　　　　　　2．イニシャルコスト　　　　3．アーカイバ
　　　　　　4．拡張子　　　　　　5．知的財産権

＜B群＞
　　ア． ディスプレイやプリンタなどのきめ細かさや画質のなめらかさを表す尺度。
　　イ． コンピュータシステムの運用や保守・管理に必要な費用。
　　ウ． ファイルの種類を識別するために，ファイル名の後に付ける文字列。
　　エ． 自分の姿が写っている写真などを，無断で使用されることがないように主張できる権利。
　　オ． ディスプレイやプリンタで，文字や画像を構成する小さな点。
　　カ． 複数のファイルを1つにまとめたり，ファイルを圧縮するためのソフトウェア。
　　キ． コンピュータシステムの導入から運用・保守・管理までの総額。
　　ク． コンピュータシステム導入時の初期費用。
　　ケ． ファイルを分類して保存するために作られた保存場所。
　　コ． 人間の創作活動から生まれたものを保護するための権利の総称。

【3】　次の説明文に最も適した答えをア，イ，ウの中から選び，記号で答えなさい。

1．2進数の1101と110の積を表す10進数。

　　　ア．75　　　　　　　　　　**イ**．76　　　　　　　　　　**ウ**．78

2．コンピュータの不正利用を禁止する法律。

　　　ア．著作権法　　　　　　　**イ**．個人情報保護法　　　　**ウ**．不正アクセス禁止法

3．ネットワークを利用して集団の共同作業を支援するソフトウェア。

　　　ア．フリーウェア　　　　　**イ**．グループウェア　　　　**ウ**．シェアウェア

4．8ビットカラーのディスプレイで表現できる色の数。

　　　ア．8　　　　　　　　　　　**イ**．16　　　　　　　　　　**ウ**．256

5．次の筆記合格表と，実技合格表の和集合をとった場合，結果表として適切なものを選び，記号
　　で答えなさい。

筆記合格表

受験番号	氏　名
2001	加藤　○○
2003	渡部　○○
2004	高橋　○○
2006	水野　○○
2008	中島　○○
2010	高木　○○
2011	山本　○○
2012	今井　○○

実技合格表

受験番号	氏　名
2001	加藤　○○
2002	山田　○○
2003	渡部　○○
2006	水野　○○
2008	中島　○○
2009	清水　○○
2012	今井　○○

ア．結果表

受験番号	氏　名
2001	加藤　○○
2002	山田　○○
2003	渡部　○○
2004	高橋　○○
2006	水野　○○
2008	中島　○○
2009	清水　○○
2010	高木　○○
2011	山本　○○
2012	今井　○○

イ．結果表

受験番号	氏　名
2001	加藤　○○
2002	山田　○○
2003	渡部　○○
2004	高橋　○○
2005	鈴木　○○
2006	水野　○○
2007	吉田　○○
2008	中島　○○
2009	清水　○○
2010	高木　○○
2011	山本　○○
2012	今井　○○

ウ．結果表

受験番号	氏　名
2001	加藤　○○
2001	加藤　○○
2002	山田　○○
2003	渡部　○○
2003	渡部　○○
2004	高橋　○○
2006	水野　○○
2006	水野　○○
2008	中島　○○
2008	中島　○○
2009	清水　○○
2010	高木　○○
2011	山本　○○
2012	今井　○○
2012	今井　○○

第2回

【4】 ある会社では，商品の受注状況を次のようなリレーショナル型データベースを利用し管理している。次の各問いに答えなさい。

商品表

商品コード	商品名	単価
TV12	テレビ	42000
DV088	DVD	12000
WD333	食器洗浄機	30000
WS311	洗濯機	54000

顧客表

顧客コード	顧客名	所在地	取引開始年
145	A商会	曙町	1990
156	B電器	緑ヶ丘	1994
158	C家電	桜ヶ丘	1998
187	Dデンキ	緑ヶ丘	2000
194	E電気	桜ヶ丘	2000

受注明細表

受注No	受注日	商品コード	顧客コード	数量
1	04/03	WS311	194	5
2	04/03	WD333	194	2
3	04/07	DV088	156	3
4	04/28	WD333	158	8
5	04/28	TV12	187	5
6	04/28	WD333	145	5
7	05/06	WS311	156	1
8	05/19	DV088	158	7
9	05/22	WD333	187	1
10	06/01	TV12	194	10
11	06/05	WD333	194	3
12	06/05	DV088	158	4
13	06/05	TV12	156	8
14	06/05	WS311	187	5
15	06/21	WD333	158	3

※受注日のデータ型は文字型である。

問1．商品表の「商品名」や顧客表の「顧客名」のように，同じ性質を持つ列方向のデータを表す名称として適切なものを選び，記号で答えなさい。

ア．フィールド　　　　　　**イ**．レコード　　　　　　**ウ**．テーブル

問2．次のSQL文によって抽出されるデータとして適切なものを選び，記号で答えなさい。

```
SELECT    商品名
   FROM    商品表
   WHERE   単価 > 30000
```

ア.
| DVD |
| 食器洗浄機 |

イ.
| テレビ |
| 洗濯機 |

ウ.
| テレビ |
| 食器洗浄機 |
| 洗濯機 |

問3．次のSQL文によって抽出されるデータとして適切なものを選び，記号で答えなさい。

```
SELECT    顧客名
   FROM    顧客表
   WHERE   所在地 = '桜ヶ丘'  OR  取引開始年 >= 1999
```

ア.
| E電気 |

イ.
| C家電 |
| E電気 |

ウ.
| C家電 |
| Dデンキ |
| E電気 |

問4．次のSQL文によって抽出されるデータとして適切なものを選び，記号で答えなさい。

```
SELECT    受注日, 商品名
   FROM    商品表, 受注明細表
   WHERE   商品表.商品コード = 受注明細表.商品コード
    AND    数量 > 8
```

ア.
| 06/01 | テレビ |

イ.
| 04/28 | 食器洗浄機 |
| 06/05 | テレビ |

ウ.
04/28	食器洗浄機
06/01	テレビ
06/05	テレビ

問5．次の表のような結果が求められるSQL文として適切なものを選び，記号で答えなさい。

集計結果
5

ア.
```
SELECT    MIN(数量)  AS  集計結果
   FROM    受注明細表
   WHERE   顧客コード = '187'
```

イ.
```
SELECT    COUNT(*)  AS  集計結果
   FROM    受注明細表
   WHERE   顧客コード = '145'
```

ウ.
```
SELECT    AVG(数量)  AS  集計結果
   FROM    受注明細表
   WHERE   顧客コード = '194'
```

【5】 次の各問いに答えなさい。

問1. 次の表は，ある商品のコード表である。B列はコードの中から数値部分を取り出したものである。B4に設定する次の式の空欄にあてはまる適切なものを選び，記号で答えなさい。ただし，この式をB5～B6にコピーする。

	A	B
1		
2	コード表	
3	コード	数値
4	VBa1234B	1234
5	CADa2345R	2345
6	WORDa3456T	3456

=VALUE(MID(A4,⬚("a",A4)+1,4))

ア. FIND 　　　　 **イ.** SEARCH 　　　　 **ウ.** MATCH

問2. 次の表は，ある商品をまとめて購入する時の計算表である。B11は，A11に入力された個数をもとに，まとめ買い価格表を参照して「まとめ買い価格」を文字列結合して表示する。B11に設定する次の式の空欄にあてはまる適切なものを選び，記号で答えなさい。ただし，入力する個数はA4～A9の個数とする。

	A	B	C
1			
2	まとめ買い価格表		
3	個数	通常価格	まとめ買い価格
4	1	120	120
5	5	600	540
6	10	1,200	960
7	15	1,800	1,260
8	20	2,400	1,560
9	25	3,000	1,800
10			
11	20	個まとめて買うと1,560円	

=⬚(VLOOKUP(A11,A4:C9,3,FALSE),"個まとめて買うと###,##0円")

ア. TEXT 　　　　 **イ.** LEN 　　　　 **ウ.** VALUE

問3. 次の表は，あるかまぼこメーカーの出荷状況表である。1箱に8本ずつ詰めて出荷しており，「残数」は，箱詰めする際に余った本数を求める。E4に設定する式として適切なものを選び，記号で答えなさい。

	A	B	C	D	E
1					
2		出荷状況表			
3		商品名	生産本数	箱数	残数
4		特上かまぼこ	114	14	2
5		上板かまぼこ	241	30	1
6		限定かまぼこ	359	44	7
7		だて巻き	166	20	6

ア. =INT(C4/8)

イ. =MOD(C4,8)

ウ. =MOD(C4,D4)

問４．次の表は，ある会社の1か月間における電話使用料の一覧表である。「部課コード」は，左端から2文字が「部コード」であり，右端から2文字が「課コード」である。

A	B	C	D	E	F	G	H	I
1								
2	1か月分の電話使用料一覧表							
3	部課コード	部名	課名	電話使用料		部名表		
4	SO01	総務部	1課	25,320		部コード	部名	使用料金合計
5	EI01	営業部	1課	57,841		SO	総務部	25,320
6	EI02	営業部	2課	43,860		EI	営業部	162,935
7	EI03	営業部	3課	61,234		KE	経理部	35,657
8	KE01	経理部	1課	20,234				
9	KE02	経理部	2課	15,423		課名表		
10						課コード	課名	
11						1	1課	
12						2	2課	
13						3	3課	

(1)　「課名」は，「部課コード」の右端から2文字を抽出し，数値に変換したものをもとに，「課名表」を参照して表示する。D4に設定する式として適切なものを選び，記号で答えなさい。

　　ア．=VLOOKUP(VALUE(RIGHT(B4,2)),$G$11:$H$13,2,FALSE)

　　イ．=VLOOKUP(VALUE(MID(B4,2,2)),$G$11:$H$13,2,FALSE)

　　ウ．=VLOOKUP(VALUE(LEFT(B4,2)),$G$11:$H$13,2,FALSE)

(2)　「使用料金合計」は「部名」ごとに「電話使用料」の合計を求める。I5に設定する式として適切なものを選び，記号で答えなさい。ただし，この式をI6～I7にコピーする。

　　ア．=COUNTIFS($C$4:$C$9,H5,$E$4:$E$9)

　　イ．=SUMIFS($E$4:$E$9,$C$4:$C$9,H5)

　　ウ．=AVERAGEIFS($E$4:$E$9,$C$4:$C$9,H5)

【6】 次の表は，コピー用紙の売上一覧表である。作成条件にしたがって，各問いに答えなさい。

	日付	規格	数量(箱)	単価	値引単価	売上金額
						コピー用紙の売上一覧表
5	5月2日	B5	15	950	0	14,250
6	5月2日	B4	20	1,800	0	36,000
7	5月2日	B4	20	1,800	0	36,000
8	5月2日	A4	20	1,000	950	19,000
9	5月3日	B5	10	950	0	9,500
10	5月3日	B4	10	1,800	0	18,000
11	5月3日	A4	30	1,000	950	28,500
12	5月3日	A4	50	1,000	950	47,500
13	5月3日	A3	40	2,500	0	100,000
14	5月4日	B5	10	950	0	9,500
15	5月4日	B4	20	1,800	0	36,000
16	5月4日	A4	30	1,000	950	28,500
17	5月4日	A3	35	2,500	0	87,500
18	5月4日	B5	20	950	0	19,000
19	5月5日	B4	20	1,800	0	36,000
20	5月5日	A3	40	2,500	0	100,000
21	5月5日	A3	15	2,500	0	37,500

集計表

規格	B5	B4	A4	A3
単価	950	1,800	1,000	2,500
売上件数	4	5	4	4
売上平均	13,063	32,400	30,875	81,250

5月2日の売上合計　　105,250円

作成条件

1．「コピー用紙の売上一覧表」は，次のように作成する。

(1) 「単価」は，「規格」をもとに，集計表を参照して表示する。

(2) 「値引単価」は，「規格」がA4で，かつ，「数量（箱）」が20以上の場合は「単価」の5%引きの金額を求め，それ以外は 0 を表示する。

(3) 「売上金額」は，値引がない場合は「数量（箱）」に「単価」を乗じて求め，それ以外の場合は「数量（箱）」に「値引単価」を乗じて求める。

2．「集計表」は，次のように作成する。

(1) 「集計表」の「売上件数」は，「規格」ごとに件数を求める。

(2) 「集計表」の「売上平均」は，「規格」ごとに「売上金額」の平均を求める。ただし，整数未満を四捨五入して表示する。

3．K9は，H9に入力した日付の「売上金額」の合計を求める。

問1．D5に設定する式として適切なものを選び，記号で答えなさい。

　　　ア．=VLOOKUP(B5,$I$4:$L$5,2,TRUE)
　　　イ．=HLOOKUP(B5,$I$4:$L$5,2,TRUE)
　　　ウ．=HLOOKUP(B5,$I$4:$L$5,2,FALSE)

問2．E5に設定する式として適切なものを選び，記号で答えなさい。ただし，E5の式をE6～E21にコピーする。

　　　ア．=IF(OR(B5="A4",C5>=20),D5*0.95,0)
　　　イ．=IF(AND(B5="A4",C5>=20),D5*0.95,0)
　　　ウ．=IF(AND(B5=A4,C5>=20),D5*0.95,0)

問3．F5に設定する式として適切なものを選び，記号で答えなさい。

　　　ア．=IF(E5>=0,C5*D5,C5*E5)
　　　イ．=IF(NOT(E5=0),C5*D5,C5*E5)
　　　ウ．=IF(E5=0,C5*D5,C5*E5)

問4．I7に設定する式として適切なものを選び，記号で答えなさい。

　　　ア．=ROUND(COUNTIFS($B$5:$B$21,I4,$F$5:$F$21),0)
　　　イ．=ROUND(SUMIFS($F$5:$F$21,$B$5:$B$21,I4)/I6,1)
　　　ウ．=ROUND(AVERAGEIFS($F$5:$F$21,$B$5:$B$21,I4),0)

問5．K9に設定する式として適切なものを選び，記号で答えなさい。

　　　ア．=SUMIFS(F5:F21,A5:A21,H9)
　　　イ．=SUMIFS(A5:A21,F5:F21,H9)
　　　ウ．=SUMIFS(F5:F21,H9,A5:A21)

第2回　模擬問題（実技）　　制限時間：20分　解答 ➡ p.23

　あるコンタクトレンズ店では，3店舗の1日分の売上報告書を作成している。作成条件にしたがって，シート名「コード表」とシート名「売上表」から，シート名「報告書」を作成しなさい。

作成条件

ワークシートは，試験開始前に提供されたものを使用する。

1．表およびグラフの体裁は，右ページを参考にして設定する。

　　（設 定 す る 書 式：罫線

　　　設定する数値の表示形式：3桁ごとのコンマ，%，小数の表示桁数）

2．表の※印の部分は，式や関数などを利用して求める。

3．グラフの※印の部分は，表に入力された値をもとに表示する。

4．「1．1日型の売上集計表」は，次のように作成する。

　(1)　「商品名」は，「商品コード」をもとに，シート名「コード表」を参照して表示する。

　(2)　「単価」は，「商品コード」をもとに，シート名「コード表」を参照して表示する。

　(3)　「売上数計」は，シート名「売上表」から「商品コード」ごとに「売上数」の合計を求める。

　(4)　「売上金額」は，**単価　×　売上数計**の式で求める。

　(5)　「合計」は，「売上数計」，「売上金額」の合計を求める。

　(6)　「売上比率」は，**売上金額　÷　売上金額合計**の式で求める。ただし，小数第3位未満を切り上げ，%表示で小数第1位まで表示する。

　(7)　「備考」は，「売上比率」が最大値の場合は ◎，最小値の場合は ▲，それ以外の場合は何も表示しない。

5．集合横棒グラフは，「1．1日型の売上集計表」から作成する。

　(1)　グラフの数値軸目盛は，最小値（0），最大値（500,000）および間隔（100,000）を設定する。

　(2)　軸ラベルの方向を設定する。

6．「2．店別売上数集計表」は，次のように作成する。

　(1)　「店名」は，「店コード」をもとに，シート名「コード表」を参照して表示する。

　(2)　「売上数計」は，シート名「売上表」から「店コード」ごとに「売上数」の合計を求める。

　(3)　「種類数」は，シート名「売上表」から「店コード」ごとに件数を求める。

　(4)　「平均」は，**売上数計　÷　種類数**の式で求める。ただし，小数第1位未満を切り捨てる。

　(5)　「順位」は，「平均」を基準として，降順に順位をつける。

	A	B	C
1			
2	店コード表		
3	店コード	店名	
4	M	モール店	
5	T	タウン店	
6	P	プラザ店	
7			
8	商品コード表		
9	商品コード	商品名	単価
10	TD	使い捨て1日型	2,500
11	TW	使い捨て2週間型	2,800
12	RD	乱視用1日型	2,800
13	RW	乱視用2週間型	3,100
14	ED	遠近用1日型	4,000
15	CD	カラー1日型	3,000
16	SL	ソフトレンズ	8,500
17	HL	ハードレンズ	7,800

（コード表）

	A	B	C
1			
2	売上表		
3	店コード	商品コード	売上数
4	M	TD	72
5	M	TW	30
6	M	RD	5
7	M	RW	5
8	M	ED	2
9	M	CD	3
10	M	SL	0
11	M	HL	2
～	～	～	～
21	P	RW	13
22	P	ED	3
23	P	CD	2
24	P	SL	2
25	P	HL	2

（売上表）

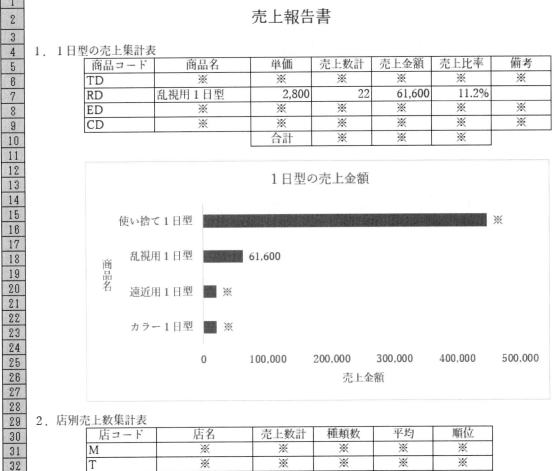

売上報告書

1．1日型の売上集計表

商品コード	商品名	単価	売上数計	売上金額	売上比率	備考
TD	※	※	※	※	※	※
RD	乱視用1日型	2,800	22	61,600	11.2%	
ED	※	※	※	※	※	※
CD	※	※	※	※	※	※
		合計	※	※	※	

（グラフ：1日型の売上金額）
- 使い捨て1日型 … ※
- 乱視用1日型 … 61,600
- 遠近用1日型 … ※
- カラー1日型 … ※

縦軸：商品名　横軸：売上金額（0～500,000）

2．店別売上数集計表

店コード	店名	売上数計	種類数	平均	順位
M	※	※	※	※	※
T	※	※	※	※	※
P	プラザ店	134	8	16.7	2

（報告書）

第3回　模擬問題（筆記）

制限時間：30分　解答 ➡ p.24

【1】　次の説明文に最も適した答えを解答群から選び，記号で答えなさい。

1．ソースコードが無償で公開され，改良や再配布ができるソフトウェア。

2．鉛筆などで塗られたマークを光学的に読み取る装置。

3．データの内容を保ったまま，ファイルの容量を小さくすること。

4．一度のユーザ認証処理によって，複数のWebサービスやアプリケーションに横断的に接続できるしくみ。

5．暗号化されたデータを，正規の受信者が元の平文に変換すること。

```
─ 解答群 ─
ア．SSO        イ．OCR        ウ．ISO        エ．解凍
オ．TCO        カ．圧縮        キ．OMR        ク．暗号化
ケ．復号        コ．OSS
```

【2】　次のA群の語句に最も関係の深い説明文をB群から選び，記号で答えなさい。

＜A群＞　1．ピクセル　　　2．PDF　　　3．個人情報保護法
　　　　　4．多要素認証　　5．テザリング

＜B群＞

ア．電子文書表示用のファイル形式。

イ．個人情報を扱う事業者を対象に，個人情報の不正な流用や，ずさんなデータ管理をしないよう定めた法律。

ウ．画像の質や情報量を表す基準で，1インチあたり何個の点の集まりとして表現できるかを表す。

エ．パスワードなどによる認証に加え，秘密の質問などの認証のステップ数を増やすことでセキュリティを高める認証方法。

オ．パスワードなどの本人しか知らない知識情報だけでなく，ICカードなどの本人しか持っていない所有物情報や静脈などの本人の固有の生体情報のうち，2つ以上組み合わせてセキュリティを高める認証方法。

カ．学校や企業などの限られた範囲を結んだネットワーク。

キ．色情報を持った画像を構成する小さな点。

ク．画質は低下するが，圧縮率が高い静止画像データファイル形式。

ケ．表計算ソフトやデータベースソフトがデータを保存する形式で，データをコンマで区切って記録する。

コ．携帯電話やスマートフォンの通信回線を使い，パソコンやタブレットなどをインターネットにつなぐ機能。

【3】　次の説明文に最も適した答えをア，イ，ウの中から選び，記号で答えなさい。

1．2進数の10100と10進数の13の差を表す10進数。

　　ア．7　　　　　　　　　　　**イ**．8　　　　　　　　　**ウ**．9

2．メーカなどに取らわれず相互接続性が保証された無線LAN。

　　ア．Wi-Fi　　　　　　　　　**イ**．ピアツーピア　　　**ウ**．SSID

3．MPEG1を応用し，音声データを高品質のまま圧縮するファイル形式。

　　ア．BMP　　　　　　　　　　**イ**．MIDI　　　　　　　**ウ**．MP3

4．特許権，実用新案権，意匠権，商標権の4つの総称。

　　ア．肖像権　　　　　　　　　**イ**．産業財産権　　　　**ウ**．著作権

5．次の結果表はA表とB表を集合演算し作成した表である。演算内容として適切なものを選び，記号で答えなさい。

A表

受注No	受注日	商品コード	顧客コード	数量
1	04/03	WS311	194	5
2	04/03	WD333	194	2
3	04/07	DVO88	156	3
7	05/06	WS311	156	1
8	05/19	DVO88	158	7
9	05/22	WD333	187	1

B表

受注No	受注日	商品コード	顧客コード	数量
4	04/28	WD333	158	8
5	04/28	TV12	187	5
6	04/28	WD333	145	5
10	06/01	TV12	194	10

結果表

受注No	受注日	商品コード	顧客コード	数量
1	4/3	WS311	194	5
2	4/3	WD333	194	2
3	4/7	DVO88	156	3
4	4/28	WD333	158	8
5	4/28	TV12	187	5
6	4/28	WD333	145	5
7	5/6	WS311	156	1
8	5/19	DVO88	158	7
9	5/22	WD333	187	1
10	6/1	TV12	194	10

　　ア．和　　　　　　　　　　　**イ**．積　　　　　　　　**ウ**．差

【4】 あるシネマシアターでは，前売り券の受付状況を次のようなリレーショナル型データベースを利用して管理している。次の各問いに答えなさい。

部屋表

部屋コード	部屋名	座席数
H01	1番館	150
H02	2番館	120
H03	3番館	250

作品表

作品コード	作品名
S01	ミスノート
S02	日本沈黙
S03	江戸戦記
S04	それいけ！ニクマン
S05	ラブ★コメ

料金表

区分コード	区分	入場料
K01	一般	1300
K02	大学・高校生	1300
K03	中学生	1000
K04	小学生	1000
K05	幼児	1000
K06	シニア	1000

受付表

受付コード	区分コード	作品コード	部屋コード
1	K02	S03	H03
2	K05	S04	H01
3	K01	S02	H03
4	K02	S01	H02
5	K03	S01	H02
6	K03	S04	H01
7	K05	S04	H01
8	K03	S05	H02
9	K01	S02	H02
10	K06	S02	H03
11	K02	S01	H02
12	K04	S05	H02
13	K01	S03	H03
14	K02	S04	H01
15	K05	S04	H01
16	K04	S01	H02
17	K01	S02	H03
18	K01	S02	H03
19	K03	S05	H02
20	K03	S05	H02
21	K02	S01	H02
22	K06	S03	H03
23	K01	S03	H03

問1．次の表は，料金表からある条件を満たすデータを取り出し作成したものである。このようなリレーショナル型データベースの操作として適切なものを選び，記号で答えなさい。

区分コード	区分名	入場料
K01	一般	1300
K02	大学・高校生	1300

ア． 選択　　　　　**イ．** 射影　　　　　**ウ．** 結合

問2．次のSQL文によって抽出されるデータとして適切なものを選び，記号で答えなさい。

```
SELECT    部屋名
  FROM    部屋表
  WHERE   座席数 >= 150
```

ア．| 2番館 |　　　イ．| 3番館 |　　　ウ．| 1番館 |
| 3番館 |

問3．次のSQL文によって抽出されるデータとして適切なものを選び，記号で答えなさい。

```
SELECT    受付コード
  FROM    受付表
  WHERE   区分コード = 'K01'　AND　作品コード = 'S03'
```

ア．| 13 |　　　イ．| 13 |　　　ウ．| 13 |
| 23 |　　　　　| 22 |
　　　　　　　　| 23 |

問4．次のSQL文によって抽出されるデータとして適切なものを選び，記号で答えなさい。

```
SELECT    作品名
  FROM    受付表, 作品表
  WHERE   受付表.作品コード = 作品表.作品コード
    AND   区分コード = 'K06'
```

ア．| 日本沈黙 |　　　イ．| 江戸戦記 |　　　ウ．| 日本沈黙 |
| 江戸戦記 |

問5．次のSQL文を実行して抽出されるレコード件数として適切な数値を答えなさい。

```
SELECT    COUNT(*)
  FROM    受付表
  WHERE   作品コード = 'S02'　AND　部屋コード = 'H03'
```

【5】 次の各問いに答えなさい。

問1．次の表は，あるクラスの出席確認表である。生徒
は50人在籍しており，B4～B53に，出席の場合は ○
と入力されており，欠席の場合は何も入力されてい
ない。E3は，出席数を集計し，E4は，欠席数を集計
する。E4に設定する式として適切なものを選び，記
号で答えなさい。

	A	B	C	D	E
1					
2	出席確認表				
3	No.	出欠		出席数	46
4	1	○		欠席数	4
5	2				
6	3	○			
〜	〜	〜			
52	49	○			
53	50				

ア． =COUNT(B4:B53)

イ． =COUNTIFS(B4:B53,"")

ウ． =SUMIFS(B4:B53,A4:A53,"")

問2．次の表は，ある会社の残業時間を計算した
表である。「残業時間」は，勤務時間終了時
刻と退社時刻との差を求める。D8に設定する
式として適切なものを選び，記号で答えなさ
い。ただし，その式をD9～D11にコピーする。

	A	B	C	D
1				
2	勤務時間終了時刻	時	分	
3		17	30	
4				
5	残業時間計算表			
6	社員名	退社時刻		残業時間
7		時	分	
8	矢吹○○	22	20	4:50
9	武田○○	20	30	3:00
10	土屋○○	17	30	0:00
11	小田切○○	20	45	3:15

ア． =TODAY(B8,C8,0)-TODAY(B3,C3,0)

イ． =TIME($B$8,$C$8,0)-TIME(B3,C3,0)

ウ． =TIME(B8,C8,0)-TIME($B$3,$C$3,0)

問3．次の表は，コードを分解する表である。「上5けた」は，
「コード」の左端から5桁を抽出する。「下5けた」は，「コー
ド」の右端から5桁を抽出する。B3とC3に設定する式の空欄
にあてはまる適切なものを選び，記号で答えなさい。

	A	B	C
1			
2	コード	上5けた	下5けた
3	1111144444	11111	44444
4	3333355555	33333	55555
5	2222266666	22222	66666

B3の式 =[＿＿＿＿＿＿＿](A3/100000,0)

C3の式 =[＿＿＿＿＿＿＿](A3,100000)

ア． ROUNDDOWNとMOD **イ．** ROUNDUPとRIGHT **ウ．** LEFTとRIGHT

問4．次の表は，美容院の1日の売上を集計したものである。次の(1)，(2)に答えなさい。

	A	B	C	D
1				
2	美容院売上日計表			
3	種別	顧客	客数	金額
4	シャンプー	一般	1	2,000
5	カット	一般	7	28,000
6	カット	学生	6	21,000
7	カット	小学生以下	2	6,000
8	パーマ	一般	10	70,000
9	カラーリング	学生	4	10,000
10			合計金額	137,000
11				
12	顧客区分別集計表			
13		一般	学生	小学生以下
14	客数計	18	10	2
15	売上計	100,000	31,000	6,000
16	備考	※	※	※

(注) ※印は，値の表記を省略している。

(1) 顧客区分別集計表の「売上計」は，「顧客」ごとに金額の合計を求める。B15に設定する式として適切なものを選び，記号で答えなさい。ただし，その式をC15〜D15にコピーする。

　ア． =SUMIFS(D4:D9,B4:B9,B13)

　イ． =SUMIFS($D$4:$D$9,$B$4:$B$9,B13)

　ウ． =SUMIFS($B$4:$B$9,$D$4:$D$9,B13)

(2) B16は，評価を判定するために次の式が設定されている。この式をD16までコピーしたとき，「備考」に表示される ○ の数を答えなさい。

　=IF(OR(B14>10,B15>=50000),"○","")

【6】 次の表は，あるスキー場でのレンタル料金計算表である。作成条件にしたがって，各問いに答えなさい。

	A	B	C	D	E	F
1						
2			レンタル料金計算表			
3						
4	伝票番号	品名	大／小	料金	日数	レンタル料
5	0104	セット	大人	6,500	1	6,500
6	0202	スキー	小人	3,000	7	18,900
7	0303	スノーボード	小人	3,000	1	3,000
8	0402	スキー	大人	4,500	3	13,500
9	0504	セット	大人	6,500	2	13,000
10	0601	ウェア	小人	2,500	2	5,000
11	0702	スキー	小人	3,000	5	15,000
12	0803	スノーボード	小人	3,000	3	9,000
13	0904	セット	大人	6,500	3	19,500
14	1004	セット	大人	6,500	3	19,500
15						
16	レンタル一覧表					
17	種別	品名	大人	小人	合計	割合
18	1	ウェア	3,500	2,500	5,000	4.1%
19	2	スキー	4,500	3,000	47,400	38.6%
20	3	スノーボード	4,500	3,000	12,000	9.8%
21	4	セット	6,500	4,500	58,500	47.6%

作成条件

1．「レンタル料金計算表」は，次のように作成する。

(1) 「品名」は，「伝票番号」の右から2文字を抽出して「種別」とし，「レンタル一覧表」を参照して表示する。

(2) 「料金」は，「伝票番号」の右から2文字を抽出した種別と「大／小」をもとに，「レンタル一覧表」を参照して表示する。

(3) 「レンタル料」は，「料金」に「日数」を乗じて求める。ただし，「大／小」が小人で，「日数」が7日以上の場合は1割引の金額を求める。

2．「レンタル一覧表」は次のように作成する。

(1) 「合計」は，「品名」ごとに「レンタル料」の合計を求める。

(2) 「レンタル一覧表」の「割合」は，「レンタル料」の合計に対する「品名」ごとの割合を求める。ただし，小数第3位未満を四捨五入し，%表示で小数第1位まで表示する。

問１．B5に設定する式として適切なものを選び，記号で答えなさい。

ア．=VLOOKUP(VALUE(RIGHT(A5,2)),$A$18:$B$21,2,FALSE)

イ．=VLOOKUP(RIGHT(A5,2),$A$18:$B$21,2,FALSE)

ウ．=VLOOKUP(VALUE(LEFT(A5,2)),$A$18:$B$21,2,FALSE)

問２．D5に設定する式として適切なものを選び，記号で答えなさい。

ア．=INDEX($C$18:$D$21,VALUE(RIGHT(A5,2)),MATCH(C5,$C$17:$D$17,0))

イ．=INDEX($C$18:$D$21,VALUE(RIGHT(A5,2)),MATCH(C5,$C$17:$D$17,1))

ウ．=INDEX($A$18:$D$21,VALUE(RIGHT(A5,2)),MATCH(C5,$C$17:$D$17,0))

問３．F5に設定する式として適切なものを選び，記号で答えなさい。

ア．=IF(NOT(C5="大人",E5<7),D5*E5*0.9,D5*E5)

イ．=IF(AND(C5="大人",E5<7),D5*E5,D5*E5*0.9)

ウ．=IF(AND(C5="小人",E5>=7),D5*E5*0.9,D5*E5)

問４．E18に設定する次の式の空欄(a)，(b)にあてはまる適切なものを選び，記号で答えなさい。

=SUMIFS( (a) , (b) ,B18)

ア．$B$5:$B$14

イ．$C$5:$C$14

ウ．$D$5:$D$14

エ．$F$5:$F$14

問５．F18に設定する式として適切なものを選び，記号で答えなさい。ただし，F18の式をF19〜F21にコピーする。

ア．=ROUND(E18/SUM($E$18:$E$21),1)

イ．=ROUND($E$18/SUM(E18:E21),3)

ウ．=ROUND(E18/SUM($E$18:$E$21),3)

第3回　模擬問題（実技）　　制限時間：20分　解答 ➡ p.26

　あるテーマパークでは，販売しているグッズの1か月分の販売成績表を作成している。作成条件にしたがって，シート名「グッズ取扱表」とシート名「グッズ管理表」から，シート名「報告書」を作成しなさい。

作成条件

ワークシートは，試験開始前に提供されたものを使用する。

1．表およびグラフの体裁は，右ページを参考にして設定する。

$\left(\begin{array}{l}設 \ 定 \ す \ る \ 書 \ 式：罫線 \\ 設定する数値の表示形式：3桁ごとのコンマ\end{array}\right)$

2．表の※印の部分は，式や関数などを利用して求める。

3．グラフの※印の部分は，表に入力された値をもとに表示する。

4．「1．売上総利益計算表」は，次のように作成する。

　(1)　「売上数量」は，シート名「グッズ管理表」の「売上一覧表」から商品ごとに「数量」の合計を求める。

　(2)　「売上金額」は，商品ごとの「売上数量」にシート名「グッズ取扱表」の「販売単価」を乗じて求める。

　(3)　「仕入原価」は，商品ごとの「売上数量」にシート名「グッズ取扱表」の「仕入単価」を乗じて求める。

　(4)　「売上総利益」は，商品ごとに「売上金額」と「仕入原価」との差を求める。

　(5)　「備考」は，「売上数量」が40,000以上で，かつ，「売上総利益」が20,000,000以上の場合は ☆ を表示し，それ以外の場合は何も表示しない。

　(6)　「合計」は，各行の合計を求める。

5．「2．在庫一覧表」は，次のように作成する。

　(1)　「前月繰越数量」は，「商品名」をもとに，シート名「グッズ管理表」の「前月繰越表」を参照して表示する。

　(2)　「仕入数量」は，シート名「グッズ管理表」の「仕入一覧表」から商品ごとに「数量」の合計を求める。

　(3)　「売上数量」は，6行目の「売上数量」を表示する。

　(4)　「次月繰越数量」は，次の式で求める。

「前月繰越数量　＋　仕入数量　－　売上数量」

　(5)　「合計」は，各列の合計を求める。

6．積み上げ縦棒グラフは，「1．売上総利益計算表」から作成する。

　(1)　グラフの数値軸目盛は，最小値（0），最大値（50,000,000）および間隔（10,000,000）を設定する。

　(2)　軸ラベルの方向，凡例の位置を設定する。

	A	B	C
1			
2	グッズ取扱表		
3	商品名	仕入単価	販売単価
4	ぬいぐるみ	750	1,600
5	ストラップ	355	1,000
6	ボールペン	250	750
7	タオル	168	600
8	靴下	133	450
9	クッキー	598	1,250

（グッズ取扱表）

	A	B	C	D	E	F	G	H	I	J	K	L	M	N
1														
2	前月繰越表					仕入一覧表					売上一覧表			
3	日付	曜日	商品名	数量		日付	曜日	商品名	数量		日付	曜日	商品名	数量
4	2月1日	金	ぬいぐるみ	2,145		2月1日	金	ぬいぐるみ	7,170		2月1日	金	ぬいぐるみ	858
5	2月1日	金	ストラップ	1,584		2月1日	金	ストラップ	5,410		2月1日	金	ストラップ	757
6	2月1日	金	ボールペン	3,729		2月1日	金	ボールペン	11,070		2月1日	金	ボールペン	1,462
7	2月1日	金	タオル	4,684		2月1日	金	タオル	15,270		2月1日	金	タオル	2,039
8	2月1日	金	靴下	3,490		2月1日	金	靴下	12,570		2月1日	金	靴下	1,589
9	2月1日	金	クッキー	1,128		2月1日	金	クッキー	3,460		2月1日	金	クッキー	438
〜	〜	〜	〜	〜		〜	〜	〜	〜		〜	〜	〜	〜
168											2月28日	木	ボールペン	779
169											2月28日	木	タオル	1,268
170											2月28日	木	靴下	1,008
171											2月28日	木	クッキー	293

（グッズ管理表）

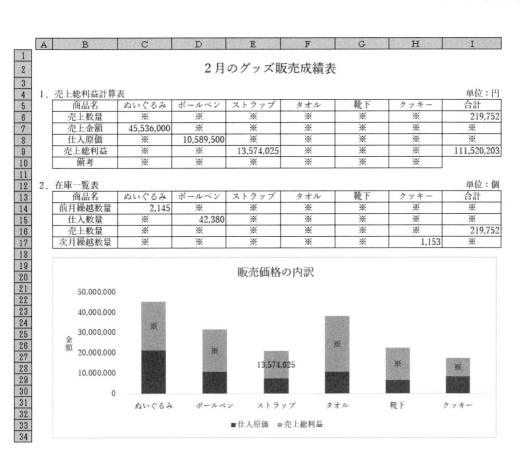

（報告書）

第4回　　模擬問題（筆記）　　　　制限時間：20分　解答 ➡ p.27

【1】　次の説明文に最も適した答えを解答群から選び，記号で答えなさい。

　　1．磁気ディスク上にデータを記録する際の最小単位。

　　2．日本産業規格で規格化された日本語文字コード。

　　3．国際標準化機構のことで，工業製品の国際標準化を行っている。

　　4．データを0と1で組み合わせた信号として送受信する回線。

　　5．暗号化されたデータを，受信者が元の平文に変換すること。

解答群

ア． トラック	**イ．** JISコード	**ウ．** ANSI	**エ．** セクタ
オ． 復号	**カ．** Unicode	**キ．** ISO	**ク．** アナログ回線
ケ． 暗号化	**コ．** デジタル回線		

【2】　次のＡ群の語句に最も関係の深い説明文をＢ群から選び，記号で答えなさい。

＜Ａ群＞　1．ランニングコスト　　　2．産業財産権　　　　3．SSID
　　　　　4．LAN　　　　　　　　　5．サイトライセンス

＜Ｂ群＞

　　ア． アクセスポイントを識別するための名前。

　　イ． 接続されたコンピュータが互いに対等な関係となるネットワーク。

　　ウ． 特許庁に出願し登録されることによって，一定期間独占的に使用できる権利。

　　エ． 画像を点の集合として表現するファイル形式。

　　オ． 企業内などの限られた範囲で結ぶネットワーク。

　　カ． 自分が写っている写真を，無断で使用されることがないように主張できる権利。

　　キ． コンピュータシステムの運用や保守・管理に必要な費用。

　　ク． コンピュータシステム導入のための初期費用。

　　ケ． ネットワークを利用して，グループの共同作業を支援するソフトウェア。

　　コ． 1つのソフトウェアを，学校などといった特定の場所において複数のユーザが利用できる契約。

【3】　次の説明文に最も適した答えをア，イ，ウの中から選び，記号で答えなさい。

1．2進数の1010と100の和を表す10進数。

　　　ア. 13　　　　　　　　　　**イ.** 14　　　　　　　　　　**ウ.** 15

2．ファイルを階層構造で管理するとき，最上位にあるディレクトリ。

　　　ア. サブディレクトリ　　　**イ.** テキストファイル　　　**ウ.** ルートディレクトリ

3．動画を圧縮して記録するファイル形式。

　　　ア. JPEG　　　　　　　　　**イ.** MPEG　　　　　　　　　**ウ.** MIDI

4．プログラムなどの創作者の権利保護を図るための法律。

　　　ア. 著作権法　　　　　　　**イ.** 個人情報保護法　　　　**ウ.** 不正アクセス禁止法

5．次の結果表はA表をもとにB表と集合演算し作成した表である。演算内容として適切なものを選び，記号で答えなさい。

A表

受付コード	区分コード	作品コード	部屋コード
1	K02	S03	H03
2	K05	S04	H01
3	K01	S02	H03
5	K03	S01	H02
6	K03	S04	H01
7	K05	S04	H01
9	K01	S02	H02

B表

受付コード	区分コード	作品コード	部屋コード
1	K02	S03	H03
3	K01	S02	H03
4	K02	S01	H02
5	K03	S01	H02
8	K03	S05	H02
9	K01	S02	H02

結果表

受付コード	区分コード	作品コード	部屋コード
2	K05	S04	H01
6	K03	S04	H01
7	K05	S04	H01

　　　ア. 和　　　　　　　　　　**イ.** 差　　　　　　　　　　**ウ.** 積

【4】 3つの支店を持つある旅行会社では，旅行プランの予約状況を次のようなリレーショナル型データベースを利用し管理している。次の各問いに答えなさい。

プラン表

プランコード	プラン名	行き先	交通コード
P1	もみじ狩り	日光市	K1
P2	ぶどう狩り	甲府市	K1
P3	鮮魚の旅	銚子市	K2
P4	秘湯の旅	富士市	K2
P5	関所めぐり	箱根市	K1
P6	中華の旅	横浜市	K2

支店表

支店コード	支店名
T1	東京予約センター
T2	千葉予約センター
T3	埼玉予約センター

交通機関表

交通コード	交通機関
K1	バス
K2	電車

予約表

予約番号	出発日	プランコード	支店コード	人数
1501	10/01	P6	T2	4
1502	10/01	P3	T2	2
1503	10/06	P1	T3	2
1504	10/04	P3	T1	6
1505	10/01	P4	T1	9
1506	10/03	P5	T2	4
1507	10/07	P4	T3	5
1508	10/04	P5	T1	2
1509	10/03	P2	T3	2
1510	10/05	P5	T2	3
1511	10/13	P5	T1	2
1512	10/02	P2	T1	2
1513	10/02	P6	T3	6
1514	10/07	P2	T2	8
1515	10/05	P4	T3	4
1516	10/04	P3	T1	2
1517	10/08	P2	T2	6
1518	10/02	P6	T3	8
1519	10/09	P2	T2	7
1520	10/03	P1	T1	4

問1．次の表は埼玉予約センターで中華の旅を予約したデータを，予約表から取り出して作成したものである。このようなリレーショナル型データベースの操作として適切なものを選び，記号で答えなさい。

予約番号	出発日	プランコード	支店コード	人数
1513	10/02	P6	T3	6
1518	10/02	P6	T3	8

ア． 選択　　　　　　　　**イ．** 射影　　　　　　　　**ウ．** 結合

問2．次のSQL文によって抽出されるデータとして適切なものを選び，記号で答えなさい。

```
SELECT    プラン名
   FROM    プラン表
  WHERE    プランコード = 'P5'
```

ア. 秘湯の旅　　　　　　　　**イ.** ぶどう狩り　　　　　　　　**ウ.** 関所めぐり

問3．次のSQL文によって抽出されるデータとして適切なものを選び，記号で答えなさい。

```
SELECT    支店名, 出発日
   FROM    支店表, 予約表
  WHERE    支店表.支店コード = 予約表.支店コード
    AND    人数 > 6
    AND    予約表.支店コード = 'T2'
```

ア.

千葉予約センター	10/08

イ.

千葉予約センター	10/07
千葉予約センター	10/09

ウ.

千葉予約センター	10/07
千葉予約センター	10/08
千葉予約センター	10/09

問4．次のSQL文によって抽出されるデータとして適切なものを選び，記号で答えなさい。

```
SELECT    プラン名
   FROM    プラン表, 予約表
  WHERE    プラン表.プランコード = 予約表.プランコード
    AND    出発日 = '10/03'
    AND    支店コード <> 'T1'
```

ア.

もみじ狩り

イ.

関所めぐり
ぶどう狩り

ウ.

関所めぐり
ぶどう狩り
もみじ狩り

問5．次のSQL文を実行したとき，表示される適切な数値を答えなさい。

```
SELECT    COUNT(*)   AS   プラン数
   FROM    プラン表
  WHERE    交通コード = 'K1'
```

プラン数
※

(注)　※印は，値の表記
を省略している。

【5】 次の各問いに答えなさい。

問1. 次の表は，ある高等学校のクラス人数を検索する表である。「人数」は，「学年」と「クラス」をもとに，「クラス在籍数表」を参照して表示する。H5に設定する式として適切なものを選び，記号で答えなさい。

A	B	C	D	E		F	G	H
1								
2	クラス在籍数表						クラス人数検索表	
3		学年					学年	1
4	ク	1	2	3			クラス	2
5	ラ	1	40	38	41		人数	41
6	ス	2	41	40	42			
7		3	42	44	39			
8		4	39	43	37			

ア. =VLOOKUP(H4,B5:E8,H3)

イ. =HLOOKUP(H3,C4:E8,H4)

ウ. =INDEX(C5:E8,H4,H3)

問2. 次の表は，ある会社の顧客データ表である。「生年月日」は，B列～D列の数値から日付を求めている。E4に設定する式として適切なものを選び，記号で答えなさい。なお，「生年月日」の表示形式は日付に設定している。

	A	B	C	D	E
1					
2		顧客データ表			
3	顧客名	年	月	日	生年月日
4	山本○○	1990	7	23	1990/7/23
5	石黒○○	1991	4	18	1991/4/18
6	鈴木○○	1992	8	31	1992/8/31

ア. =TIME(B4,C4,D4)

イ. =DATE(B4,C4,D4)

ウ. =DAY(B4,C4,D4)

問3. 次の表は，ある歌合戦の得点表と「組」ごとに得点合計を表したものである。「得点合計」は，「得点表」の「組」ごとに「得点」の合計を求める。F4に設定する式として適切なものを選び，記号で答えなさい。ただし，この式をF5にコピーする。

	A	B	C	D	E	F
1						
2	得点表				得点合計表	
3	出場者	組	得点		組	得点合計
4	天童○○	赤	58		白	227
5	氷川○○	白	73		赤	229
6	平井○○	白	62			
7	松田○○	赤	78			
8	西野○○	赤	93			
9	福原○○	白	92			

ア. =SUMIFS($C$4:$C$9,$B$4:$B$9,E4)

イ. =SUMIFS(E4,$B$4:$B$9,$C$4:$C$9)

ウ. =SUMIFS($B$4:$B$9,$C$4:$C$9,E4)

問４．次の表は，ある会社の支店別売上一覧表である。次の(1), (2)に答えなさい。

	A	B	C	D	E	F	G
1							
2			支店別売上一覧表				
3	支店名	前年度売上	今年度売上	構成比	前年比	売上順位	備考
4	中央	1,300,000	1,300,000	8.8%	100.0%	5	※
5	鶴見	1,200,000	2,200,000	15.0%	183.3%	3	※
6	天王寺	5,600,000	4,500,000	30.6%	80.3%	2	※
7	市岡	3,200,000	4,700,000	32.0%	146.8%	1	※
8	扇町	2,800,000	2,000,000	13.6%	71.4%	4	※
9	合計	14,100,000	14,700,000				
10							
11		2番目に大きい構成比		30.6%			
12		2番目に小さい前年比		80.3%			

㊟　※印は，値の表記を省略している。

(1)　G4は，評価を判定するために次の式が設定されている。この式をG8までコピーしたとき，「備考」に表示される 優秀 の数を答えなさい。

=IF(AND(E4>110%,F4<=3),"優秀","")

(2)　「2番目に大きい構成比」は，「構成比」の中で2番目に大きい構成比を求める。D11に設定する式として適切なものを選び，記号で答えなさい。

ア． =RANK(D4:D8,2)　　　　**イ．** =LARGE(D4:D8,2)　　　　**ウ．** =FIND(D4:D8,2)

【6】 次の表は，ある大会での女子100m決勝の記録表である。作成条件にしたがって，各問いに答えなさい。

	A	B	C	D	E	F	G	H	I	J
1										
2				女子100m決勝記録表						
3									大会記録	11.82
4	レーン	ナンバー	所属	予選記録	決勝記録	最高記録			順位	備考
5	1	401	タイヨー	12.25	12.21	12	秒	21	4	
6	2	104	春日クラブ	12.45	12.35	12	秒	35	7	
7	3	102	春日クラブ	12.21	12.19	12	秒	19	3	
8	4	303	山内陸協	11.99	11.81	11	秒	81	1	大会新
9	5	305	山内陸協	12.13	11.99	11	秒	99	2	
10	6	103	春日クラブ	11.97	12.23	11	秒	97	6	
11	7	402	タイヨー	12.22	12.56	12	秒	22	8	
12	8	202	ランナーズ	11.99	12.22	11	秒	99	5	
13										
14	所属表									
15	所属コード	100	200	300	400					
16	所属	春日クラブ	ランナーズ	山内陸協	タイヨー					
17	決勝平均	12.25	12.22	11.9	12.38					
18										
19	決勝上位結果記録表									
20	1位	11.81								
21	2位	11.99								
22	3位	12.19								

作成条件

1．「女子100m決勝記録表」は，次のように作成する。

(1) 「所属」は，「ナンバー」をもとに，「所属表」を参照して求める。なお，「ナンバー」の100の位が，15行目の「所属コード」を示している。

(2) 「最高記録」は，「予選記録」と「決勝記録」をもとに，最も良いタイムを数値に変換して求める。

(3) 「順位」は，「決勝記録」を基準として，記録の良い順に順位をつける。

(4) 「備考」は，「予選記録」または「決勝記録」の値がJ3の「大会記録」よりも速い場合は 大会新 と表示し，それ以外の場合は何も表示しない。

2．「所属表」の「決勝平均」は，「所属」ごとに「決勝記録」の平均を求め，小数第2位未満を切り捨てて表示する。

3．「決勝上位結果記録表」のB20〜B22は，「順位」が1位〜3位の「決勝記録」を求める。

問1．C5に設定する次の式の空欄(a)，(b)にあてはまる適切なものを選び，記号で答えなさい。

$$=\boxed{\quad\text{(a)}\quad}(\text{B5},\$\text{B}\$15:\$\text{E}\$16,2,\boxed{\quad\text{(b)}\quad})$$

　　ア．HLOOKUP
　　イ．VLOOKUP
　　ウ．FALSE
　　エ．TRUE

問2．H5に設定する式として適切なものを選び，記号で答えなさい。

　　ア．=VALUE(RIGHT(MIN(D5:E5),2))
　　イ．=VALUE(RIGHT(MAX(D5:E5),2))
　　ウ．=VALUE(MAX(D5:E5))

問3．J5に設定する式として適切なものを選び，記号で答えなさい。

　　ア．=IF(OR(D5>$J$3,E5>$J$3),"","大会新")
　　イ．=IF(OR(D5<$J$3,E5<$J$3),"大会新","")
　　ウ．=IF(OR(D5>$J$3,E5>$J$3),"大会新","")

問4．B17に設定する式として適切なものを選び，記号で答えなさい。

　　ア．=ROUNDDOWN(AVERAGEIFS($D$5:$D$12,$C$5:$C$12,B16),2)
　　イ．=ROUNDDOWN(AVERAGEIFS($E$5:$E$12,$B$5:$B$12,B15),2)
　　ウ．=ROUNDDOWN(AVERAGEIFS($E$5:$E$12,$C$5:$C$12,B16),2)

問5．B20に設定する式として適切なものを選び，記号で答えなさい。ただし，その式をB21～B22
にコピーする。

　　ア．=LARGE($E$5:$E$12,LEFT(A20,1))
　　イ．=SMALL($E$5:$E$12,1)
　　ウ．=SMALL($E$5:$E$12,LEFT(A20,1))

第4回　模擬問題(実技)　　制限時間：20分　解答 ➡ p.29

　あるコンビニエンスストアでは，ある日のカフェの販売報告書を作成することになった。作成条件にしたがって，シート名「コード表」とシート名「販売データ表」から，シート名「報告書」を作成しなさい。

作成条件

ワークシートは，試験開始前に提供されたものを使用する。

1．表およびグラフの体裁は，右ページを参考にして設定する。

　　⎛設 定 す る 書 式：罫線
　　⎝設定する数値の表示形式：3桁ごとのコンマ，%，小数の表示桁数⎞⎠

2．表の※印の部分は，式や関数などを利用して求める。

3．グラフの※印の部分は，表に入力された数値をもとに表示する。

4．「1．カフェ販売集計表」は，次のように作成する。

　(1)　「商品名」は，「商品CO」をもとに，シート名「コード表」を参照して表示する。

　(2)　「販売数」は，シート名「販売データ表」から「商品CO」ごとの件数を求める。

　(3)　「販売金額」は，シート名「販売データ表」から「商品CO」ごとに「金額」の合計を求める。

　(4)　「備考」は，「販売金額」が5,000以上の場合は A ，3,000以上の場合は B ，それ以外の場合は C を表示する。

5．複合グラフは，「1．カフェ販売集計表」から作成する。

　(1)　数値軸（縦軸）目盛は，最小値（0），最大値（8,000），および間隔（2,000）を設定する。

　(2)　第2数値軸（縦軸）目盛は，最小値（0），最大値（100），および間隔（20）を設定する。

　(3)　軸ラベルの方向を設定する。

　(4)　凡例の位置を設定する。

　(5)　データラベルを設定する。

6．「2．サイズ別販売集計表」は，次のように作成する。

　(1)　「販売数」は，シート名「販売データ表」から「サイズ」ごとの件数を求める。

　(2)　「販売金額」は，シート名「販売データ表」から「サイズ」ごとに「金額」の合計を求める。

　(3)　「割合」は，次の式で求める。ただし，%の小数第1位まで表示する。

　　　　「販売金額　÷　販売金額の合計」

商品コード表

商品CO	商品名	金額
HCR	ホットコーヒーR	100
HCL	ホットコーヒーL	150
ICR	アイスコーヒーR	100
ICL	アイスコーヒーL	180
IRR	アイスラテR	180
IRL	アイスラテL	250

（コード表）

販売データ表

販売CO	商品CO	温冷CO	サイズCO	金額
C001	ICL	I	L	180
C002	ICR	I	R	100
C003	ICR	I	R	100
〜	〜	〜	〜	〜
C198	HCL	H	L	150
C199	ICR	I	R	100
C200	HCR	H	R	100

（販売データ表）

カフェ販売報告書

1. カフェ販売集計表

商品CO	商品名	販売数	販売金額	備考
HCR	ホットコーヒーR	71	7,100	A
HCL	※	※	※	※
ICR	※	※	※	※
ICL	※	※	※	※
IRR	※	※	※	※
IRL	※	※	※	※

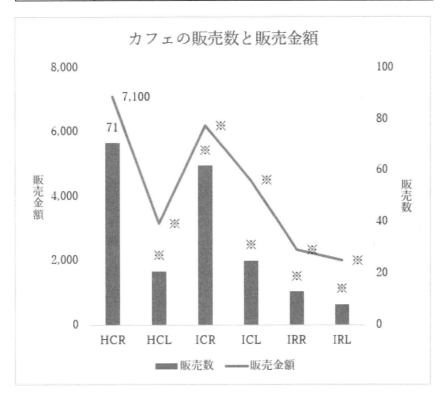

2. サイズ別販売集計表

サイズCO	サイズ名	販売数	販売金額	割合
R	レギュラー	※	15,640	※
L	ラージ	※	※	※

（報告書）

第5回　模擬問題（筆記）

制限時間：30分　解答 ➡ p.30

【1】　次の説明文に最も適した答えを解答群から選び，記号で答えなさい。

1．圧縮によって画像が劣化しない，インターネット上で利用するために作られたフルカラー画像圧縮ファイル形式。

2．米国規格協会の略で，アメリカの工業製品に関する規格を制定する団体。

3．コンピュータシステム導入から運用・保守・管理していくためにかかる費用の総額。

4．音声の強弱などのように連続的に変化する信号を利用する回線。

5．ソースコードが公開されており，改良や再配布などを誰でも自由に行うことができるソフトウェア。

```
―解答群―――――――――――――――――――――――――――――
ア．イニシャルコスト    イ．SSID      ウ．デジタル回線    エ．PNG

オ．IEEE            カ．TCO       キ．ANSI        ク．アナログ回線

ケ．GIF             コ．OSS
```

【2】　次のA群の語句に最も関係の深い説明文をB群から選び，記号で答えなさい。

＜A群＞　1．JIS　　　　2．ASCIIコード　　　3．MP3
　　　　　4．フルコントロール　　5．産業財産権

＜B群＞
　　ア．プログラムやデータをコピーして別の記録メディアに保存すること。

　　イ．読み取りや書き込みなど，すべてのアクセス許可が与えられた権限。

　　ウ．電子楽器を制御するための規格。

　　エ．産業にかかわる発明や考案を保護する権利のこと。

　　オ．小説，音楽，美術，映画などの創作物を保護する権利。

　　カ．OSやコンピュータの種類に依存されない，文字データで構成された文書ファイル。

　　キ．日本産業規格の略で，日本国内における製品やサービスについての規格などを定めている。

　　ク．世界の主要な文字が収録されているコード。

　　ケ．CDと同程度の音質を保ったままデータ量を圧縮することができる音声圧縮方式。

　　コ．英数字の最も標準的な文字コード。

【3】　次の説明文に最も適した答えをア，イ，ウの中から選び，記号で答えなさい。

1．2進数の10101と101の積を表す10進数。

　　　ア．101　　　　　　　　**イ**．102　　　　　　　　**ウ**．105

2．手書きや印刷された文字を光学的に読み取る装置。

　　　ア．OSS　　　　　　　　**イ**．OMR　　　　　　　　**ウ**．OCR

3．一定の手順にしたがって容量を削減処理したファイルを元のサイズに戻すこと。

　　　ア．解凍　　　　　　　　**イ**．アーカイバ　　　　　　**ウ**．圧縮

4．カラー印刷で利用される原色で，シアン，マゼンタ，イエロー，ブラックのこと。

　　　ア．CMYK　　　　　　　**イ**．RGB　　　　　　　　**ウ**．ppi

5．次の結果表はA表をもとに，B表と集合演算し作成した表である。演算内容として適切なものを選び，記号で答えなさい。

A表

予約番号	宿泊プラン
P001	S
P002	L
P003	L
P004	S
P005	S
P006	A
P007	L

B表

予約番号	宿泊プラン
P001	S
P003	L
P006	A
P007	L

結果表

予約番号	宿泊プラン
P002	L
P004	S
P005	S

　　　ア．和　　　　　　　　**イ**．積　　　　　　　　**ウ**．差

【4】 あるテニススクールでは，レッスンの予約を次のようなリレーショナル型データベースを利用して管理している。次の各問いに答えなさい。

会場表

会場コード	会場名
K01	青山テニスコート
K02	晴海テニスヒルズ
K03	中央庭球場
K04	テニスの森

レッスン表

レッスンコード	レッスン名	料金	定員
C01	キッズ	1500	20
C02	リトル	2000	30
C03	ジュニア	2500	20
C04	平日初中級	3000	25
C05	ナイター初中級	3500	20
C06	シニア	2800	30
C07	プライベート	4500	20

コーチ表

コーチコード	コーチ名	コーチ歴
T01	平川 ○○	10
T02	大門 ○○	4
T03	錦織 ○○	3
T04	西島 ○○	7
T05	北村 ○○	4
T06	伊達 ○○	5

予約表

予約日	会場コード	レッスンコード	コーチコード	予約人数
10/07	K03	C02	T02	13
10/07	K04	C03	T04	17
10/07	K04	C04	T03	8
10/14	K01	C02	T06	12
10/14	K01	C06	T01	6
10/14	K03	C05	T03	10
10/14	K04	C01	T05	5
10/21	K01	C03	T04	9
10/21	K01	C06	T05	29
10/21	K02	C02	T02	13
10/21	K02	C04	T01	15
10/21	K04	C02	T03	14
10/24	K01	C02	T04	21
10/24	K01	C04	T01	10
10/24	K03	C04	T03	10
10/24	K03	C05	T06	4
10/24	K03	C06	T05	11
10/24	K04	C01	T02	7
10/31	K01	C02	T06	18
10/31	K02	C03	T03	20
10/31	K02	C04	T03	10
10/31	K03	C06	T04	26
10/31	K04	C03	T05	20
10/31	K04	C07	T02	10

問1．次の表は，レッスン表からレッスン名と定員のデータを取り出して作成したものである。このようなリレーショナル型データベースの操作として適切なものを選び，記号で答えなさい。

ア．結合
イ．選択
ウ．射影

レッスン名	定員
キッズ	20
リトル	30
ジュニア	20
平日初中級	25
ナイター初中級	20
シニア	30
プライベート	20

問2．次のSQL文によって抽出されるデータとして適切なものを選び，記号で答えなさい。

```
SELECT　レッスン名
　FROM　レッスン表
　WHERE　料金 < 2000
```

ア.

キッズ

イ.

キッズ
リトル

ウ.

リトル
ジュニア
平日初中級
ナイター初中級
シニア
プライベート

問3．次のSQL文によって抽出されるデータとして適切なものを選び，記号で答えなさい。

```
SELECT　会場コード
　FROM　予約表
　WHERE　レッスンコード = 'C03'　AND　コーチコード = 'T04'
```

ア.

K04
K01

イ.

K04
K01
K01
K03

ウ.

K04
K01
K01
K02
K03
K04

問4．次のSQL文によって抽出されるデータとして適切なものを選び，記号で答えなさい。

```
SELECT　会場名, コーチ名
　FROM　会場表, コーチ表, 予約表
　WHERE　会場表.会場コード = 予約表.会場コード
　　AND　コーチ表.コーチコード = 予約表.コーチコード
　　AND　コーチ歴 >= 5　AND　予約人数 < 15
```

ア.

青山テニスコート	平川　〇〇
青山テニスコート	西島　〇〇
青山テニスコート	平川　〇〇

イ.

青山テニスコート	伊達　〇〇
青山テニスコート	平川　〇〇
青山テニスコート	西島　〇〇
青山テニスコート	平川　〇〇
中央庭球場	伊達　〇〇

ウ.

青山テニスコート	伊達　〇〇
青山テニスコート	平川　〇〇
青山テニスコート	西島　〇〇
晴海テニスヒルズ	平川　〇〇
青山テニスコート	平川　〇〇
中央庭球場	伊達　〇〇

問5．次の表は，予約表から晴海テニスヒルズの予約人数の合計を求めるものである。次のSQL文の空欄にあてはまる適切なものを選び，記号で答えなさい。

```
SELECT　　　　　　　　　　(予約人数)　AS　予約人数の合計
　FROM　予約表
　WHERE　会場コード = 'K02'
```

予約人数の合計
58

ア. SUM　　　　　　　　　　　　**イ.** AVG　　　　　　　　**ウ.** COUNT

【5】　次の各問いに答えなさい。

問1．次の表は，「数値」の小数点未満を切り捨てて求める表である。B3に設定する式として適切なものを選び，記号で答えなさい。ただし，その式をB4～B7にコピーする。

	A	B
1		
2	数値	切り捨て
3	123.56	123
4	93.2	93
5	1078.946	1078
6	105.1	105
7	38.745	38

　　ア． =VALUE(LEFT(A3,SEARCH(".",A3)))

　　イ． =VALUE(LEFT(A3,SEARCH(".",A3)+1))

　　ウ． =VALUE(LEFT(A3,SEARCH(".",A3)-1))

問2．次の表は，ある体育館の月別利用者を集計した表である。「利用者数累計」は，4行目から当該行までの「利用者数」の累計を表示する。C4に設定する式として適切なものを選び，記号で答えなさい。ただし，この式をC15までコピーする。

	A	B	C	D
1				
2	利用者数集計表			
3	月	利用者数	利用者数累計	備考
4	4月	456	456	
5	5月	567	1,023	
6	6月	389	1,412	
7	7月	580	1,992	
8	8月	754	2,746	最多
9	9月	341	3,087	
10	10月	386	3,473	
11	11月	292	3,765	
12	12月	673	4,438	
13	1月	410	4,848	
14	2月	353	5,201	
15	3月	295	5,496	

　　ア． =SUM(B4:B4)

　　イ． =SUM($B$4:B4)

　　ウ． =SUM($B$4:$B$4)

問3．次の表は，あるクラスのマラソン大会の記録表である。E列の「記録」は，B列の「記録」の中から最も結果の良かった順に3名の記録を求める。E5に設定する次の式の空欄にあてはまる適切なものを選び，記号で答えなさい。ただし，その式をE6～E7にコピーする。

	A	B	C	D	E
1					
2	マラソン大会記録表			上位3名の記録	
3		単位：分			
4	選手番号	記録		順位	記録
5	101	21.07		1	17.12
6	102	33.56		2	18.11
7	103	35.46		3	20.47
8	104	27.33			
9	105	17.12			
10	106	24.49			
11	107	36.51			
～	～	～			
42	138	20.47			
43	139	33.17			
44	140	31.57			

　　=〔　　　　　　　　　〕($B$5:$B$44,D5)

　　ア． MATCH

　　イ． MIN

　　ウ． SMALL

問4．次の表は，市民ホールの予約状況を集計したものである。次の(1)，(2)に答えなさい。

	A	B	C	D	E	F	G	H	I	J
1										
2	予約状況表（5月）						利用料金表			
3	日	団体名	地域区分	ホール種別	利用料金		地域区分	ホール種別		
4	3	○○高校吹奏楽	2	1	60,000			1	2	3
5	3	○○コーラス	1	2	75,000		1	50,000	75,000	100,000
6	4	○○市民の集い	1	3	100,000		2	60,000	90,000	120,000
7	4	○○市民の集い	1	3	100,000					
8	5	○○フェスタ	1	3	100,000		ホール別料金集計表			
9	5	こども○○	1	2	75,000		ホール種別	料金		
10	11	○○音楽会	2	3	120,000		1	170,000		
11	12	○○コンクール	2	3	120,000		2	150,000		
12	18	○○合唱団	1	1	50,000		3	540,000		
13	25	○○高校吹奏楽	2	1	60,000					

(1)　「予約状況表（5月）」の「利用料金」は，「地域区分」と「ホール種別」をもとに，「利用料金表」を参照して表示する。E4に設定する式として適切なものを選び，記号で答えなさい。

ア． =VLOOKUP(C4,$G$5:$J$6,D4+1,FALSE)

イ． =HLOOKUP(D4,$H$4:$J$6,C4,FALSE)

ウ． =INDEX($H$5:$J$6,D4,C4)

(2)　「ホール別料金集計表」の「料金」は，「ホール種別」ごとに「利用料金」の合計を求める。H10に設定する式として適切なものを選び，記号で答えなさい。ただし，その式をH11～H12にコピーする。

ア． =AVERAGEIFS($E$4:$E$13,$D$4:$D$13,G10)

イ． =SUMIFS($E$4:$E$13,$D$4:$D$13,G10)

ウ． =COUNTIFS($E$4:$E$13,$D$4:$D$13,G10)

【6】　次の表は，ある水泳大会の記録表である。作成条件にしたがって，各問いに答えなさい。

	A	B	C	D	E	F	G	H
1								
2				水泳大会記録表				
3								単位：秒
4	選手番号	クラス名	バタフライ	背泳ぎ	平泳ぎ	自由形	TOTAL	順位
5	A1	A	36.87	36.87	38.63	32.55	144.92	10
6	A2	A	37.01	37.01	34.98	31.15	140.15	8
7	B1	B	34.64	34.64	34.27	27.81	131.36	1
8	B2	B	33.71	33.71	40.01	28.89	136.32	5
9	C1	C	34.99	34.99	35.88	30.24	136.10	4
10	C2	C	35.17	35.17	38.21	26.99	135.54	3
11	D1	D	33.55	33.55	38.09	30.01	135.20	2
12	D2	D	37.22	37.22	34.16	31.23	139.83	7
13	E1	E	37.04	37.04	40.11	27.01	141.20	9
14	E2	E	35.62	35.62	36.72	29.44	137.40	6
15								
16	クラス別集計表							
17	クラス名	A	B	C	D	E		
18	得点	※	※	※	※	※		
19	順位	※	※	※	※	※		
20	判定	※	※	※	※	※		

(注)　※印は，値の表記を省略している。

作成条件

1．「水泳大会記録表」は，次のように作成する。

(1)　「クラス名」は，「選手番号」の左から1文字を抽出して求める。

(2)　「TOTAL」は，C列～F列の合計を求める。

(3)　「順位」は，「TOTAL」を基準として記録の良い順に順位をつける。

2．「クラス別集計表」は，次のように作成する。

(1)　「得点」は，クラスごとに「順位」の合計を求める。

(2)　「順位」は，「得点」を基準として昇順に順位をつける。

(3)　「判定」は，「順位」が最も良いクラスは 優勝 と表示し，2番目に良いクラスは 準優勝 と
表示し，それ以外のクラスは何も表示しない。

問1．B5に設定する式として適切なものを選び，記号で答えなさい。

    ア．=LEFT(A5,1)

    イ．=RIGHT(A5,1)

    ウ．=VALUE(RIGHT(A5,1))

問2．H5に設定する式として適切なものを選び，記号で答えなさい。

    ア．=RANK(G5,$G$5:$G$14,0)

    イ．=RANK(G5,$G$5:$G$14,1)

    ウ．=RANK($G$5,G5:G14,1)

問3．B18に設定する次の式の空欄(a)，(b)にあてはまる組み合わせとして適切なものを選び，記号で答えなさい。

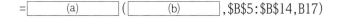

= [(a)] ([(b)] ,$B$5:$B$14,B17)

    ア．COUNTIFS

    イ．SUMIFS

    ウ．$G$5:$G$14

    エ．$H$5:$H$14

問4．B20に設定する式として適切なものを選び，記号で答えなさい。ただし，B20の式をC20～F20までコピーする。

    ア．=IF(B19=LARGE(B19:F19,1),"優勝",IF(B19=LARGE(B19:F19,2),"準優勝",""))

    イ．=IF(B19=SMALL(B19:F19,1),"優勝",IF(B19=SMALL(B19:F19,2),"準優勝",""))

    ウ．=IF(B19=SMALL($B$19:$F$19,1),"優勝",IF(B19=SMALL($B$19:$F$19,2),"準優勝",""))

問5．「判定」に 優勝 と表示されるセル番地を答えなさい。

第5回　模擬問題（実技）　　制限時間：20分　解答 ➡ p.32

　ある旅行チケットセンターでは，予約表から予約状況報告書を作成することになった。作成条件にしたがって，シート名「コード表」とシート名「予約表」から，シート名「報告書」を作成しなさい。

作成条件

ワークシートは，試験開始前に提供されたものを使用する。

1．表およびグラフの体裁は，右ページを参考にして設定する。

$$\left(\begin{array}{l} 設\ 定\ す\ る\ 書\ 式：罫線 \\ 設定する数値の表示形式：3桁ごとのコンマ \end{array} \right)$$

2．表の※印の部分は，式や関数などを利用して求める。

3．グラフの※印の部分は，表に入力された値をもとに表示する。

4．「1．予約回数集計表」は，次のように作成する。

　(1)　「回数」は，シート名「予約表」から「料金名」ごとに件数を求める。

　(2)　「合計」は，C～E列の合計を求める。

　(3)　「備考」は，「回数」が最大値の場合は ★，それ以外の場合は何も表示しない。

5．「2．料金集計表」は，次のように作成する。

　(1)　「料金合計」は，シート名「予約表」から「到着地」ごとに「料金計」の合計を求める。

　(2)　「合計」は，C～F列の合計を求める。

　(3)　「順位」は，「料金合計」を基準として，降順に順位を付ける。

6．「3．予約人数集計表」は，次のように作成する。

　(1)　「大人」と「小人」は，シート名「予約表」から「到着地」ごとに，「大人」と「小人」の区分別に人数の合計を求める。

　(2)　「合計」は，C～F列の合計を求める。

　(3)　18行目の「合計」は，16～17行目の合計を求める。

7．積み上げ縦棒グラフは，「3．予約人数集計表」から作成する。

　(1)　グラフの数値軸目盛は，最小値（0），最大値（30）および間隔（10）を設定する。

　(2)　軸ラベルの方向を設定する。

　(3)　凡例の位置を設定する。

　(4)　データラベルを設定する。

	A	B	C	D	E
1					
2	料金表				
3	到着地コード	料金コード	1	2	3
4		到着地／料金名	一般料金	Web料金	会員料金
5	1	札幌	¥25,000	¥21,000	¥17,000
6	2	大阪	¥18,000	¥16,000	¥14,000
7	3	福岡	¥30,000	¥27,000	¥23,000
8	4	沖縄	¥32,000	¥28,000	¥24,000

(コード表)

	A	B	C	D	E	F	G	H	I
1									
2	予約表								
3	予約No	到着地コード	到着地	料金コード	料金名	料金	大人	小人	料金計
4	Y001	3	福岡	2	Web料金	27,000	2	2	81,000
5	Y002	4	沖縄	3	会員料金	24,000	1	2	48,000
6	Y003	4	沖縄	1	一般料金	32,000	3	0	96,000
〜	〜	〜	〜	〜	〜	〜	〜	〜	〜
22	Y019	1	札幌	3	会員料金	17,000	2	1	42,500
23	Y020	4	沖縄	3	会員料金	24,000	3	0	72,000

(予約表)

	A	B	C	D	E	F	G
1							
2			予約状況報告書				
3							
4	1．予約回数集計表						
5		料金名	一般料金	Web料金	会員料金	合計	
6		回数	5	※	※	※	
7		備考		※	※		
8							
9	2．料金集計表						
10		到着地	札幌	大阪	福岡	沖縄	合計
11		料金合計	336,500	※	※	※	※
12		順位	2	※	※	※	
13							
14	3．予約人数集計表						
15		区分	札幌	大阪	福岡	沖縄	合計
16		大人	14	※	※	※	※
17		小人	5	※	※	※	※
18		合計	19	※	※	※	※

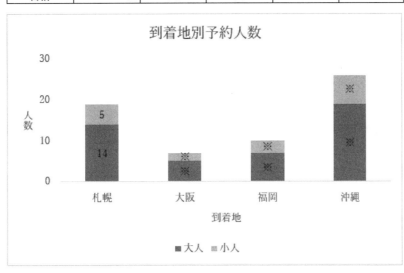

(報告書)

第6回　模擬問題（筆記）

制限時間：30分　解答 ➡ p.33

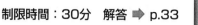

【1】　次の説明文に最も適した答えを解答群から選び，記号で答えなさい。

1．磁気ディスク装置で，アクセスアームを動かすことなく読み書きできる円筒状に並んだトラックの集まり。

2．サービスを提供するコンピュータと利用するコンピュータで構成されているネットワーク形態。

3．文字や画像を構成する小さな点。

4．データを送受信する際に，データを一定のサイズに分割したもの。

5．芸術作品と同じように，プログラムやデータの創作者にも認められた，本人などが独占的にその作品を利用できる権利。

```
┌─ 解答群 ─────────────────────────────────────────────┐
│  ア．ドット        イ．産業財産権    ウ．クライアントサーバシステム    エ．著作権  │
│  オ．ピアツーピア    カ．シリンダ      キ．セクタ                ク．dpi   │
│  ケ．肖像権        コ．パケット                                      │
└─────────────────────────────────────────────────────┘
```

【2】　次のA群の語句に最も関係の深い説明文をB群から選び，記号で答えなさい。

＜A群＞　1．バックアップ　　　2．フリーウェア　　　3．MIDI
　　　　　4．OSS　　　　　　　5．ファイアウォール

＜B群＞

ア．電子楽器を制御するための規格で，音楽情報を保存したファイル形式。

イ．組織内のコンピュータネットワークに対する外部からの不正な侵入を防ぐシステム。

ウ．CD並みの高音質で音声データを圧縮するファイル形式。

エ．プログラムの不具合や設計上のミスで発生するセキュリティ上の欠陥。

オ．複数台へのインストールや複数ユーザの同時使用の許諾など，1つの契約で複数の使用許諾を認めるソフトウェアの契約形態。

カ．一時的な試用は無償であるが，継続して使用する際には料金を支払う必要があるソフトウェア。多くはインターネット上に公開されている。

キ．重要なプログラムやデータをコピーして，他の記憶メディアに保存すること。

ク．企業などの組織内のコンピュータネットワークを活用し，情報の共有やスケジュール管理などを行うソフトウェア。

ケ．ソースコードが公開され，無償で利用や修正などが認められているソフトウェア。

コ．著作権は放棄されていないが，無償で利用できるソフトウェア。

【3】　次の説明文に最も適した答えをア，イ，ウの中から選び，記号で答えなさい。

1．2進数の11011と10進数の13の和を表す2進数。

　　　ア．101000　　　　　　　**イ**．110000　　　　　　　**ウ**．111000

2．無線でネットワークに接続する技術。

　　　ア．TCO　　　　　　　　**イ**．CSV　　　　　　　　**ウ**．Wi-Fi

3．画質は低下するが圧縮率が高い，フルカラー静止画像データのファイル形式。

　　　ア．GIF　　　　　　　　**イ**．JPEG　　　　　　　**ウ**．BMP

4．画像サイズが横800×縦600ドットで256色を表現する画像の容量。

　　　ア．約0.48Mバイト　　　**イ**．約3.84Mバイト　　　**ウ**．約122Mバイト

5．次の結果表はA表とB表を集合演算し作成した表である。演算内容として適切なものを選び，記号で答えなさい。

A表

整理番号	患者コード	医師コード	医療費
72003	K1001	D104	620
73001	K1005	D104	750
73002	K1003	D101	1210
73003	K1006	D105	2540
74001	K1002	D102	750
74002	K1001	D101	620

B表

整理番号	患者コード	医師コード	医療費
73003	K1006	D105	2540
74001	K1002	D102	750
74002	K1001	D101	620
75001	K1005	D103	1510
76001	K1002	D102	750

結果表

整理番号	患者コード	医師コード	医療費
73003	K1006	D105	2540
74001	K1002	D102	750
74002	K1001	D101	620

　　　ア．和　　　　　　　　　**イ**．差　　　　　　　　　**ウ**．積

【4】 店頭販売と宅配サービスを行っているある釜飯屋では，1日の売上状況と宅配サービスの受付状況を，次のようなリレーショナル型データベースを利用し管理している。次の各問いに答えなさい。

商品表

商品番号	品名	価格
S01	とり釜飯	800
S02	山菜釜飯	700
S03	海鮮釜飯	900
S04	鰻釜飯	1200

宅配料金表

地区	料金
北地区	200
南地区	100
西地区	100
東地区	200

売上状況表

売上番号	時刻	商品番号
U001	6	S03
U002	6	S02
U003	7	S01
U004	7	S01
U005	7	S03
U006	7	S04
U007	7	S04
U008	8	S01
U009	8	S03
U010	8	S01
U011	8	S04
U012	8	S03
U013	9	S03
U014	9	S01
U015	9	S02

宅配受付表

受付番号	売上番号	地区
T01	U002	東地区
T02	U003	東地区
T03	U008	南地区
T04	U011	北地区
T05	U013	東地区
T06	U014	西地区

問1．商品表の商品番号のような項目を何というか。適切なものを選び，記号で答えなさい。

ア．複合キー **イ**．主キー **ウ**．外部キー

問2．次のSQL文によって抽出されるデータとして適切なものを選び，記号で答えなさい。

```
SELECT    品名
  FROM    商品表
  WHERE   価格 <= 900
```

ア.

| とり釜飯 |
| 山菜釜飯 |

イ.

| とり釜飯 |
| 山菜釜飯 |
| 海鮮釜飯 |

ウ.

| 鰻釜飯 |

問3．次のSQL文によって抽出されるデータとして適切なものを選び，記号で答えなさい。

```
SELECT    売上番号
  FROM    売上状況表
  WHERE   時刻 > 7   AND   商品番号 = 'S04'
```

ア.

| U006 |
| U007 |

イ.

| U006 |
| U007 |
| U011 |

ウ.

| U011 |

問4．次のSQL文によって抽出されるデータとして適切なものを選び，記号で答えなさい。

```
SELECT    受付番号, 地区
  FROM    宅配受付表, 宅配料金表
  WHERE   宅配受付表.地区 = 宅配料金表.地区
    AND   宅配料金表.料金 < 200
```

ア.

| U008 | 南地区 |
| U014 | 西地区 |

イ.

| T03 | 南地区 |
| T06 | 西地区 |

ウ.

T01	東地区
T02	東地区
T04	北地区
T05	東地区

問5．次のSQL文を実行したとき，表示される適切な数値を答えなさい。

```
SELECT    COUNT(*)   AS   件数
  FROM    売上状況表
  WHERE   商品番号 = 'S01'   AND   時刻 >= 8
```

件数
※

(注)　※印は，値の表記
を省略している。

【5】 次の各問いに答えなさい。

問1. 次の表は，ある会社の就職希望者選考試験結果
表である。D4は，合否を判定するために次の式が
設定されている。この式をD8までコピーしたとき，
「結果」に表示される 合格 の数を答えなさい。

	A	B	C	D
1				
2	就職希望者選考試験結果表			
3	受験番号	一般教養	面接	結果
4	1	75	B	※
5	2	80	A	※
6	3	85	B	※
7	4	60	C	※
8	5	82	A	※

(注) ※印は，値の表記を省略している。

=IF(AND(B4>=80,C4="A"),"合格","")

問2. 次の表は，ある青果店のりんごの注文表で
ある。C5の「1個あたりの単価」は，C3の「商
品番号」とC4の「注文数（個）」をもとに，
「商品価格表」を参照して表示する。C5に設
定する式として適切なものを選び，記号で答
えなさい。

	A	B	C	D	E
1					
2		注文表			
3		商品番号	101		
4		注文数（個）	15		
5		1個あたりの単価	¥285		
6		販売金額	¥4,275		
7					
8	商品価格表				
9	商品番号	商品名	1個あたりの単価		
10			10個以下	20個以下	30個以下
11	101	ふじ	¥300	¥285	¥270
12	102	むつ	¥250	¥240	¥230
13	103	つがる	¥250	¥240	¥230
14	104	紅玉	¥200	¥190	¥180
15	105	陽光	¥180	¥170	¥160
16	106	スターキング	¥220	¥210	¥200
17	107	アルプス乙女	¥200	¥190	¥180

ア. =VLOOKUP(C3,A11:E17,INT(C4/10),FALSE)

イ. =VLOOKUP(C3,A11:E17,INT(C4/10)+3,FALSE)

ウ. =VLOOKUP(C3,A11:E17,INT((C4-1)/10)+3,FALSE)

問3. 次の表は，情報処理競技大
会の結果表である。「合計」は，
5人の点数のうち上位3人の点
数の合計である。G4に設定す
る式として**不適切なもの**を選
び，記号で答えなさい。

	A	B	C	D	E	F	G
1							
2	情報処理競技大会結果表						
3	学校名	選手1	選手2	選手3	選手4	選手5	合計
4	A高校	95	69	82	72	84	261
5	B高校	82	77	78	78	84	244
6	C高校	90	81	83	63	74	254
7	D高校	65	55	73	80	70	223
8	E高校	78	88	81	79	75	248

ア. =SUM(B4:F4)-(SMALL(B4:F4,1)+SMALL(B4:F4,2))

イ. =SMALL(B4:F4,1)+SMALL(B4:F4,2)+SMALL(B4:F4,3)

ウ. =LARGE(B4:F4,1)+LARGE(B4:F4,2)+LARGE(B4:F4,3)

問４．次の表は，ある青果店の梨の売上日報である。次の(1)，(2)に答えなさい。

	A	B	C	D	E	F	G	H
1								
2		売上日報		日付	2020/8/28			
3				曜日	金曜日			
4								
5	販売表					集計表		
6	商品番号	商品名	サイズ	販売数			M	L
7	101	豊水	M	50		豊水	50	50
8	103	幸水	M	70		幸水	70	120
9	103	幸水	L	20		新水	40	30
10	102	新水	L	30				
11	101	豊水	L	50				
12	103	幸水	L	70				
13	102	新水	M	40				
14	103	幸水	L	30				

(1) E3の「曜日」は，E2に入力されているシリアル値から求める。E3に設定する式の空欄にあてはまる関数として適切なものを選び，記号で答えなさい。なお，「"aaaa"」は「○曜日」のように曜日を3文字で表す表示形式である。

=□□□□□(E2, "aaaa")

ア．TEXT　　　　　　**イ**．WEEKDAY　　　　　　**ウ**．TODAY

(2) 「集計表」は「商品名」，「サイズ」ごとに「販売数」の合計を求める。G7に設定する式として適切なものを選び，記号で答えなさい。ただし，その式をG7～H9までコピーする。

ア．=SUMIFS($D$7:$D$14,$B$7:$B$14,F$7,$C$7:$C$14,$G6)

イ．=SUMIFS($B$7:$B$14,$F7,$C$7:$C$14,G$6,$D$7:$D$14)

ウ．=SUMIFS($D$7:$D$14,$B$7:$B$14,$F7,$C$7:$C$14,G$6)

【6】 次の表は，宅配便の受付表である。作成条件にしたがって，各問いに答えなさい。

宅配便受付表

	A	B	C	D	E	F	G	H	I	J	K
1											
2						宅配便受付表					
3											
4	受付番号	地区	三辺の計	重量	クール有無	三辺サイズ	重量サイズ	適用サイズ	基本料金	クール料金	合計料金
5	1001	北海道	98	12	0	3	4	4	2,100	0	2,100
6	1002	本州	157	15	1	6	5	6	1,900	800	2,700
7	1003	九州	75	8	0	2	3	3	1,500	0	1,500
8	1004	本州	100	8	1	※	※	※	※	※	①
9	1005	沖縄	87	6	1	3	3	3	1,700	300	2,000
10	1006	四国	128	19	1	5	5	5	1,800	600	2,400
11	1007	北海道	65	1	0	2	1	2	1,700	0	1,700
12	1008	九州	139	3	1	5	2	5	1,900	600	2,500
13	1009	本州	141	23	0	6	6	6	1,900	0	1,900
14	1010	沖縄	77	10	1	2	4	4	1,900	600	2,500

サイズ表

	三辺の計	重量	サイズ
17	三辺の計	重量	サイズ
18	0	0	1
19	60	2	2
20	80	5	3
21	100	10	4
22	120	15	5
23	140	20	6
24	160	25	オーバー

基本料金と地区別料金集計表

サイズ	クール料金	地区				
		北海道	本州	四国	九州	沖縄
1	200	1,500	900	1,000	1,100	1,300
2	300	1,700	1,100	1,200	1,300	1,500
3	300	1,900	1,300	1,400	1,500	1,700
4	600	2,100	1,500	1,600	1,700	1,900
5	600	2,300	1,700	1,800	1,900	2,100
6	800	2,500	1,900	2,000	2,100	2,300
地区別料金合計		3,800	6,700	2,400	4,000	4,500

（注）※印は，値の表記を省略している。

作成条件

1．「宅配便受付表」は，次のように作成する。

 (1) 「三辺サイズ」は，「三辺の計」をもとに，「サイズ表」を参照して表示する。

 (2) 「重量サイズ」は，「重量」をもとに，「サイズ表」を参照して表示する。

 (3) 「適用サイズ」は，「三辺サイズ」と「重量サイズ」を比較し，大きい方の値を求める。

 (4) 「基本料金」は，「地区」と「適用サイズ」をもとに，「基本料金と地区別料金集計表」を参照して表示する。

 (5) 「クール料金」は，「クール有無」が0の場合は 0 と表示し，1の場合は「適用サイズ」をもとに，「基本料金と地区別料金集計表」を参照して求める。

 (6) 「合計料金」は，「基本料金」と「クール料金」の合計を求める。

2．「基本料金と地区別料金集計表」の「地区別料金合計」は，地区ごとに「合計料金」の合計を求める。

問１．G5に設定する次の式の空欄(a), (b), (c)にあてはまる適切なものを選び，記号で答えなさい。

=VLOOKUP(D5,⬜(a)⬜,⬜(b)⬜,⬜(c)⬜)

ア．$A$18:$C$24

イ．$B$18:$C$24

ウ．2

エ．3

オ．TRUE

カ．FALSE

問２．I5に設定する式として適切なものを選び，記号で答えなさい。

ア．=INDEX($G$19:$K$24,MATCH(B5,$G$18:$K$18,0),H5)

イ．=HLOOKUP(B5,$G$18:$K$24,H5,FALSE)

ウ．=VLOOKUP(H5,$E$19:$K$24,MATCH(B5,$G$18:$K$18,0)+2,FALSE)

問３．J5に設定する式として適切なものを選び，記号で答えなさい。

ア．=IF(E5=0,VLOOKUP(H5,$E$19:$F$24,2,FALSE),0)

イ．=IF(E5=0,0,VLOOKUP(H5,$E$19:$F$24,2,FALSE))

ウ．=IF(E5=1,0,VLOOKUP(H5,$E$19:$F$24,2,FALSE))

問４．G25に設定する式として適切なものを選び，記号で答えなさい。ただし，G25の式をH25～K25までコピーする。

ア．=SUMIFS($K$5:$K$14,$B$5:$B$14,G18)

イ．=SUMIFS($K$5:$K$14,$B$5:$B$14,$G$18)

ウ．=SUMIFS(K5:K14,B5:B14,G18)

問５．K8の①に表示される値を答えなさい。

第6回　模擬問題（実技） 　制限時間：20分　解答 ➡ p.35

　あるテーマパークでは，前期の入場者データから売上報告書を作成することになった。作成条件にしたがって，シート名「コード表」とシート名「売上表」から，シート名「報告書」を作成しなさい。

作成条件

ワークシートは，試験開始前に提供されたものを使用する。

1．表およびグラフの体裁は，右ページを参考にして設定する。
　（設定する書式：罫線
　　設定する数値の表示形式：3桁ごとのコンマ，％，小数の表示桁数）
2．表の※印の部分は，式や関数などを利用して求める。
3．グラフの※印の部分は，表に入力された値をもとに表示する。
4．「1．月別入場者数集計表」は，次のように作成する。
　(1)　「入場者数」は，シート名「売上表」から月ごとに「入場者数」の合計を求める。
　(2)　「順位」は，「入場者数」を基準として，降順に順位を付ける。
　(3)　「備考」は，「入場者数」が最大の場合は ◎ を表示し，最小の場合は △ を表示し，それ以外の場合は何も表示しない。
　(4)　「合計」は，6～11行目の合計を求める。
　(5)　「最大」は，6～11行目の最大値を求める。
　(6)　「最小」は，6～11行目の最小値を求める。
5．「2．区分別入場料金集計表」は，次のように作成する。
　(1)　「入場者数」は，シート名「売上表」から「区分」ごとに「入場者数」の合計を求める。
　(2)　「入場料金」は，**「入場者数　×　料金」** の式で求める。なお，料金は，「区分」をもとに，シート名「コード表」を参照して求める。
　(3)　「合計」は，18～20行目の合計を求める。
　(4)　「割合」は，「入場料金」の合計に対する「区分」ごとに「入場料金」の割合を求める。ただし，小数第3位未満を四捨五入し，％表示で小数第1位まで表示する。
6．複合グラフは，「2．区分別入場料金集計表」から作成する。
　(1)　数値軸（縦軸）目盛は，最小値（0），最大値（200,000）および間隔（50,000）を設定する。
　(2)　第2数値軸（縦軸）目盛は，最小値（0），最大値（1,000,000,000）および間隔（200,000,000）を設定する。
　(3)　軸ラベルの方向を設定する。
　(4)　凡例の位置を設定する。
　(5)　データラベルを設定する。

	A	B	C
1			
2	料金表		
3	区分コード	区分	料金
4	AD	大人	3,500
5	ST	中高生	3,200
6	CH	小人	2,500

（コード表）

	A	B	C	D	E
1					
2	売上表				
3	月	区分コード	区分	ゲート名	入場者数
4	1月	AD	大人	東	11,008
5	1月	ST	中高生	東	9,470
6	1月	CH	小人	東	10,062
∫	∫	∫	∫	∫	∫
73	6月	AD	大人	北	4,314
74	6月	ST	中高生	北	4,521
75	6月	CH	小人	北	4,800

（売上表）

	A	B	C	D	E	F
1						
2			売上報告書（前期）			
3						
4	1．月別入場者数集計表					
5		月	入場者数	順位	備考	
6		1月	92,487	2		
7		2月	※	※	※	
8		3月	※	※	※	
9		4月	※	※	※	
10		5月	※	※	※	
11		6月	※	※	※	
12		合計	※			
13		最大	※			
14		最小	※			
15						
16	2．区分別入場料金集計表					
17		区分	入場者数	入場料金	割合	
18		大人	188,558	659,953,000	39.9%	
19		中高生	※	※	※	
20		小人	※	※	※	
21		合計	※	※	※	

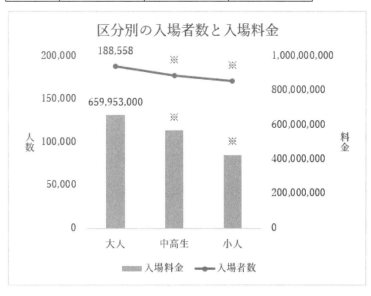

（報告書）

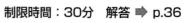

| | 第7回 **模擬問題（筆記）** | 制限時間：30分　解答 ➡ p.36 |

【1】　次の説明文に最も適した答えを解答群から選び，記号で答えなさい。

1．コンピュータシステム導入時にかかる初期費用。

2．サーバを置かないネットワーク形態。

3．アクセスポイントを識別するために付けられる名前。

4．社内で共同作業をする上での情報の共有化を図るソフトウェア。

5．電気・電子分野の世界最大の電気電子学会のこと。

解答群

ア． シェアウェア　　**イ．** OSS　　　　　**ウ．** ピアツーピア　**エ．** IEEE

オ． SSID　　　　　**カ．** ランニングコスト　**キ．** ANSI　　　　**ク．** イニシャルコスト

ケ． グループウェア　**コ．** JIS

【2】　次のA群の語句に最も関係の深い説明文をB群から選び，記号で答えなさい。

＜A群＞　1．トラック　　　　2．CSV　　　　　　　3．アーカイバ
　　　　　4．シングルサインオン　5．多段階認証

＜B群＞

ア． データの内容を保ったままファイルの容量を小さくしたものを，元の状態に戻すこと。

イ． 同一のIDとパスワードを一度入力するだけで，複数のシステムに接続できるしくみ。

ウ． ソースコードが公開されており，改良や再配布などを自由に行うことができるソフトウェア。

エ． 磁気ディスクなどの記録面にある同心円状の記憶場所。

オ． データをコンマで区切って記憶する方式。

カ． 磁気ディスク上にデータを記録する際の最小単位。

キ． 大切なデータを，他の記憶媒体に保存しておくこと。

ク． パスワードと秘密の質問というように同じ種類の情報を複数回要求する認証方法。

ケ． ネットバンキングなどで認証するために使用されている使い捨てのパスワード。

コ． 複数のファイルを一つのファイルにまとめたり，まとめたファイルから元のファイルを取り出したりするためのソフトウェア。

【3】　次の説明文に最も適した答えをア，イ，ウの中から選び，記号で答えなさい。

1．2進数の1010と111の積を表す10進数。

　　　ア．60　　　　　　　　　**イ**．70　　　　　　　　**ウ**．77

2．コンピュータの機種やOSに依存されない，文字データで構成された文書ファイル。

　　　　ア．バイナリファイル　　**イ**．アーカイバ　　　　　　**ウ**．テキストファイル

3．フルカラーの静止画を，画質を落とさずに圧縮して記録するファイル形式。

　　　ア．PNG　　　　　　　　**イ**．MPEG　　　　　　　**ウ**．MP3

4．個人情報を扱う事業者を対象に，本人の意図しない個人情報の不正な流用や流出などがないように定めている法律。

　　　　ア．著作権法　　　　　　**イ**．不正アクセス禁止法　　**ウ**．個人情報保護法

5．次の表はA表とB表に集合演算を行い，C表・D表・E表を作成したものである。C表・D表・E表の集合演算の組み合わせとして適切なものを選び，記号で答えなさい。

A表

利用番号	種別
P006	D
P007	B
P008	D
P009	B
P010	A

B表

利用番号	種別
P003	C
P007	B
P009	B

C表

利用番号	種別
P003	C
P006	D
P007	B
P008	D
P009	B
P010	A

D表

利用番号	種別
P007	B
P009	B

E表

利用番号	種別
P006	D
P008	D
P010	A

　　　ア．C表　和　　　D表　積　　　E表　差
　　　イ．C表　積　　　D表　差　　　E表　和
　　　ウ．C表　和　　　D表　差　　　E表　積

【4】　あるホテルでは，1日の宿泊予約状況とオプションツアーの受付状況を次のようなリレーショナル型データベースを利用し管理している。次の各問いに答えなさい。

宿泊料金表

宿泊プラン	プラン料金
S	22000
L	18000
A	12000
B	9000

ツアー受付表

受付番号	予約番号	ツアー番号
T001	P002	2
T002	P005	3
T003	P007	1
T004	P010	3
T005	P014	1

ツアー料金表

ツアー番号	ツアー料金
1	3500
2	5000
3	6000
4	7500

宿泊予約表

予約番号	人数	宿泊プラン
P001	2	S
P002	4	L
P003	2	L
P004	4	S
P005	2	S
P006	1	A
P007	3	L
P008	3	L
P009	2	A
P010	1	B
P011	4	L
P012	2	A
P013	3	S
P014	1	B
P015	3	L

問1．次の表は宿泊予約表から宿泊の人数のデータを取り出して作成されたものである。このようなリレーショナル型データベースの操作として適切なものを選び，記号で答えなさい。

予約番号	人数
P001	2
P002	4
〜	〜
P015	3

ア． 選択　　　　　　　　**イ．** 射影　　　　　　　　**ウ．** 結合

問2. 次のSQL文によって抽出されるデータとして適切なものを選び，記号で答えなさい。

    SELECT　宿泊プラン
    　FROM　宿泊料金表
    　WHERE　料金 < 18000

ア.
S

イ.
L
A
B

ウ.
A
B

問3. 次のSQL文によって抽出されるデータとして適切なものを選び，記号で答えなさい。

    SELECT　予約番号
    　FROM　宿泊予約表
    　WHERE　人数 >= 2　AND　宿泊プラン = 'A'

ア.
P006
P009
P012

イ.
P009
P012

ウ.
P001
P003
P005
P009
P012

問4. 次のSQL文によって抽出されるデータとして適切なものを選び，記号で答えなさい。

    SELECT　受付番号, ツアー料金
    　FROM　ツアー受付表, ツアー料金表
    　WHERE　ツアー受付表.ツアー番号 = ツアー料金表.ツアー番号
    　　AND　ツアー受付表.ツアー番号 = 1

ア.
T001	3500

イ.
T002	3500
T004	3500

ウ.
T003	3500
T005	3500

問5. 次のSQL文を実行したとき，表示される適切な数値を答えなさい。

    SELECT　SUM(人数)　AS　合計人数
    　FROM　宿泊予約表
    　WHERE　宿泊プラン = 'S'

合計人数
※

(注)　※印は，値の表記
を省略している。

【5】 次の各問いに答えなさい。

問1．次の表は，あるレストランの料金表および合計金額早見表である。C10の「通常」には，合計金額を求める式が設定されている。C10に設定する式として適切なものを選び，記号で答えなさい。ただし，この式をE18までコピーする。

ア．=A$10*C$4+B$10*C$5

イ．=$A10*C$4+$B10*C$5

ウ．=$A10*$C4+$B10*$C5

料金表

	通常	ランチ	深夜
Aセット	900	700	990
Bセット	1,100	900	1,210

合計金額早見表

注文数		合計金額		
Aセット	Bセット	通常	ランチ	深夜
1	1	2,000	1,600	2,200
1	2	3,100	2,500	3,410
1	3	4,200	3,400	4,620
2	1	2,900	2,300	3,190
2	2	4,000	3,200	4,400
2	3	5,100	4,100	5,610
3	1	3,800	3,000	4,180
3	2	4,900	3,900	5,390
3	3	6,000	4,800	6,600

問2．次の表は，クラス対抗リレー決勝の結果について示した表である。順位表は，「クラス対抗リレー決勝結果表」の「記録」が速い順に記録を表示する。F4に設定する式として適切なものを選び，記号で答えなさい。ただし，この式をF5～F10にコピーする。

ア．=MIN($C$4:$C$10)

イ．=SMALL($C$4:$C$10,E4)

ウ．=LARGE($C$4:$C$10,E4)

クラス対抗リレー決勝結果表

レーン	クラス	記録
1	1 A	50.23
2	1 C	49.38
3	2 B	51.36
4	2 C	48.85
5	2 F	47.25
6	3 A	46.74
7	3 C	46.35

順位表

順位	記録
1	46.35
2	46.74
3	47.25
4	48.85
5	49.38
6	50.23
7	51.36

問3．次の表は，ある回転ずし店の好きなメニューを投票した結果である。B6は，人気があるメニューを判定するために次の式が設定されている。この式をG6までコピーしたとき，「備考」に表示される ○ の数を答えなさい。

=IF(OR(B4>=50,B5>=50),"○","")

回転ずし人気メニュー投票結果

	まぐろ	いか	えび	たまご	うに	いくら
大人	52	24	18	3	50	53
こども	51	9	39	65	4	32
備考	※	※	※	※	※	※

(注)　※印は，値の表記を省略している。

問４．次の表は，情報処理検定試験の結果表である。D4の「結果」には，次の式が設定してあり，D5～D9までコピーしてある。次の(1)，(2)に答えなさい。

=IF(AND(B4>=70,C4>=70),"合格","")

	A	B	C	D
1				
2	情報処理検定試験結果表			
3	受験番号	筆記	実技	結果
4	201	82	70	合格
5	202	70	85	合格
6	203	95	64	
7	204	85	80	合格
8	205	68	70	
9	206	73	78	合格
10			合格	4
11			不合格	2

(1)　D10の「合格」は，「結果」が 合格 と表示されるセルの個数を求める。D10に設定する式として適切なものを選び，記号で答えなさい。

ア．=COUNTA(D4:D9)　　　　**イ．**=COUNT(D4:D9)　　　　**ウ．**=COUNTIFS(D4:D9,C10)

(2)　D11の「不合格」は，「結果」が 合格 と表示してないセルの個数を求める。D11に設定する式として適切なものを選び，記号で答えなさい。

ア．=COUNT(D4:D9)
イ．=COUNTIFS(D4:D9,"")
ウ．=SUMIFS(D4:D9,B4:B9,"<70",C4:C9,"<70")

【6】 次の表は，あるジャンプ競技大会の成績一覧表である。作成条件にしたがって，各問いに答えなさい。

	A	B	C	D	E	F	G	H	I	J
1										
2		ジャンプ競技大会成績一覧表								
3										
4	選手番号	高校名	A審判員	B審判員	C審判員	D審判員	E審判員	個人得点	個人順位	備考
5	1101	ロッシ高校	18.5	18.0	18.0	17.0	18.5	54.5	3	4
6	1201	エラン高校	17.5	17.0	16.5	16.5	17.5	51.0	5	2
7	1301	サロモ高校	17.0	17.0	16.5	16.5	16.0	50.0	6	0
8	1102	ロッシ高校	17.5	17.5	17.0	17.0	17.5	52.0	4	3
9	1202	エラン高校	16.5	17.5	16.5	16.0	17.0	50.0	6	1
10	1302	サロモ高校	15.0	15.5	16.5	15.5	16.0	47.0	9	0
11	1103	ロッシ高校	19.0	19.5	19.0	18.5	18.5	56.5	1	5
12	1203	エラン高校	16.5	16.0	17.0	17.0	16.5	50.0	6	0
13	1303	サロモ高校	18.5	18.5	18.0	19.0	19.5	56.0	2	5
14										
15	団体成績表									
16	高校番号	11	12	13						
17	高校名	ロッシ高校	エラン高校	サロモ高校						
18	団体得点	※	※	※						
19	団体順位	※	※	※						

(注) ※印は，値の表記を省略している。

作成条件

1．「ジャンプ競技大会成績一覧表」は，次のように作成する。

(1) 「高校名」は，「選手番号」の左端から2桁を抽出し，「団体成績表」を参照して表示する。

(2) 「個人得点」は，5人の審判員の点数の中で最高点と最低点を除いた3人の合計点を求める。

(3) 「個人順位」は，「個人得点」を基準として降順に順位をつける。

(4) 「備考」は，個人ごとに各審判員の得点が全選手の審判員の平均点より大きい件数を求める。

2．「団体成績表」は，次のように作成する。

(1) 「団体得点」は，高校ごとに「個人得点」の合計を求める。

(2) 「団体順位」は，「団体得点」を基準として降順に順位をつける。

問1．B5に設定する次の式の空欄(a), (b), (c)にあてはまる適切なものを選び，記号で答えなさい。

$$=\boxed{}(\text{VALUE}(\boxed{}(A5,2))),\$B\$16:\$D\$17,2,\boxed{})$$

- ア．HLOOKUP
- イ．VLOOKUP
- ウ．RIGHT
- エ．LEFT
- オ．FALSE
- カ．TRUE

問2．H5に設定する式として適切なものを選び，記号で答えなさい。

- ア．=MAX(C5:G5)-MIN(C5:G5)
- イ．=LARGE(C5:G5,1)+LARGE(C5:G5,2)+LARGE(C5:G5,3)
- ウ．=LARGE(C5:G5,2)+LARGE(C5:G5,3)+LARGE(C5:G5,4)

問3．J5に設定する式として適切なものを選び，記号で答えなさい。ただし，この式をJ6～J13に
コピーする。

- ア．=COUNTIFS(C5:G5,>AVERAGE($C$5:$G$13))
- イ．=COUNTIFS(C5:G5,">AVERAGE($C$5:$G$13)")
- ウ．=COUNTIFS(C5:G5,">"&AVERAGE($C$5:$G$13))

問4．B18に設定する式として適切なものを選び，記号で答えなさい。ただし，この式をC18～D18
にコピーする。

- ア．=SUMIFS(B17,$B$5:$B$13,$H$5:$H$13)
- イ．=SUMIFS($H$5:$H$13,$B$5:$B$13,B17)
- ウ．=SUMIFS($B$5:$B$13,B17,$H$5:$H$13)

問5．B19に表示される適切な数値を答えなさい。

第7回　模擬問題（実技）　　　制限時間：20分　解答 ➡ p.38

　ある楽器店では，1か月の売上報告書を作成することになった。作成条件にしたがって，シート名「コード表」とシート名「売上データ表」から，シート名「報告書」を作成しなさい。

作成条件

ワークシートは，試験開始前に提供されたものを使用する。

1．表およびグラフの体裁は，右ページを参考にして設定する。
　　設 定 す る 書 式：罫線
　　設定する数値の表示形式：3桁ごとのコンマ，小数の表示桁数
2．表の※印の部分は，式や関数などを利用して求める。
3．グラフの※印の部分は，表に入力された数値をもとに表示する。
4．「1．サックス売上集計表」は，次のように作成する。
　(1)　「楽器名」は，「商品CO」の左端から2文字を抽出し，シート名「コード表」を参照して表示する。
　(2)　「メーカー名」は，「商品CO」の右端から2文字を抽出し，シート名「コード表」を参照して表示する。
　(3)　「売上個数」は，シート名「売上データ表」から「商品CO」ごとの件数を求める。
　(4)　「売上金額」は，シート名「売上データ表」から「商品CO」ごとに「売価」の合計を求める。
　(5)　「備考」は，「売上個数」が最大値で，かつ「売上金額」が2,000,000以上の場合は ○ を表示し，それ以外の場合は何も表示しない。
　(6)　「合計」は，各列の合計を求める。
5．複合グラフは，「1．サックス売上集計表」から作成する。
　(1)　数値軸（縦軸）目盛は，最小値（0），最大値（20），および間隔（5）を設定する。
　(2)　第2数値軸（縦軸）目盛は，最小値（0），最大値（4,000,000），および間隔（1,000,000）を設定する。
　(3)　軸ラベルの方向を設定する。
　(4)　凡例の位置を設定する。
　(5)　データラベルを設定する。
6．「2．メーカー別売上集計表」は，次のように作成する。
　(1)　「売上個数」は，シート名「売上データ表」から「メーカー名」ごとの件数を求める。
　(2)　「売上金額」は，シート名「売上データ表」から「メーカー名」ごとに「売価」の合計を求める。
　(3)　「割合」は，次の式で求める。ただし，小数第1位まで表示する。
　　　　「売上金額　×　100　÷　売上金額の合計」

楽器表

	A	B
1		
2	楽器表	
3	楽器CO	楽器名
4	FL	フルート
5	CL	クラリネット
6	AS	アルトサックス
7	TS	テナーサックス
8	TP	トランペット
9	TB	トロンボーン
10		
11	メーカー表	
12	メーカーCO	メーカー名
13	BC	バック
14	SL	セルマ
15	CN	コーン

（コード表）

売上データ表

	A	B	C	D	E	F
1						
2	売上データ表					
3	伝票番号	商品CO	原価	売価	楽器名	メーカー名
4	101	AS-SL	302,400	432,000	アルトサックス	セルマ
5	102	TS-CN	263,000	375,700	テナーサックス	コーン
6	103	TS-CN	263,000	375,700	テナーサックス	コーン
	〜	〜	〜	〜	〜	〜
119	216	TP-SL	249,500	356,400	トランペット	セルマ
120	217	TB-CN	160,200	228,800	トロンボーン	コーン
121	218	FL-BC	46,200	66,000	フルート	バック
122	219	CL-SL	173,900	248,400	クラリネット	セルマ
123	220	CL-BC	96,600	138,000	クラリネット	バック

（売上データ表）

管楽器売上報告書

1．サックス売上集計表

	商品CO	楽器名	メーカー名	売上個数	売上金額	備考
6	AS-BC	アルトサックス	バック	7	1,680,000	
7	AS-CN	※	※	※	※	※
8	AS-SL	※	※	※	※	※
9	TS-BC	※	※	※	※	※
10	TS-CN	※	※	※	※	※
11	TS-SL	※	※	※	※	※
12			合計	※	※	

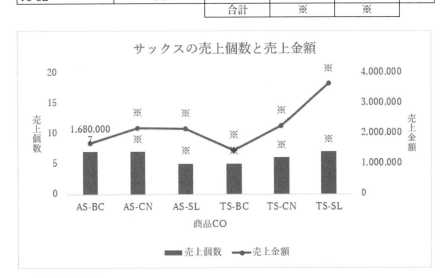

2．メーカー別売上集計表

メーカー名	売上個数	売上金額	割合（%）
バック	38	6,863,000	22.3
セルマ	※	※	※
コーン	※	※	※

（報告書）

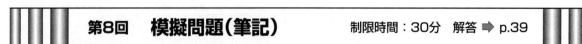

【1】　次の説明文に最も適した答えを解答群から選び，記号で答えなさい。

1．磁性体を塗った金属などの円盤を一定の間隔で何枚も重ね合わせた構造で，これを高速に回転させて磁気ヘッドを近づけてデータを読み書きする装置。

2．無償で利用できる期間が終了した後にも使用する場合は，著作者に規定の料金を支払うソフトウェア。

3．複数のファイルを1つのファイルとしてまとめて圧縮することができる，世界中でもっとも広く利用されるファイル圧縮形式。

4．アメリカの工業製品に関する規格を制定する団体。

5．組織内のコンピュータネットワークに対する外部からの不正な侵入を防ぐシステム。

```
─ 解答群 ─────────────────────────────────────────
 ア．ファイアウォール  イ．シェアウェア    ウ．JIS      エ．グループウェア
 オ．ANSI        カ．磁気ディスク装置  キ．フリーウェア   ク．GIF
 ケ．OMR        コ．ZIP
```

【2】　次のA群の語句に最も関係の深い説明文をB群から選び，記号で答えなさい。

＜A群＞　1．アクセスアーム　　　2．バイナリファイル　　　3．JPEG
　　　　　4．MP3　　　　　　　　5．ASCIIコード

＜B群＞
　ア．静止画像データのファイル形式。画質は低下するが圧縮率が高い。
　イ．文字データだけで構成されたファイル。
　ウ．高圧縮率で高音質なデータ圧縮技術により，音声・音楽データを記録するファイル形式。
　エ．磁気ディスク装置で，ディスク上の情報を読み書きする部分を所定の位置に移動させる部品。
　オ．静止画像を保存するための形式。基本的に無圧縮で画像を保存する。
　カ．半角の英数字，記号などの文字を7ビットで表現する米国規格協会が制定した文字コード。
　キ．動画を圧縮する技術。高画質でDVDビデオやデジタル衛星放送にも利用されている。
　ク．文字として読み出すことのできない2進数形式のファイル。
　ケ．JISによって規定されている日本語の文字コードの1つ。
　コ．コンピュータの不正アクセスを禁じたもの。

【3】　次の説明文に最も適した答えをア，イ，ウの中から選び，記号で答えなさい。

1．2進数の1001と10進数の7の積を表す2進数。

　　　　ア．111111　　　　　　**イ**．1000001　　　　　　**ウ**．1000111

2．コンピュータで画像を扱うときの，色情報を持つ最小単位。

　　　　ア．RGB　　　　　　　**イ**．ドット　　　　　　　**ウ**．ピクセル

3．コンピュータの利用者がキーボードの操作を記録するためのソフトウェア。個人情報やパスワードを盗み取られる危険性がある。

　　　　ア．キーロガー　　　　　**イ**．ランサムウェア　　　　**ウ**．ガンブラー

4．1ピクセルに16色を表現するために必要なビット数。

　　　　ア．4　　　　　　　　　**イ**．16　　　　　　　　　**ウ**．256

5．次の綱引き出場表と，玉入れ出場表の積集合をとった場合，結果表として適切なものを選び，記号で答えなさい。

綱引き出場表

出席番号	氏　名
A02	阿部　○○
A06	石井　○○
A11	伊藤　○○
A14	木村　○○
A16	佐藤　○○
A19	柴田　○○
A28	西村　○○
A29	橋本　○○
A30	本間　○○
A36	三浦　○○

玉入れ出場表

出席番号	氏　名
A02	阿部　○○
A11	伊藤　○○
A13	菊地　○○
A14	木村　○○
A15	小林　○○
A19	柴田　○○
A20	菅原　○○
A21	中山　○○
A27	成田　○○
A36	三浦　○○

ア．結果表

出席番号	氏　名
A02	阿部　○○
A11	伊藤　○○
A14	木村　○○
A19	柴田　○○
A36	三浦　○○

イ．結果表

出席番号	氏　名
A06	石井　○○
A16	佐藤　○○
A28	西村　○○
A29	橋本　○○
A30	本間　○○

ウ．結果表

出席番号	氏　名
A13	菊地　○○
A15	小林　○○
A20	菅原　○○
A21	中山　○○
A27	成田　○○

【4】 ある会社では，社員一人ひとりの1年間の休暇状況を次のようなリレーショナル型データベースを利用し管理している。次の各問いに答えなさい。

社員表

社員番号	社員名	課コード	年間有給休暇日数
1	吉野○○	S1	20
3	山田○○	K2	35
4	土井○○	S1	10
7	太田○○	E3	30
10	森　○○	K2	20
15	寺本○○	E3	15
18	高橋○○	S1	25
20	向後○○	E3	7

休暇表

社員番号	取得休暇日数
3	15
1	3
18	20
10	2
7	27
15	7

課表

課コード	所属課名
S1	総務課
K2	経理課
E3	営業課

問1. 次の表は社員表から課コードがS1のデータを取り出して作成されたものである。このようなリレーショナル型データベースの操作として適切なものを選び，記号で答えなさい。

社員番号	社員名	課コード	年間有給休暇日数
1	吉野○○	S1	20
4	土井○○	S1	10
18	高橋○○	S1	25

ア. 選択 　　　　**イ.** 射影 　　　　**ウ.** 結合

問2．次のSQL文によって抽出されるデータとして適切なものを選び，記号で答えなさい。

```
SELECT    社員名
  FROM    社員表
  WHERE   年間有給休暇日数 < 15
```

ア.
| 土井○○ |
| 寺本○○ |

イ.
| 土井○○ |
| 向後○○ |

ウ.
| 土井○○ |
| 寺本○○ |
| 向後○○ |

問3．次のSQL文によって抽出されるデータとして適切なものを選び，記号で答えなさい。

```
SELECT    社員名
  FROM    社員表
  WHERE   課コード <> 'S1'
    AND   年間有給休暇日数 > 20
```

ア.
| 山田○○ |
| 太田○○ |

イ.
| 山田○○ |
| 太田○○ |
| 高橋○○ |

ウ.
| 高橋○○ |

問4．次のSQL文によって抽出されるデータとして適切なものを選び，記号で答えなさい。

```
SELECT    社員名, 所属課名
  FROM    社員表, 休暇表, 課表
  WHERE   社員表.社員番号 = 休暇表.社員番号
    AND   社員表.課コード = 課表.課コード
    AND   年間有給休暇日数 - 取得休暇日数 <= 5
```

ア.
| 吉野○○ | 総務課 |
| 森　○○ | 経理課 |

イ.
| 土井○○ | 総務課 |
| 向後○○ | 営業課 |

ウ.
| 太田○○ | 営業課 |
| 高橋○○ | 総務課 |

問5．次のSQL文を実行したとき，表示される適切な数値を答えなさい。

```
SELECT    AVG(年間有給休暇日数)    AS    年間有給休暇日数の平均
  FROM    社員表
  WHERE   課コード = 'K2'
```

年間有給休暇日数の平均
※

(注)　※印は，値の表記を省略している。

【5】 次の各問いに答えなさい。

問1．次の表は，色が含まれる言葉を色別に集計する表である。D4に設定する次の式の空欄に当てはまる適切なものを選び，記号で答えなさい。ただし，この式をD6までコピーする。

	A	B	C	D
1				
2	色が含まれる言葉		色別集計表	
3	言葉		色	言葉数
4	営業赤字		赤	5
5	赤外線		青	3
6	塩化硫黄		黄	2
7	青少年赤十字			
8	青函連絡船			
9	赤城山			
10	黄河文明			
11	赤飯			
12	青色申告			

=COUNTIFS($A$4:$A$12, _____)

ア．"*"&C4&"*"

イ．"*C4*"

ウ．*C4*

問2．次の表は，ある店の利用明細票である。「利用番号」がKで始まる番号は会員であり，会員の場合は「ポイント数」を求め，それ以外の場合は0を表示する。なお，「ポイント数」は，「利用金額」が千円ごとに5ポイントとし，小数点以下は切り捨てる。B5に設定する式として適切なものを選び，記号で答えなさい。

	A	B
1		
2	利用明細票	
3	利用番号	K3089401
4	利用金額	¥39,800
5	ポイント数	195

ア．=IF(RIGHT(B3,1)="K",ROUNDDOWN(B4/1000,0)*5,0)

イ．=IF(LEFT(B3,1)="K",ROUNDDOWN(B4/1000*5,0),0)

ウ．=IF(LEFT(B3,1)="K",ROUNDDOWN(B4/1000,0)*5,0)

問3．次の表は，売上データ表から月ごとの売上高を検索するものである。B18には次の式が設定されている。B18に表示されるものとして適切なものを選び，記号で答えなさい。

	A	B	C
1			
2	売上データ表		
3	月	入場者数	売上高(円)
4	1	7,008	458,202
5	2	10,300	1,129,700
6	3	2,780	356,095
7	4	9,200	568,040
8	5	19,453	2,454,300
9	6	8,070	578,006
10	7	9,811	641,483
11	8	14,420	1,581,580
12	9	3,892	498,533
13	10	12,880	795,256
14	11	27,234	3,436,020
15	12	11,298	809,208
16			
17	売上高検索		
18	4	※	

(注) ※印は，値の表記を省略している。

=TEXT(VLOOKUP(A18,A4:C15,3,FALSE),"月の売上高は?,???,??0円")

ア．月の売上高は568,040円

イ．月の売上高は ,568,040円

ウ．月の売上高は 568,040円

問４．次の表は，ある会社の支店別の販売成績を示した表である。7行目の「評価」は，6行目の「目標達成率」をもとに，「評価表」を参照して表示する。B7に設定する式として適切なものを選び，記号で答えなさい。ただし，その式をC7〜D7にコピーする。

	A	B	C	D
1				
2	支店別の販売成績表			
3	支店名	韓国支店	台湾支店	中国支店
4	売上金額	23,006,000	8,045,000	10,098,900
5	売上目標	20,000,000	10,000,000	10,000,000
6	目標達成率	115.0%	80.5%	101.0%
7	評価	◎	▲	○
8				
9	評価表			
10	基準		評価	
11	0% 〜100%未満		▲	
12	100% 〜110%未満		○	
13	110% 〜		◎	

　　　ア． =VLOOKUP(B6,$A$11:$C$13,2,TRUE)

　　　イ． =VLOOKUP(B6,$A$11:$C$13,3,TRUE)

　　　ウ． =VLOOKUP(B6,$B$11:$C$13,2,TRUE)

問５．次の表は，ある販売店の会員名簿である。この表をもとに，ある条件を設定して抽出を行った。設定した条件として適切なものを選び，記号で答えなさい。

（抽出前）

	A	B	C	D	E
1					
2	会員名簿				
3	会員番号	氏名	性別	会員種別	受付店名
4	1001	鈴木 ○○	男	ゴールド	駅前店
5	1002	伊藤 ○○	女	シルバー	モール店
6	1003	小林 ○○	男	シルバー	駅前店
7	1004	吉田 ○○	男	シルバー	駅前店
8	1005	山田 ○○	男	シルバー	モール店
9	1006	平野 ○○	女	ゴールド	モール店
10	1007	森 ○○	男	ゴールド	モール店
11	1008	清水 ○○	男	シルバー	駅前店
12	1009	高木 ○○	男	ゴールド	駅前店
13	1010	土屋 ○○	女	ゴールド	モール店

（抽出後）

	A	B	C	D	E
1					
2	会員名簿				
3	会員番号	氏名	性別	会員種別	受付店名
4	1001	鈴木 ○○	男	ゴールド	駅前店
12	1009	高木 ○○	男	ゴールド	駅前店

　　　ア．「性別」が 男 で，かつ「会員種別」が ゴールド のデータを抽出する。

　　　イ．「性別」が 男 で，かつ「受付店名」が 駅前店 のデータを抽出する。

　　　ウ．「会員種別」が ゴールド で，かつ「受付店名」が 駅前店 のデータを抽出する。

【6】　次の表は，ある旅行会社のホテル予約受付表である。作成条件にしたがって，各問いに答えなさい。

	A	B	C	D	E	F	G	H	I
1									
2		ホテル予約受付表							
3									
4	予約番号	宿泊コード	ホテル名	部屋名	室料	部屋数	料金		
5	1001	H02TW	成田ホテル	ツイン	15,000	3	45,000		
6	1002	H03SW	京都ホテル	スイート	40,000	1	40,000		
7	1003	H01SG	東京ホテル	シングル	10,000	2	20,000		
8	1004	H02TW	成田ホテル	ツイン	15,000	2	30,000		
9	1005	H04TW	大阪ホテル	ツイン	15,000	4	60,000		
10	1006	H01TW	東京ホテル	ツイン	15,000	5	75,000		
11	1007	H04SG	大阪ホテル	シングル	10,000	5	50,000		
12	1008	H03TW	京都ホテル	ツイン	15,000	2	30,000		
13	1009	H02SW	成田ホテル	スイート	40,000	2	80,000		
14	1010	H04SG	大阪ホテル	シングル	10,000	3	30,000		
15									
16	ホテル集計表						部屋コード表		
17	ホテルコード	H01	H02	H03	H04		部屋コード	部屋名	室料
18	ホテル名	東京ホテル	成田ホテル	京都ホテル	大阪ホテル		SG	シングル	10,000
19	予約回数	2	3	2	3		TW	ツイン	15,000
20	部屋数計	7	7	3	12		SW	スイート	40,000
21	料金計	95,000	155,000	70,000	140,000				
22	備考		★		★				

作成条件

１．「ホテル予約受付表」は，次のように作成する。

(1)　「宿泊コード」は，左端から3文字がホテルコード，右端から2文字が部屋コードを示している。

(2)　「ホテル名」は，「宿泊コード」をもとに「ホテル集計表」を参照して表示する。

(3)　「部屋名」は，「宿泊コード」をもとに「部屋コード表」を参照して表示する。

(4)　「室料」は，「部屋名」をもとに「部屋コード表」を参照して表示する。

(5)　「料金」は，「室料」に「部屋数」を乗じて求める。

２．「ホテル集計表」は，次のように作成する。

(1)　「予約回数」は，ホテルごとに予約回数を求める。

(2)　「部屋数計」は，ホテルごとに「部屋数」の合計を求める。

(3)　「料金計」は，ホテルごとに「料金」の合計を求める。

(4)　「備考」は，ホテルごとに「部屋数計」が全ホテルの平均部屋数計より大きいか，「料金計」が全ホテルの平均料金計より大きい場合は ★ を表示し，そうでない場合は何も表示しない。

問1．C5に設定する式として適切なものを選び，記号で答えなさい。ただし，この式をC6～C14に
コピーする。

　　ア．=HLOOKUP(LEFT(B5,3),$B$17:$E$18,2,FALSE)
　　イ．=VLOOKUP(LEFT(B5,3),$B$17:$E$18,2,TRUE)
　　ウ．=VLOOKUP(LEFT(B5,3),$B$17:$E$18,2,FALSE)

問2．D5に設定する式として適切なものを選び，記号で答えなさい。ただし，この式をD6～D14に
コピーする。

　　ア．=HLOOKUP(RIGHT(B5,2),$G$18:$I$20,2,FALSE)
　　イ．=VLOOKUP(RIGHT(B5,2),$G$18:$I$20,2,FALSE)
　　ウ．=VLOOKUP(RIGHT($B$5,2),$G$18:$I$20,2,FALSE)

問3．B19に設定する式として適切なものを選び，記号で答えなさい。ただし，この式をC19～E19
にコピーする。

　　ア．=COUNTIFS($A$5:$A$14,$C$5:$C$14,B18)
　　イ．=COUNTIFS($B$5:$B$14,B17)
　　ウ．=COUNTIFS($C$5:$C$14,B18)

問4．B20に設定する次の式の空欄(a)，(b)，(c)にあてはまる適切なものを選び，記号で答えなさい。
ただし，この式をC19～E20にコピーする。

　　=SUMIFS(　　(a)　　,　　(b)　　,　　(c)　　)

　　ア．$C$5:$C$14
　　イ．$F$5:$F$14
　　ウ．B18
　　エ．$B$18

問5．B22に設定する式として適切なものを選び，記号で答えなさい。ただし，この式をC22～E22
にコピーする。

　　ア．=IF(AND(B20>AVERAGE($B$20:$E$20),B21>AVERAGE($B$21:$E$21)),"★","")
　　イ．=IF(AND(B20>AVERAGE($F$5:$F$14),B21>AVERAGE($G$5:$G$14)),"★","")
　　ウ．=IF(OR(B20>AVERAGE($B$20:$E$20),B21>AVERAGE($B$21:$E$21)),"★","")

第8回　模擬問題（実技）　　　制限時間：20分　解答 p.41

　ある農家では，昨年の出荷データから作付面積を増減させて，今年の出荷概算額計算書を作成することになった。作成条件にしたがって，シート名「コード表」とシート名「出荷表」とシート名「集計表」から，シート名「報告書」を作成しなさい。

作成条件

ワークシートは，試験開始前に提供されたものを使用する。

1．表およびグラフの体裁は，右ページを参考にして設定する。

　　┌─────────────────────────┐
　　　設 定 す る 書 式：罫線
　　　設定する数値の表示形式：3桁ごとのコンマ
　　└─────────────────────────┘

2．表の※印の部分は，式や関数などを利用して求める。

3．グラフの※印の部分は，表に入力された値をもとに表示する。

4．シート名「集計表」は集計作業用シートで，シート名「報告書」の作成に必要なデータを集計するために自由に利用する（必要がなければ利用しなくてもよい）。

5．「1．昨年の出荷量」は，次のように作成する。

　(1)　シート名「出荷表」の「出荷数」を野菜名・月別に合計する。

　(2)　シート名「集計表」から必要な部分をコピーして，値を貼り付ける。または，シート名「出荷表」から必要な値を集計する。

6．「2．昨年の平均単価」は，次のように作成する。

　(1)　シート名「出荷表」の「単価」を野菜名・月別に平均し整数で表示する。

　(2)　シート名「集計表」から必要な部分をコピーして，値を貼り付ける。または，シート名「出荷表」から必要な値を集計する。

7．「3．昨年の出荷概算額」は，次のように作成する。

　(1)　C19〜E21の「出荷概算額」は，**昨年の出荷量 × 昨年の平均単価** の式で求める。ただし，昨年の平均単価は円未満を切り捨てて求める。

　(2)　F列の「合計」は，C〜E列の合計を求める。

　(3)　22行目の「合計」は，19〜21行目の合計を求める。

8．「4．今年の予想出荷概算額」は，次のように作成する。

　(1)　C26〜E28の「予想出荷概算額」は，**昨年の出荷量 ×（1 + 増減率）× 昨年の平均単価** の式で求める。ただし，昨年の平均単価は円未満を切り捨てて求め，整数で表示する。

　(2)　F列の「合計」は，C〜E列の合計を求める。

　(3)　29行目の「合計」は，26〜28行目の合計を求める。

9．折れ線グラフは，「4．今年の予想出荷概算額」から作成する。

　(1)　グラフの数値軸目盛は，最小値（0），最大値（4,000,000）および間隔（1,000,000）を設定する。

　(2)　軸ラベルの方向，凡例の位置を設定する。

野菜表

野菜コード	野菜名	増減率
KR	きゅうり	-10%
NS	なす	20%
TM	トマト	-10%

（コード表）

昨年の出荷表

月	日	野菜コード	野菜名	出荷数	単価
6月	1日	KR	きゅうり	245	136
6月	1日	TM	トマト	240	282
6月	1日	NS	なす	110	275
≀	≀	≀	≀	≀	≀
8月	31日	TM	トマト	365	184
8月	31日	NS	なす	155	130

（出荷表）

合計 / 出荷数	列ラベル ▾			
行ラベル ▾	6月	7月	8月	総計
きゅうり	5730	※	※	※
なす	※	※	※	※
トマト	※	※	8610	※
総計	※	16555	※	※

平均 / 単価	列ラベル ▾			
行ラベル ▾	6月	7月	8月	総計
きゅうり	161	※	※	※
なす	※	※	※	※
トマト	※	※	200	※
総計	※	235	※	※

（集計表の利用例）

今年の出荷概算額計算書

1．昨年の出荷量

野菜名	6月	7月	8月	合計
きゅうり	5,730	※	※	※
なす	※	※	※	※
トマト	※	※	8,610	※
合計	※	16,555	※	※

2．昨年の平均単価

野菜名	6月	7月	8月
きゅうり	161	※	※
なす	※	※	※
トマト	※	※	200

3．昨年の出荷概算額

野菜名	6月	7月	8月	合計
きゅうり	916,800	※	※	※
なす	※	※	※	※
トマト	※	※	1,722,000	※
合計	※	3,782,215	※	※

4．今年の予想出荷概算額

野菜名	6月	7月	8月	合計
きゅうり	825,120	※	※	※
なす	※	※	※	※
トマト	※	※	1,549,800	※
合計	※	3,690,666	※	※

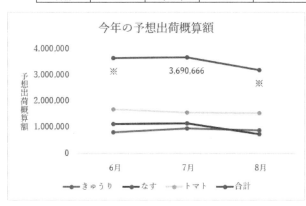

今年の予想出荷概算額

（報告書）

【1】 次の説明文に最も適した答えを解答群から選び，記号で答えなさい。

1．コンピュータシステムの運用または保守・管理に必要な費用。

2．ハードディスクなどにデータを記憶する際の最小単位。

3．アクセスポイントを識別するために付けられた名前。

4．データの送受信に際し，0と1の2種類の信号でやり取りを行う通信回線。

5．他人に見られたくないデータを，ある規則にしたがって一見無意味なデータに変換する処理。

> 解答群
>
> **ア**．デジタル回線 **イ**．トラック **ウ**．総保有コスト **エ**．SSID
>
> **オ**．復号 **カ**．セクタ **キ**．アナログ回線 **ク**．ランニングコスト
>
> **ケ**．暗号化 **コ**．Wi-Fi

【2】 次のA群の語句に最も関係の深い説明文をB群から選び，記号で答えなさい。

＜A群＞ 1．GIF 2．著作権法 3．ルートディレクトリ

4．アクセス許可 5．フリーウェア

＜B群＞

ア．48ビットの高画質を扱うことができる画像圧縮形式。

イ．256色まで扱うことができ，インターネット上のロゴやアイコンの作成に向いている画像圧縮ファイル形式。

ウ．ファイルを階層構造で管理するとき，最上位のディレクトリの下位に作成されるすべてのディレクトリ。

エ．ファイルを階層構造で管理するとき，最上位にあるディレクトリ。

オ．創作者の保護を目的とする法律。

カ．コンピュータ利用者が，ファイルやフォルダなどを利用するための権限。

キ．一定の期間は無償で使用できるが，その後も継続して使用する場合は代金を支払うソフトウェア。

ク．本人の意図しない個人の情報の不正な流用がないようにするための法律。

ケ．他人のユーザIDやパスワードを無断で使用し，ネットワーク上のコンピュータにアクセスすることを禁止する法律。

コ．作成者の著作権は保護されているが，ネットワーク上で自由にダウンロードして無償で使用できるソフトウェア。

【3】　次の説明文に最も適した答えをア，イ，ウの中から選び，記号で答えなさい。

1．2進数の11011と10進数12の差を表す10進数。

　　　ア．14　　　　　　　　　イ．15　　　　　　　　　ウ．16

2．スマートフォンなどの通信機能を使って，タブレットなどのモバイル端末をインターネットへ常時接続する機能。

　　　ア．プラグアンドプレイ　　イ．ストリーミング　　　ウ．テザリング

3．停電時でも一定時間コンピュータを稼働できるようにする装置。

　　　ア．UPS　　　　　　　　イ．フルコントロール　　ウ．バックアップ

4．文字列やファイル名を検索するときに，任意の文字や文字列の代わりに使用する特別な記号。

　　　ア．ディレクトリ　　　　イ．拡張子　　　　　　　ウ．ワイルドカード

5．次のA表とB表の和集合をとった場合，結果表として適切なものを選び，記号で答えなさい。

A表

支店コード	支店名
1	駅前店
2	大通店
3	中の島店
5	豊平店
6	麻生店
8	月寒店

B表

支店コード	支店名
1	駅前店
3	中の島店
4	白石店
7	手稲店
8	月寒店

ア．結果表

支店コード	支店名
1	駅前店
3	中の島店
8	月寒店

イ．結果表

支店コード	支店名
1	駅前店
2	大通店
3	中の島店
4	白石店
5	豊平店
6	麻生店
7	手稲店
8	月寒店

ウ．結果表

支店コード	支店名
1	駅前店
1	駅前店
2	大通店
3	中の島店
3	中の島店
4	白石店
5	豊平店
6	麻生店
7	手稲店
8	月寒店
8	月寒店

【4】 ある病院では，患者の受診状況を次のようなリレーショナル型データベースを利用し管理している。次の各問いに答えなさい。

患者表

患者コード	患者名	住所
K1001	太田○○	神奈川県相模原市
K1002	中島○○	東京都青梅市
K1003	松本○○	東京都町田市
K1004	佐藤○○	東京都世田谷区
K1005	谷敷○○	神奈川県大和市
K1006	新井○○	東京都世田谷区

医師表

医師コード	医師名	診療科コード
D101	鈴木○○	C02
D102	江戸○○	C01
D103	中田○○	C04
D104	飯沼○○	C03
D105	杉田○○	C01

診療科表

診療科コード	診療科
C01	内科
C02	外科
C03	整形外科
C04	皮膚科

受診表

整理番号	患者コード	医師コード	医療費
63001	K1001	D102	1020
63002	K1006	D101	850
64001	K1003	D105	1510
64002	K1002	D104	620
64003	K1004	D102	1020
65001	K1005	D102	930
65002	K1006	D101	1940
66001	K1001	D103	750
66002	K1003	D102	1210
66003	K1002	D104	890
67001	K1004	D102	1670
67002	K1001	D102	2540
68001	K1003	D105	1040
68002	K1002	D104	620
68003	K1004	D103	750
69001	K1005	D102	1210
69002	K1006	D101	2210
70001	K1001	D105	1510
70002	K1004	D102	1210
71001	K1003	D102	930
72002	K1002	D104	620

問1．次の表は医師表と診療科表から作成したものである。このようなリレーショナル型データベースの操作として適切なものを選び，記号で答えなさい。

医師コード	医師名	診療科コード	診療科
D101	鈴木○○	C02	外科
D102	江戸○○	C01	内科
D103	中田○○	C04	皮膚科
D104	飯沼○○	C03	整形外科
D105	杉田○○	C01	内科

ア．選択　　　　　　　**イ**．射影　　　　　　　**ウ**．結合

問2．次のSQL文によって抽出されるデータとして適切なものを選び，記号で答えなさい。

```
SELECT    医師コード
  FROM    医師表
  WHERE   診療科コード <> 'C01'
```

ア.

D102

イ.

D102
D105

ウ.

D101
D103
D104

問3．次のSQL文によって抽出されるデータとして適切なものを選び，記号で答えなさい。

```
SELECT    患者コード
  FROM    受診表
  WHERE   医師コード = 'D102'   AND   医療費 < 1000
```

ア.

K1005
K1003

イ.

K1001
K1003

ウ.

K1004
K1005

問4．次のSQL文によって抽出されるデータとして適切なものを選び，記号で答えなさい。

```
SELECT    患者コード
  FROM    診療科表, 医師表, 受診表
  WHERE   医師表.診療科コード = 診療科表.診療科コード
    AND   医師表.医師コード = 受診表.医師コード
    AND   診療科表.診療科 = '皮膚科'
```

ア.

K1003
K1002

イ.

K1002
K1004

ウ.

K1001
K1004

問5．次のSQL文を実行したとき，表示される適切な数値を答えなさい。

```
SELECT    SUM(医療費)   AS   医療費の合計
  FROM    診療科表, 患者表, 医師表, 受診表
  WHERE   医師表.医師コード = 受診表.医師コード
    AND   患者表.患者コード = 受診表.患者コード
    AND   診療科表.診療科コード = 医師表.診療科コード
    AND   診療科表.診療科コード = 'C01'
    AND   受診表.患者コード = 'K1004'
```

医療費の合計
※

(注)　※印は，値の表記
を省略している。

第9回

【5】 次の各問いに答えなさい。

問1．次の表は，ある業務用厨房機器販売店の見積書である。A5は，E12に文字列を結合して表示する。A5に設定する次の式の空欄に当てはまる適切なものを選び，記号で答えなさい。

	A	B	C	D	E
1					
2			御見積書		
3	ＫＹ商店　御中				
4				3K商事株式会社	
5	御見積金額は575,300円(税込)です				
6					
7	商品コード	商品名	単価	数量	金額
8	201	小型冷蔵庫	89,000	2	178,000
9	278	大型製氷機	345,000	1	345,000
10				小計	523,000
11				消費税	52,300
12				合計	575,300

="御見積金額は"&□□□□□(E12,"###,##0円（税込）です")

ア．TEXT **イ**．FIND **ウ**．SEARCH

問2．次の表は，ある鉄道会社の運賃表である。D11は，B11を検索値，A列を検索範囲として，配列内の相対的な位置を表示している。D11に設定する式として適切なものを選び，記号で答えなさい。

	A	B	C	D	E	F	G
1							
2	運賃表						
3		東京	名古屋	京都	新大阪	広島	博多
4	東京	―	10,580	13,220	13,750	18,050	21,720
5	名古屋	10,580	―	5,400	6,180	13,430	17,530
6	京都	13,220	5,400	―	1,340	10,760	15,210
7	新大阪	13,750	6,180	1,340	―	9,950	14,590
8	広島	18,050	13,430	10,760	9,950	―	8,700
9	博多	21,720	17,530	15,210	14,590	8,700	―
10							
11	出発地	名古屋	は上から	2	番目です		
12	到着地	広島	は左から	5	番目です		

ア．=VLOOKUP(B11,A4:A9,1,0)

イ．=MATCH(B11,A4:A9,0)

ウ．=FIND(B11,A4:A9,0)

問3．次の表は，ある町民運動会の町内会対抗リレー予選記録表である。D4は，予選結果を判定するために次の式が設定されている。この式をD12までコピーしたとき，「結果」に表示される 予選通過 の数を答えなさい。

=IF(SMALL($C$4:$C$12,4)>=C4,"予選通過","")

	A	B	C	D
1				
2	町内会対抗リレー予選記録表			
3		町内会名	記録	結果
4		1丁目	2:15	※
5		2丁目	2:21	※
6		3丁目	2:11	※
7		高田	2:34	※
8		平川	2:20	※
9		奈木台	2:26	※
10		ニュータウン	2:30	※
11		コスモ	2:13	※
12		ウィンベル	2:22	※

(注)　※印は，値の表記を省略している。

問4．次の表は，校内マラソン大会（男子）の入賞者を一覧表にしたものである。次の(1)，(2)に答えなさい。

	A	B	C	D	E	F	G	H	I	J
1										
2		校内マラソン大会入賞者表							部活表	
3		クラス	氏名	部活コード	部活名	記録	順位		部活コード	部活名
4		2B	高橋 尚	101	陸上	0:40:05	1		301	無所属
5		2D	野口 瑞	103	サッカー	0:40:10	2		201	情報処理
6		3C	有森 裕	103	サッカー	0:40:52	3		101	陸上
7		1F	増田 明	102	野球	0:41:25	4		102	野球
8		2E	千葉 真	301	無所属	0:42:13	5		103	サッカー
9		2G	土佐 礼	102	野球	0:42:30	6			
10		1F	小林 裕	101	陸上	0:42:48	7		部活別集計表	
11		3B	福士 加代	201	情報処理	0:42:48	7		部活コード	101
12		1A	渋井 陽	102	野球	0:43:20	9		部活名	陸上
13		3B	赤羽 有紀	103	サッカー	0:43:29	10		入賞者数	2

(1)　E列の「部活名」は，D列の「部活コード」をもとに，「部活表」を参照して表示する。E4に設定する式として適切なものを選び，記号で答えなさい。ただし，その式をE5〜E13にコピーする。

　　ア． =VLOOKUP(D4,$I$4:$J$8,2,TRUE)
　　イ． =VLOOKUP(D4,$I$4:$J$8,2,FALSE)
　　ウ． =VLOOKUP(D4,$I$3:$J$8,2,TRUE)

(2)　「部活別集計表」の「入賞者数」は，J12の「部活名」の入賞者数を求める。J13に設定する式として適切なものを選び，記号で答えなさい。

　　ア． =AVERAGEIFS(F4:F13,E4:E13,J12)
　　イ． =SUMIFS(F4:F13,E4:E13,J12)
　　ウ． =COUNTIFS(E4:E13,J12)

第9回

【6】 次の表は，あるホテルチェーンの売上分析表である。作成条件にしたがって，各問いに答えなさい。

	A	B	C	D	E	F	G
1							
2			ホテルの売上分析表				
3							
4	ホテルコード	タイプ名	エリア名	稼働率	売上高	評価	備考
5	B01KT	ビジネス	関東	64.5%	2,300,000	B	
6	R01KT	リゾート	関東	51.6%	1,800,000	B	
7	S01KT	シティ	関東	80.0%	3,950,000	A	○
8	B02TH	ビジネス	東北	58.1%	2,040,000	B	
9	R02TH	リゾート	東北	65.5%	2,430,000	B	
10	B03KT	ビジネス	関東	80.6%	2,100,000	A	
11	R03KT	リゾート	関東	41.9%	1,670,000	C	
12	S03KT	シティ	関東	90.3%	5,100,000	A	○
13	B04TH	ビジネス	東北	49.0%	1,500,000	C	
14	R04TH	リゾート	東北	77.4%	3,420,000	B	○
15	S04TH	シティ	東北	61.3%	2,980,000	B	
16			平均	65.5%	2,662,727		
17							
18	タイプ・エリア集計表						
19	タイプコード	B	S	R			
20	タイプ名	ビジネス	シティ	リゾート			
21	関東	4,400,000	9,050,000	3,470,000			
22	東北	3,540,000	2,980,000	5,850,000			
23	タイプ別平均	1,985,000	4,010,000	2,330,000			

評価集計表

評価	ホテル数
A	3
B	6
C	2

作成条件

1．「ホテルの売上分析表」は，次のように作成する。

　(1)　「タイプ名」は，「ホテルコード」の左端から1文字を抽出し，「タイプ・エリア集計表」を参照して表示する。

　(2)　「評価」は，「稼働率」が80%以上の場合は A，50%以上の場合は B，それ以外の場合は C を表示する。

　(3)　「備考」は，「稼働率」が稼働率の平均より大きくて，「売上高」が売上高の平均より大きい場合は ○ を表示し，それ以外の場合は何も表示しない。

2．「タイプ・エリア集計表」は，次のように作成する。

　(1)　B21～D22は，「タイプ名」・「エリア名」ごとに「売上高」の合計を求める。

　(2)　23行目の「タイプ別平均」は，「タイプ名」ごとに「売上高」の平均を求める。

3．「評価集計表」の「ホテル数」は，「評価」ごとにホテルの件数を求める。

問1．B5に設定する式として適切なものを選び，記号で答えなさい。ただし，この式をB6～B15に
コピーする。

ア．=INDEX($B$19:$D$20,2,MATCH(LEFT(A5,1),$B$19:$D$19))

イ．=HLOOKUP(LEFT(A5,1),$B$19:$D$20,2,FALSE)

ウ．=HLOOKUP(LEFT(A5,1),$B$19:$D$20,2,TRUE)

問2．G5に設定する式として適切なものを選び，記号で答えなさい。ただし，この式をG6～G15に
コピーする。

ア．=IF(AND(D5>$D$16,E5>$E$16),"○","")

イ．=IF(AND($D$5>D16,$E$5>E16),"○","")

ウ．=IF(OR(D5>$D$16,E5>$E$16),"○","")

問3．B21に設定する式として適切なものを選び，記号で答えなさい。ただし，この式をB21～D22
にコピーする。

ア．=SUMIFS($E$5:$E$15,$B$5:$B$15,B$20,$C$5:$C$15,$A21)

イ．=SUMIFS($B$5:$B$15,B$20,$C$5:$C$15,$A21,$E$5:$E$15)

ウ．=SUMIFS($E$5:$E$15,$B$5:$B$15,$B20,$C$5:$C$15,A$21)

問4．B23に設定する次の式の空欄(a)，(b)，(c)にあてはまる適切なものを選び，記号で答えなさい。
ただし，この式をC23～D23にコピーする。

=AVERAGEIFS( (a) ， (b) ， (c))

ア．$A$5:$A$15

イ．$B$5:$B$15

ウ．$E$5:$E$15

エ．$B19

オ．B20

カ．$B20

問5．G20に設定する式として適切なものを選び，記号で答えなさい。ただし，この式をG21～G22
にコピーする。

ア．=COUNTIFS(F20,$F$5:$F$15)

イ．=COUNTIFS($F$5:$F$15,F20)

ウ．=COUNTIFS($F$5:$F$15,F20,$F$5:$F$15)

第9回　**模擬問題（実技）**　　制限時間：20分　解答 ➡ p.44

　あるファミリーレストランでは，1日分の売上報告書を作成している。作成条件にしたがって，シート名「コード表」とシート名「売上表」から，シート名「報告書」を作成しなさい。

作成条件
ワークシートは，試験開始前に提供されたものを使用する。

1．表およびグラフの体裁は，右ページを参考にして設定する。

　　（ 設定する書式：罫線
　　　設定する数値の表示形式：3桁ごとのコンマ，％，小数の表示桁数 ）

2．表の※印の部分は，式や関数などを利用して求める。

3．グラフの※印の部分は，表に入力された値をもとに表示する。

4．「1．種類別売上集計表」は，次のように作成する。

　(1)　「売上金額」は，シート名「売上表」から「種類名」ごとに「金額」の合計を求める。

　(2)　「合計」は，6～11行目の合計を求める。

　(3)　「売上比率」は，**売上金額 ÷ 売上金額合計** の式で求める。ただし，％表示で小数第1位まで表示する。

　(4)　「順位」は，「売上比率」を基準として，降順に順位を付ける。

　(5)　「備考」は，「売上金額」が1番大きい場合は ◎ を表示し，2番目に大きい場合は ○ を表示し，それ以外の場合は何も表示しない。

5．集合縦棒グラフは，「1．種類別売上集計表」から作成する。

　(1)　グラフの数値軸目盛は，最小値（0），最大値（60,000）および間隔（10,000）を設定する。

　(2)　軸ラベルの方向を設定する。

6．「2．スイーツの売上数集計表」は，次のように作成する。

　(1)　「数量計」は，シート名「売上表」からスイーツの商品名ごとに「数量」の合計を求める。

　(2)　「回数計」は，シート名「売上表」からスイーツの商品名ごとに件数を求める。

　(3)　「合計」は，38～42行目の合計を求める。

第9回

	A	B	C	D
1				
2	商品コード表			
3	商品コード	種類名	商品名	単価
4	H01	ハンバーグ	ハンバーグ	600
5	H02	ハンバーグ	チーズハンバーグ	700
6	H03	ハンバーグ	和風ハンバーグ	800
7	H04	ハンバーグ	スペシャルハンバーグ	850
8	H05	ハンバーグ	ハンバーグ＆海老フライ	1,000
≀	≀	≀	≀	≀
32	D04	ドリンク	チューハイ	400
33	D05	ドリンク	ノンアルコールビール	250

(コード表)

	A	B	C	D	E	F
1						
2	売上表					
3	商品コード	種類名	商品名	単価	数量	金額
4	W05	和膳	刺身膳	1,200	2	2,400
5	C02	チキン	チキングリルダブル	800	3	2,400
6	W01	和膳	ひれかつ膳	800	2	1,600
7	H01	ハンバーグ	ハンバーグ	600	3	1,800
8	H01	ハンバーグ	ハンバーグ	600	3	1,800
≀	≀	≀	≀	≀	≀	≀
102	C01	チキン	チキングリル	700	3	2,100
103	W03	和膳	ミックスフライ膳	600	1	600

(売上表)

	A	B	C	D	E	F
1						
2		ファミリーレストランの売上報告書				
3						
4	1．種類別売上集計表					
5		種類名	売上金額	売上比率	順位	備考
6		ハンバーグ	※	※	※	※
7		チキン	※	※	※	※
8		和膳	※	※	※	※
9		イタリアン	17,300	8.8%	4	
10		スイーツ	※	※	※	※
11		ドリンク	※	※	※	※
12		合計	※	※		

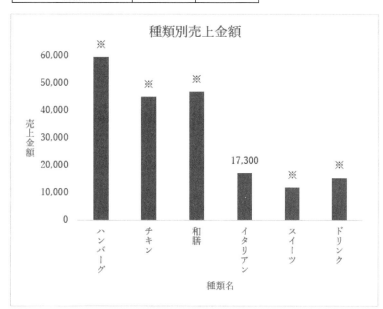

2．スイーツの売上数集計表

	B	C	D
37	商品名	数量計	回数計
38	レアチーズケーキ	※	※
39	チョコムースケーキ	※	※
40	チョコパフェ	※	※
41	バナナサンデー	3	1
42	クリームあんみつ	※	※
43	合計	※	※

(報告書)

【1】　次の説明文に最も適した答えを解答群から選び，記号で答えなさい。

1．特許権，実用新案権，意匠権，商標権が該当し，出願して登録されることで認められる権利。

2．磁気ディスク装置のアクセスアームの先端に取り付けられた，データを読み書きする部分。

3．画像を点の集合として表現するファイル形式。

4．コンピュータで使用しているOSの違いやフォントの違いなどに影響されず，同一の文書をさまざまなコンピュータ画面上で表示できるファイル形式。

5．1つのソフトウェアを，学校などといった特定の場所において複数のユーザが利用できる契約。

> **解答群**
> ア．BMP　　　　　　イ．CSV　　　　　　ウ．磁気ヘッド　　　エ．著作権
> オ．サイトライセンス　カ．シリンダ　　　　キ．JPEG　　　　　　ク．知的財産権
> ケ．産業財産権　　　　コ．PDF

【2】　次のA群の語句に最も関係の深い説明文をB群から選び，記号で答えなさい。

＜A群＞　1．Unicode　　　　　2．ZIP　　　　　　3．テキストファイル
　　　　　4．有線LAN　　　　　5．著作権

＜B群＞

　ア．文字として読むことができない，2進数形式のファイル。

　イ．プログラムやデータなどの創作者に認められた，独占的にその作品を利用できる権利。

　ウ．ファイル圧縮形式の一つで，アメリカを中心に世界的に最も広く使われている。

　エ．世界の主要な言語のほとんどの文字を収録している文字コード。

　オ．LANケーブルを使用して機器を接続し，ネットワーク通信を行うシステム。

　カ．英数字の最も標準的なコード。

　キ．OSやコンピュータの機種に依存されない，文字データで構成されたファイル。

　ク．送信する内容を第三者には理解できない内容に変換すること。

　ケ．自分が写っている写真などを，無断で利用されないようにする権利。

　コ．LANケーブルを使用せずに，電波や光を利用してデータの送受信を行うシステム。

【3】 次の説明文に最も適した答えをア，イ，ウの中から選び，記号で答えなさい。

1．2進数の11001と10進数の14の和を表す10進数。

  ア. 35   **イ**. 37   **ウ**. 39

2．日本国内における製品やサービスについての規格などを定めたもの。

  ア. JIS   **イ**. IEEE   **ウ**. ISO

3．カラー印刷で色調表現に使われる色のそれぞれの頭文字を付けたもの。

  ア. RGB   **イ**. CMYK   **ウ**. GIF

4．Webサイトなどからウイルスに感染させて，元に戻すためには，金銭を要求される悪意のあるソフトウェア。

  ア. キーロガー   **イ**. ランサムウェア   **ウ**. ガンブラー

5．次のK店ツアー表をもとに，T店ツアー表と差集合演算をした場合，結果表として適切なものを選び，記号で答えなさい。

K店ツアー表

ツアー番号	ツアー名
K00010	京都紅葉名所めぐり
K00020	ゆとりの京都めぐり
K00040	京の気ままな旅
K00060	春日大社で雅楽の夕べ
K00070	貴船神社と京料理
K00080	ハイヤーで巡る隠れた名所

T店ツアー表

ツアー番号	ツアー名
K00010	京都紅葉名所めぐり
K00020	ゆとりの京都めぐり
K00030	テレビCMの社寺めぐり
K00040	京の気ままな旅
K00050	トロッコ列車で嵐山
K00080	ハイヤーで巡る隠れた名所
K00090	比叡山紅葉めぐり

ア. 結果表

ツアー番号	ツアー名
K00030	テレビCMの社寺めぐり
K00050	トロッコ列車で嵐山
K00090	比叡山紅葉めぐり

イ. 結果表

ツアー番号	ツアー名
K00060	春日大社で雅楽の夕べ
K00070	貴船神社と京料理

ウ. 結果表

ツアー番号	ツアー名
K00010	京都紅葉名所めぐり
K00020	ゆとりの京都めぐり
K00040	京の気ままな旅
K00080	ハイヤーで巡る隠れた名所

【4】 ある青果卸売市場では，顧客からの受注を次のようなリレーショナル型データベースを利用し管理している。次の各問いに答えなさい。

顧客表

顧客コード	顧客名	所在地
K101	青山青果	杉並区
K102	古谷商店	荒川区
K103	ベイマート	品川区
K104	八百市商店	荒川区
K105	川口青果	杉並区

商品表

商品コード	商品名
H101	マスクメロン
H102	小玉スイカ
H103	ハウスみかん

等級表

等級コード	等級
T1	秀
T2	優
T3	良
T4	無印

受注表

受注番号	顧客コード	受注日	商品コード	等級コード	箱数
1	K102	10/1	H102	T2	5
2	K102	10/1	H103	T1	5
3	K104	10/1	H103	T2	8
4	K103	10/1	H103	T4	6
5	K105	10/1	H101	T4	7
6	K104	10/2	H101	T3	2
7	K101	10/2	H102	T1	4
8	K103	10/2	H102	T2	2
9	K101	10/3	H103	T4	6
10	K105	10/3	H102	T2	8
11	K103	10/3	H101	T4	12
12	K103	10/3	H102	T1	5
13	K102	10/3	H103	T3	10
14	K105	10/3	H101	T2	11
15	K103	10/4	H103	T4	8
16	K105	10/5	H102	T1	10
17	K101	10/5	H102	T2	9
18	K103	10/5	H103	T2	10
19	K105	10/6	H101	T4	7
20	K104	10/6	H102	T1	8

(注) 受注日のデータ型は文字型である。

問1．次の表は顧客表から顧客コードと所在地のデータを取り出して作成したものである。このようなリレーショナル型データベースの操作として適切なものを選び，記号で答えなさい。

顧客コード	所在地
K101	杉並区
K102	荒川区
K103	品川区
K104	荒川区
K105	杉並区

ア． 選択 **イ．** 射影 **ウ．** 結合

問2．次のSQL文によって抽出されるデータとして適切なものを選び，記号で答えなさい。

```
SELECT    顧客コード
  FROM    顧客表
  WHERE   所在地 = '杉並区'
```

ア．

K101

イ．

青山青果
川口青果

ウ．

K101
K105

問3．次のSQL文によって抽出されるデータとして適切なものを選び，記号で答えなさい。

```
SELECT    受注日, 商品名, 等級
  FROM    受注表, 商品表, 等級表
  WHERE   受注表.商品コード = 商品表.商品コード
    AND   等級表.等級コード = 受注表.等級コード
    AND   受注表.等級コード = 'T3'
```

ア．

10/2	ハウスみかん	良
10/3	マスクメロン	良

イ．

10/2	マスクメロン	良
10/3	ハウスみかん	良

ウ．

10/2	マスクメロン	T3
10/3	ハウスみかん	T3

問4．次のSQL文を実行したとき，表示される適切な数値を答えなさい。

```
SELECT    SUM(箱数)  AS  箱数合計
  FROM    受注表
  WHERE   受注表.顧客コード = 'K104'
```

箱数合計
※

(注)　※印は，値の表記を省略している。

問5．次の表の結果を得るために，空欄にあてはまる適切なものを選び，記号で答えなさい。

10/3	ベイマート	マスクメロン
10/3	川口青果	マスクメロン

```
SELECT    受注日, 顧客名, 商品名
  FROM    受注表, 顧客表, 商品表
  WHERE   受注表.顧客コード = 顧客表.顧客コード
    AND   受注表.商品コード = 商品表.商品コード
    AND   _____
```

ア．受注日 = '10/3'　　　イ．商品名 = 'マスクメロン'　　　ウ．箱数 > 10

【5】　次の各問いに答えなさい。

問1．次の表は，ある経済セミナーの参加者一覧表である。G4およびG5は，男女別の平均年齢を求める。G4に設定する式として適切なものを選び，記号で答えなさい。ただし，G4の式をG5までコピーする。

	A	B	C	D	E	F	G
1							
2	経済セミナー参加者一覧					男女別平均年齢	
3	氏名	性別	参加回数	年齢		性別	平均年齢
4	鈴木○○	男	3	38		男	36.0
5	木下○○	男	1	30		女	30.0
6	中村○○	女	2	28			
7	竹田○○	男	3	41			
8	村上○○	女	1	27			
9	荒原○○	女	1	34			
10	前原○○	男	2	35			
11	北島○○	女	1	31			

ア． =AVERAGEIFS($D$4:$D$11,$B$4:$B$11,F4)

イ． =AVERAGEIFS($B$4:$B$11,$D$4:$D$11,F4)

ウ． =AVERAGEIFS($D$4:$D$11,$B$4:$B$11,B4)

問2．次の表は，あるゴルフ練習場の売上明細表である。この表をもとに売上集計表を作成する機能として適切なものを選び，記号で答えなさい。

	A	B	C	D	E	F
1						
2	売上明細表					
3	No	利用名	区分	単価	人数	合計
4	1	打席セット	シニア	900	1	900
5	2	ショートコース	通常	3,000	2	6,000
6	3	打席セット	通常	1,000	2	2,000
7	4	打席セット	通常	1,000	1	1,000
8	5	打席セット	通常	1,000	2	2,000
9	6	ショートコース	通常	3,000	3	9,000
10	7	ショートコース	シニア	2,500	2	5,000
11	8	打席セット	通常	1,000	1	1,000
12	9	打席セット	シニア	900	1	900
13	10	打席セット	通常	1,000	1	1,000
14	11	アプローチ場	通常	1,500	1	1,500
15	12	打席セット	シニア	900	1	900
16	13	打席セット	通常	1,000	1	1,000
17	14	ショートコース	シニア	2,500	2	5,000
18	15	打席セット	通常	1,000	3	3,000
19	16	ショートコース	通常	3,000	4	12,000

	A	B	C	D
1				
2	売上集計表			
3	合計 / 合計	列ラベル ▼		
4	行ラベル ▼	通常	シニア	総計
5	打席セット	11000	2700	13700
6	ショートコース	27000	10000	37000
7	アプローチ場	1500		1500
8	総計	39500	12700	52200

ア． ピボットテーブル　　　　**イ．** グループ集計　　　　**ウ．** 集合演算

問3．次の表は，アルバイトの勤務時間を求めるものである。「実働時間」は休憩を除いた開始時刻から終了時刻までの実働時間を求めている。E4に設定する式として適切なものを選び，記号で答えなさい。ただし，表示形式は，「開始時刻」と「終了時刻」および「実働時間」は時刻を，「休憩（分）」は数値を表示するように設定されている。

	A	B	C	D	E
1					
2			アルバイト勤務時間表		
3	氏名	開始時刻	休憩（分）	終了時刻	実働時間
4	稲垣　慎吾	9:15	45	18:45	8:45
5	中居　拓也	9:30	45	19:00	8:45
6	木村　吾郎	8:45	45	17:20	7:50
7	香取　剛	7:30	45	16:30	8:15

ア．=D4-B4-C4

イ．=D4-B4-TIME(0,C4,0)

ウ．=TIME(B4,D4,C4)

問4．次の表は，ある看板製作会社の看板受注表と料金表である。次の(1)，(2)に答えなさい。

	A	B	C	D	E	F	G	H	I	J	K
1											
2	看板受注表						料金表				
3	受注文字列	サイズ	文字数	料金					サイズ		
4	岡産業	3	3	13,000				2	3	4	5
5	ＪＰＳ銀行	4	5	13,000			1	13,000	15,000	17,000	19,000
6	入口	2	2	12,000		文	2	12,000	14,000	16,000	18,000
7	北	5	1	19,000		字	3	11,000	13,000	15,000	17,000
8	Bゲート	3	4	12,000		数	4	10,000	12,000	14,000	16,000
9	駐車場	4	3	15,000			5	9,000	11,000	13,000	15,000

(1) 「看板受注表」の「文字数」は，「受注文字列」の文字数を求める。C4に設定する式として適切なものを選び，記号で答えなさい。

ア．=SEARCH(B4,A4)　　　　**イ**．=LEN(A4)　　　　**ウ**．=FIND(B4,A4)

(2) 「看板受注表」の「料金」は，「サイズ」と「文字数」をもとに，「料金表」を参照して表示する。D4に設定する式として適切なものを選び，記号で答えなさい。

ア．=INDEX($H$5:$K$9,C4,B4)

イ．=HLOOKUP(B4,$H$4:$K$9,C4,FALSE)

ウ．=VLOOKUP(C4,$G$5:$K$9,B4,FALSE)

第10回

【6】 次の表は，あるダンスフェスタにおける評価表である。作成条件にしたがって，各問いに答えなさい。

	A	B	C	D	E	F	G	H	I
1									
2		ダンスフェスタ評価表							
3									
4	出場コード	分野名	チーム名	観客投票数	審査委員評価				備考
5					技術力	演技力	チーム力	合計	
6	CYHA01	ハウス	エイリアス	456	67	87	46	200	※
7	KIHI02	ヒップホップ	アネックス	1,102	98	89	88	275	※
8	KIJA03	ジャズ	ＣＳルーキーズ	982	78	70	60	208	※
9	CIHA04	ハウス	Ｒ＆Ｇ	1,278	93	95	96	284	※
10	CIHI05	ヒップホップ	アトラス	678	58	50	77	185	※
11	KIHI06	ヒップホップ	Ｊａｃｋ's	432	55	56	82	193	※
12	KYJA07	ジャズ	岬高校ダンス部	1,145	95	99	86	280	※
13	KYHI08	ヒップホップ	ブレイド	988	80	78	45	203	※
14	KIJA09	ジャズ	Ｂ☆サターン	1,023	90	82	92	264	※
15	CYHA10	ハウス	夢学園ダンス部	864	76	58	56	190	※
16	CIJA11	ジャズ	ＴＡＮＴＡＮ	690	56	60	67	183	※
17	KYHA12	ハウス	ビートル	867	88	92	88	268	※
18	CYHI13	ヒップホップ	スターダスト	1,232	98	100	99	297	※
19									
20	分野表					地域表			
21	分野コード	分野名	観客投票数計			地域コード	地域名	出場数	
22	HA	ハウス	3,465			CI	四国	3	
23	JA	ジャズ	3,840			CY	中国	3	
24	HI	ヒップホップ	4,432			KI	近畿	4	
25						KY	九州	3	
26	観客投票数上位3位								
27	順位	チーム名							
28	1	Ｒ＆Ｇ							
29	2	スターダスト							
30	3	岬高校ダンス部							

(注) ※印は，値の表記を省略している。

作成条件

1．「ダンスフェスタ評価表」は，次のように作成する。
  (1) 「分野名」は，「出場コード」の左端から3桁目より2文字を抽出し，「分野表」を参照して表示する。
  (2) 「合計」は，「技術力」から「チーム力」の合計を求める。
  (3) 「備考」は，「技術力」，「演技力」，「チーム力」のすべてが 85 以上の場合は ○ を表示し，それ以外の場合は何も表示しない。

2．「分野表」の「観客投票数計」は，「ダンスフェスタ評価表」の「分野名」ごとに「観客投票数」の合計を求める。

3．「地域表」の「出場数」は，「ダンスフェスタ評価表」の「出場コード」の「地域コード」ごとに件数を求める。ただし，「出場コード」の左端2文字が「地域コード」を示している。

4．「観客投票数上位3位」は，「ダンスフェスタ評価表」の「観客投票数」の上位3位の投票数をもとに，「チーム名」を表示する。なお，「観客投票数」は，同数になることはないものとする。

問1．B6に設定する式として適切なものを選び，記号で答えなさい。ただし，この式をB18までコピーする。

 ア． =VLOOKUP(MID(A6,3,2),$A$22:$B$24,2,TRUE)

 イ． =HLOOKUP(MID(A6,3,2),$A$22:$B$24,2,FALSE)

 ウ． =VLOOKUP(MID(A6,3,2),$A$22:$B$24,2,FALSE)

問2．I6～I18に表示される ○ の数を答えなさい。

問3．C22に設定する次の式の空欄(a)，(b)，(c)にあてはまる適切なものを選び，記号で答えなさい。

 =SUMIFS((a) , (b) , (c))

 ア． $B$6:$B$18

 イ． $D$6:$D$18

 ウ． B22

問4．G22に設定する式の空欄にあてはまる適切なものを選び，記号で答えなさい。

 =COUNTIFS($A$6:$A$18,⬚&"*")

 ア． E22

 イ． F22

 ウ． E22:F22

問5．B28に設定する次の式の空欄にあてはまる適切なものを選び，記号で答えなさい。

 =INDEX($C$6:$C$18,MATCH(⬚($D$6:$D$18,A28),$D$6:$D$18,0),1)

 ア． RANK

 イ． LARGE

 ウ． SMALL

第10回　模擬問題（実技）

制限時間：20分　解答 ➡ p.47

　ある地区の学校では，検定が実施される度に受験結果報告書を作成している。作成条件にしたがって，シート名「コード表」とシート名「受験結果表」から，シート名「報告書」を作成しなさい。

作成条件

ワークシートは，試験開始前に提供されたものを使用する。

1．表およびグラフの体裁は，右ページを参考にして設定する。

　〔設　定　す　る　書　式：罫線
　　設定する数値の表示形式：3桁ごとのコンマ，%，小数の表示桁数〕

2．表の※印の部分は，式や関数などを利用して求める。

3．グラフの※印の部分は，表に入力された値をもとに表示する。

4．「1．各検定の1級と2級の受験結果」は，次のように作成する。

　(1)　「検定名」は，「検定コード」をもとに，シート名「コード表」を参照して表示する。

　(2)　「平均点」は，シート名「受験結果表」から検定ごとに「点数」の平均を求める。ただし，小数第1位まで表示する。

　(3)　「受験者数」は，シート名「受験結果表」から検定ごとに受験者数を求める。

　(4)　「合格者数」は，シート名「受験結果表」から検定ごとに合格者数を求める。なお，シート名「受験結果表」の「合否」には，合格した場合は1が入力され，それ以外の場合は何も入力されない。

　(5)　「合格率」は，次の式で求める。ただし，%の表示で小数第1位まで表示する。

　　　　「合格者数　÷　受験者数」

　(6)　「備考」は，「合格率」が50%以上の場合は A，30%以上50%未満の場合は B，30%未満の場合は C を表示する。

5．集合横棒グラフは，「1．各検定の1級と2級の受験結果」から作成する。

　(1)　グラフの数値軸目盛は，最小値（0），最大値（0.6）および間隔（0.1）を設定する。

　(2)　軸ラベルの方向を設定する。

6．「2．全検定の学校別集計表」は，次のように作成する。

　(1)　「学校名」は，「学校コード」をもとに，シート名「コード表」を参照して表示する。

　(2)　「受験者数」は，シート名「受験結果表」から学校ごとに受験者数を求める。

　(3)　「合格者数」は，シート名「受験結果表」から学校ごとに合格者数を求める。

　(4)　D36，E36の合計は，各列の合計を求める。

　(5)　「合格率」は，次の式で求める。ただし，%の表示で小数第1位まで表示する。

　　　　「合格者数　÷　受験者数」

	A	B	C
1			
2	学校コード表		
3	学校コード	学校名	
4	S	さくら高校	
5	M	みなと高校	
6	Y	やまて高校	
7			
8	検定コード表		
9	検定コード	分類名	検定名
10	101	英語	英語検定1級
11	102	英語	英語検定2級
12	103	英語	英語検定3級
13	201	簿記	簿記検定1級
14	202	簿記	簿記検定2級
15	203	簿記	簿記検定3級
16	301	情報	情報処理検定1級
17	302	情報	情報処理検定2級
18	303	情報	情報処理検定3級

（コード表）

	A	B	C	D	E
1					
2	受験結果表				
3	学校コード	検定コード	受験番号	点数	合否
4	M	101	101001	100	1
5	M	303	303001	50	
6	Y	202	202001	45	
7	M	301	301001	30	
8	M	301	301002	75	1
9	Y	103	103001	60	
≀	≀	≀	≀	≀	≀
800	Y	303	303085	85	1
801	M	203	203078	100	1
802	M	303	303086	0	
803	Y	301	301101	5	

（受験結果表）

	A	B	C	D	E	F	G	H
1								
2			受験結果報告書					
3								
4	1．各検定の1級と2級の受験結果							
5	検定コード	検定名	平均点	受験者数	合格者数	合格率	備考	
6	101	英語検定1級	56.5	79	34	43.0%	B	
7	102	※	※	※	※	※	※	
8	201	※	※	※	※	※	※	
9	202	※	※	※	※	※	※	
10	301	※	※	※	※	※	※	
11	302	※	※	※	※	※	※	

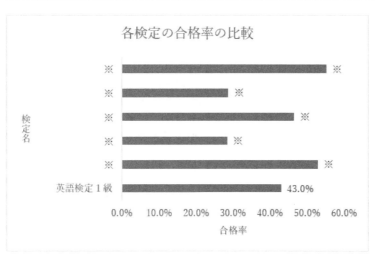

	A	B	C	D	E	F
31	2．全検定の学校別集計表					
32	学校コード	学校名	受験者数	合格者数	合格率	
33	M	みなと高校	259	143	55.2%	
34	S	※	※	※	※	
35	Y	※	※	※	※	
36		合計	800	※	52.3%	

（報告書）

【1】　次の説明文に最も適した答えを解答群から選び，記号で答えなさい。

1．鉛筆などで塗られたマークを光学的に読み取る装置。

2．インターネット上で動画や音声を受信しながら同時に再生する方式。

3．階層構造の最上位にあたるディレクトリの下位に作成されるすべてのディレクトリ。

4．認証の要素数は問わず，パスワードと秘密の質問というように認証の回数を増やすことでセキュリティのレベルを上げる方法。

5．複数のファイルを1つにまとめたり，元に戻したりするソフトウェア。

――解答群――

ア．シェアウェア	**イ**．OMR	**ウ**．ルートディレクトリ
エ．グループウェア	**オ**．多要素認証	**カ**．アーカイバ
キ．OCR	**ク**．多段階認証	**ケ**．サブディレクトリ
コ．ストリーミング		

【2】　次のA群の語句に最も関係の深い説明文をB群から選び，記号で答えなさい。

＜A群＞　1．TCO　　　2．ピクセル　　　3．PNG
　　　　　4．LAN　　　5．シングルサインオン

＜B群＞

ア．コンピュータシステム導入における初期費用。

イ．企業や学校など限られた範囲のコンピュータネットワーク。

ウ．コンピュータシステムの導入から，それを運用・保守・管理するための費用の総額。

エ．文字や絵を構成する色情報を持たない小さな点。

オ．相互接続性が保証された無線ネットワーク。

カ．ディスプレイや画像の色情報を表す最小単位。

キ．透明度などの情報を持ち，フルカラーの静止画像を劣化することなく圧縮できる画像フォーマット。

ク．「0」と「1」で組み合わせた信号をやり取りする回線。

ケ．一組のIDとパスワードを一度入力するだけで，複数のシステムに接続できるしくみ。

コ．ソースコードが公開され，無償で利用や修正などが認められているソフトウェア。

【3】　次の説明文に最も適した答えをア，イ，ウの中から選び，記号で答えなさい。

1．2進数の1110と10進数の7の積を表す2進数。

　　　ア．1011110　　　　　　**イ**．1100000　　　　　　**ウ**．1100010

2．磁気ディスクなどの記録面にある同心円状の記憶場所。

　　　ア．セクタ　　　　　　　**イ**．シリンダ　　　　　　**ウ**．トラック

3．日本産業規格で規格化された文字コード。

　　　ア．JISコード　　　　　**イ**．Unicode　　　　　　**ウ**．ASCIIコード

4．画像サイズが横1,280×縦1,024ドットで256色を表現する画像の容量。

　　　ア．約1.3Mバイト　　　**イ**．約4.5Mバイト　　　**ウ**．約10Mバイト

5．次のA表とB表を差集合した仮想表を作成する。作成された仮想表のレコード件数。

A表

受付番号	売上番号	地区
T01	U002	東地区
T02	U003	東地区
T03	U008	南地区
T04	U011	北地区
T05	U013	東地区
T06	U014	西地区

B表

受付番号	売上番号	地区
T01	U002	東地区
T02	U003	東地区
T04	U011	北地区
T06	U014	西地区

　　　ア．1　　　　　　　　　**イ**．2　　　　　　　　　**ウ**．4

【4】 あるダンススクールでは，講座の実績を次のようなリレーショナル型データベースを利用して管理している。次の各問いに答えなさい。

分野表

分野コード	分野名
D1	ヒップホップ
D2	レゲエ
D3	フラダンス

講座表

講座コード	講座名	料金
R1	初級	10000
R2	中級	12000
R3	プロ養成	15000
R4	オーディション対策	11000

講師表

講師コード	講師名	性別	年齢	分野コード
K01	山本ひさお	男	38	D1
K02	鈴木レオ	男	31	D2
K03	カトリーナ	女	30	D1
K04	ダルビア	男	28	D1
K05	上田まき	女	33	D3
K06	スリタナオミ	女	27	D1
K07	サンバ水谷	男	35	D2
K08	小川翔	男	37	D3

実施表

実施番号	講師コード	講座コード	参加人数
3081601	K01	R3	10
3081602	K04	R1	20
3081603	K06	R1	16
3081604	K02	R1	12
3081605	K07	R2	6
3081606	K06	R1	18
3081607	K05	R2	4
3081608	K04	R4	14
3081701	K08	R1	14
3081702	K01	R3	6
3081703	K05	R2	8
3081704	K07	R4	10
3081705	K03	R2	14
3081706	K06	R2	16
3081707	K02	R1	16
3081708	K02	R3	8
3081801	K07	R1	10
3081802	K04	R2	14
3081803	K01	R4	16
3081804	K08	R1	10
3081805	K02	R2	12
3081806	K05	R2	6
3081901	K03	R3	8
3081902	K08	R4	16
3081903	K08	R2	14

問1．講師表の外部キーとして適切なものを選び，記号で答えなさい。

ア．講師コード　　　　　　　**イ**．年齢　　　　　　　**ウ**．分野コード

問2．次のSQL文によって抽出されるデータとして適切なものを選び，記号で答えなさい。

```
SELECT    講座コード
  FROM    講座表
  WHERE   料金 < 12000
```

ア.

R1

イ.

R1
R4

ウ.

R1
R2
R4

問3．次のSQL文によって抽出されるデータとして適切なものを選び，記号で答えなさい。

```
SELECT    講師名
  FROM    講師表
  WHERE   性別 = '男'   AND   分野コード = 'D1'
```

ア.

山本ひさお
ダルビア

イ.

山本ひさお
カトリーナ
ダルビア
スリタナオミ

ウ.

山本ひさお
鈴木レオ
ダルビア
サンバ水谷
小川翔

問4．次のSQL文によって抽出されるデータとして適切なものを選び，記号で答えなさい。

```
SELECT    実施番号, 分野名, 参加人数
  FROM    分野表, 講師表, 実施表
  WHERE   分野表.分野コード = 講師表.分野コード
   AND    講師表.講師コード = 実施表.講師コード
   AND    講師表.分野コード <> 'D2'
   AND    実施表.講座コード = 'R1'
```

ア.

3081604	レゲエ	12
3081707	レゲエ	16
3081801	レゲエ	10

イ.

3081602	ヒップホップ	20
3081603	ヒップホップ	16
3081606	ヒップホップ	18
3081701	フラダンス	14
3081804	フラダンス	10

ウ.

3081604	レゲエ	12
3081605	レゲエ	6
3081704	レゲエ	10
3081707	レゲエ	16
3081708	レゲエ	8
3081801	レゲエ	10
3081805	レゲエ	12

問5．次のSQL文を実行したとき，表示される適切な数値を答えなさい。

```
SELECT    AVG(参加人数)   AS   講座人数平均
  FROM    実施表
  WHERE   講座コード = 'R4'
```

講座人数平均
※

(注)　※印は，値の表記
を省略している。

【5】 次の各問いに答えなさい。

問1．次の表は，ある飲料製造会社が，商品を
箱詰めにして出荷する際の計算表である。
「余り本数」は，生産した飲料を箱詰めした
際に余った飲料の個数を表示する。E4に設
定する式として適切なものを選び，記号で
答えなさい。

	A	B	C	D	E
1					
2	商品計算表				
3	商品名	生産本数	1箱本数	生産箱数	余り本数
4	烏龍茶2ℓ	658	6	109	4
5	天然水1ℓ	1,126	12	93	10
6	お茶500mℓ	2,495	24	103	23

ア． =MOD(B4,C4)　　　**イ．** =ROUND(B4/C4,0)　　　**ウ．** =INT(B4/C4)

問2．次の表は，あるマラソン大会の記録一覧である。C列には「タイム」としてシリアル値が入
力されている。D列～F列は，「タイム」をそれ
ぞれ「時間」「分」「秒」に分けて表示する。F4
に設定する式として適切なものを選び，記号で
答えなさい。

	A	B	C	D	E	F
1						
2	マラソン記録一覧					
3	順位	氏名	タイム	時間	分	秒
4	1	髙橋○○	2:25:45	2	25	45
5	2	山本○○	2:26:36	2	26	36
6	3	木下○○	2:30:57	2	30	57

ア． =MINUTE(C4)

イ． =HOUR(C4)

ウ． =SECOND(C4)

問3．ある菓子店で販売している菓子の袋詰商品は，販売する価格と利益率から袋に入れる菓子の
仕入原価を求めて詰め合わせている。次の表は，販売価格から仕入原価をゴールシークの機能
で求める計算表である。「販売価格」が500円の「仕入原価」をゴールシークの機能で求める場
合，「変化させるセル」に設定するものとして適切なものを選び，記号で答えなさい。

（ゴールシーク前）

	A	B
1		
2	仕入原価計算表	
3	仕入原価	
4	利益率	25%
5	販売価格	0

（ゴールシーク後）

	A	B
1		
2	仕入原価計算表	
3	仕入原価	400
4	利益率	25%
5	販売価格	500

ア． $B$3　　　　　**イ．** $B$5　　　　　**ウ．** 500

問4．次の表は，ある運送会社の運送料金計算表である。次の(1)，(2)に答えなさい。

	A	B	C	D	E	F	G	H	I
1									
2	運送料金計算表					料金表			
3	運送コード	運送地区	重量	運送料金		重量	運送地区		
4	MK021354J	1	90	9,800			1	2	3
5	MK023566L	3	259	31,700		100kgまで	9,800	14,700	22,000
6	JK032046S	2	342	36,000		200kgまで	11,700	17,600	26,400
7						300kgまで	14,100	21,100	31,700
8						400kgまで	24,000	36,000	54,000

(1)　「運送料金計算表」の「運送地区」は，「運送コード」から1文字を抽出し，数値に変換して求める。B4に設定する次の式の空欄にあてはまる適切なものを選び，記号で答えなさい。

$$= \boxed{\quad\text{(a)}\quad} (\boxed{\quad\text{(b)}\quad} (A4,5,1))$$

　ア． INT
　イ． MID
　ウ． VALUE
　エ． SEARCH

(2)　「運送料金計算表」の「運送料金」は，「運送地区」と「重量」をもとに，「料金表」を参照して表示する。D4に設定する式として適切なものを選び，記号で答えなさい。

　ア． =HLOOKUP(B4,$G$4:$I$8,INT(C4/100)+1)
　イ． =HLOOKUP(B4,$G$4:$I$8,INT(C4/100)+2)
　ウ． =HLOOKUP(B4,$G$4:$I$8,INT((C4-1)/100)+2)

【6】 次の表は，あるカメラショップのフォトブック注文表である。作成条件にしたがって，各問いに答えなさい。

	A	B	C	D	E	F	G
1							
2		フォトブック注文表					
3							
4	注文コード	商品名	冊数	基本料金	追加料金	割引率	料金
5	FBB48M005	フォトブック文庫判	5	1,890	630	20%	10,080
6	FBA36M025	フォトブックＡ５判	25	2,520	840	20%	67,200
7	FBB36M001	フォトブック文庫判	1	1,890	420	0%	2,310
8	FBB24M020	フォトブック文庫判	20	1,890	210	20%	33,600
9	FBA12T001	フォトブックＡ５判	1	2,520	0	0%	2,520
10	FBB60M004	フォトブック文庫判	4	1,890	840	20%	8,736
11	FBM24T008	フォトブックミニ判	8	1,470	210	0%	13,440
12	FBB24M006	フォトブック文庫判	6	1,890	210	20%	10,080
13	FBA12T015	フォトブックＡ５判	15	2,520	0	0%	37,800
14							
15	売上集計表						
16	商品コード	商品名	基本料金	追加単価	注文回数	冊数合計	料金合計
17	FBM	フォトブックミニ判	1,470	210	1	8	13,440
18	FBB	フォトブック文庫判	1,890	210	5	36	64,806
19	FBA	フォトブックＡ５判	2,520	420	3	41	107,520

作成条件

1．「フォトブック注文表」は，次のように作成する。

(1) 「注文コード」は，左端から3文字が商品コード，4文字目から2文字がフォトブックのページ数，6文字目が受取コード，右端から3文字が注文冊数を示している。

(2) 「商品名」は，「注文コード」から商品コードを抽出し，「売上集計表」を参照して表示する。

(3) 「冊数」は，「注文コード」から注文冊数を抽出する。

(4) 「基本料金」は，「商品名」をもとに，「売上集計表」を参照して表示する。

(5) 「追加料金」は，「注文コード」からフォトブックのページ数を抽出し，「売上集計表」を参照して表示する。なお，ページ数は12の倍数であり，12ページ分は基本料金に含まれている。12ページ増えるごとに追加単価分の追加料金が発生する。

(6) 「割引率」は，受取コードがMで，冊数が2以上の場合は 20%，それ以外の場合は 0% を表示する。なお，受取コードは，Mが持ち帰り，Tが宅配を示している。

(7) 「料金」は，「**冊数 ×（基本料金 ＋ 追加料金）×（1 － 割引率)**」の式で求める。

2．「売上集計表」は，次のように作成する。

(1) 「注文回数」は，「商品コード」ごとに注文のあった回数を求める。

(2) 「冊数合計」は，「商品コード」ごとに冊数の合計を求める。

(3) 「料金合計」は，「商品コード」ごとに料金の合計を求める。

問1．B5に設定する式として適切なものを選び，記号で答えなさい。ただし，この式をB6～B13に
　　　コピーする。

　　　ア．=VLOOKUP(A5,$A$17:$D$19,2,FALSE)
　　　イ．=VLOOKUP(LEFT(A5,3),$A$17:$D$19,2,FALSE)
　　　ウ．=VLOOKUP(RIGHT(A5,3),$A$17:$D$19,2,FALSE)

問2．E5に設定する式として適切なものを選び，記号で答えなさい。ただし，この式をE6～E13に
　　　コピーする。

　　　ア．=VLOOKUP(B5,$B$17:$D$19,3,FALSE)*(VALUE(MID(A5,4,2)))
　　　イ．=VLOOKUP(B5,$B$17:$D$19,3,FALSE)*(VALUE(MID(A5,4,2)))/12
　　　ウ．=VLOOKUP(B5,$B$17:$D$19,3,FALSE)*(VALUE(MID(A5,4,2)))/12-1

問3．F5に設定する式として適切なものを選び，記号で答えなさい。ただし，この式をF6～F13に
　　　コピーする。

　　　ア．=IF(AND(MID(A5,6,1)="T",C5<2),0%,20%)
　　　イ．=IF(AND(MID(A5,6,1)="M",C5>=2),20%,0%)
　　　ウ．=IF(MID(A5,6,1)="M",IF(C5>=2,20%,0%),20%)

問4．E17に設定する式の空欄にあてはまる適切なものを選び，記号で答えなさい。

　　　=｜＿＿＿＿｜($B$5:$B$13,B17)

　　　ア．=SUMIFS
　　　イ．=COUNTA
　　　ウ．=COUNTIFS

問5．F17に設定する式として適切なものを選び，記号で答えなさい。ただし，この式をF18～F19
　　　にコピーする。

　　　ア．=SUMIFS($C$5:$C$13,$A$5:$A$13,A17)
　　　イ．=SUMIFS($C$5:$C$13,$B$5:$B$13,B17)
　　　ウ．=SUMIFS($B$5:$B$13,$C$5:$C$13,B17)

第11回　模擬問題（実技）

制限時間：20分　解答 ➡ p.50

　次の表は，ある立ち食いうどん・そばチェーンにおけるうどんとそばに関する10月の売上分析報告書である。作成条件にしたがって，シート名「店舗表」とシート名「売上データ表」から，シート名「報告書」を作成しなさい。

作成条件

ワークシートは，試験開始前に提供されたものを使用する。

1．表およびグラフの体裁は，右ページを参考にして設定する。
　〔設　定　す　る　書　式：罫線
　　設定する数値の表示形式：3桁ごとのコンマ，%，小数の表示桁数〕

2．表の※印の部分は，式や関数などを利用して求める。

3．グラフの※印の部分は，表に入力された値をもとに表示する。

4．「1．店舗別売上成績表」は，次のように作成する。

　(1)　「店舗名」は，「店舗コード」をもとに，シート名「店舗表」を参照して表示する。

　(2)　「営業日数」は，シート名「売上データ表」から「店舗コード」ごとの件数を求める。

　(3)　「来店客数」は，シート名「売上データ表」から「店舗コード」ごとに「来店客数」の平均を求める。ただし，小数第1位まで表示する。

　(4)　「うどん」は，シート名「売上データ表」から「店舗コード」ごとに「うどん」の合計を求める。

　(5)　「そば」は，シート名「売上データ表」から「店舗コード」ごとに「そば」の合計を求める。

　(6)　「店舗合計」は，「うどん」と「そば」の合計を求める。

　(7)　「順位」は，「店舗合計」を基準として，降順に順位を求める。

　(8)　「合計」は，各列の合計を求める。

　(9)　「平均」は，各列の平均を求める。ただし，小数第1位未満を切り捨て，小数第1位まで表示する。

　(10)　「備考」は，「うどん」が「うどん」の「平均」以上，かつ「そば」が「そば」の「平均」以上の場合，◎ を表示し，それ以外の場合，何も表示しない。

5．100%積み上げ横棒グラフは，「1．店舗別売上成績表」から作成する。

　(1)　区分線を設定する。

　(2)　数値軸（横軸）の目盛は，最小値（0%），最大値（100%）および間隔（25%）とし，グラフの下側に設定する。

　(3)　項目軸（縦軸）の順序を設定する。

　(4)　軸ラベルの方向を設定する。

　(5)　凡例の位置を設定する。

　(6)　データラベルを設定する。

6．「2．うどん売上数の上位3店」は，次のように作成する。

　(1)　「売上数」は，「1．店舗別売上成績表」の「うどん」が降順で3番目までの値を表示する。

　(2)　「店舗名」は，「売上数」をもとに，「1．店舗別売上成績表」の「うどん」を参照して，「売上数」と一致する値が上から何番目にあるかを求め，その値を行番号として「店舗名」を参照して表示する。

	A	B	C
1			
2	店舗表		
3	店舗コード	店舗名	都県名
4	T01	盛岡店	岩手
5	T02	水戸店	茨城
≀	≀	≀	≀
9	T06	松山店	愛媛
10	T07	高松店	香川

（店舗表）

	A	B	C	D	E	F
1						
2	売上データ表					
3	月	日	店舗コード	来店客数	うどん	そば
4	10	1	T05	108	61	29
5	10	2	T02	124	49	55
≀	≀	≀	≀	≀	≀	≀
181	10	31	T06	109	57	34
182	10	31	T07	118	58	39

（売上データ表）

売上分析報告書（１０月）

１．店舗別売上成績表

店舗コード	店舗名	営業日数	来店客数	うどん	そば	店合計	順位	備考
T01	盛岡店	25	170.1	1,496	2,056	3,552	1	◎
T03	※	※	※	※	※	※	※	※
T04	※	※	※	※	※	※	※	※
T02	※	※	※	※	※	※	※	※
T06	※	※	※	※	※	※	※	※
T05	※	※	※	※	※	※	※	※
T07	※	※	※	※	※	※	※	※
		合計	※	※	※	※		
		平均	1,495.2	※	※	※		

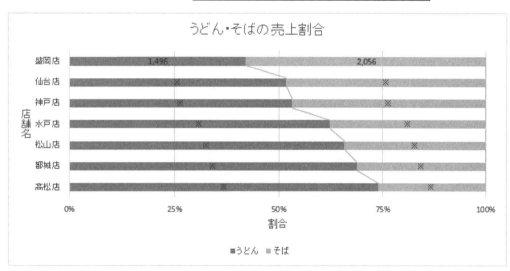

うどん・そばの売上割合

■うどん　■そば

２．うどん売上数の上位３店

売上順位	売上数	店舗名
1	1,812	都城店
2	※	※
3	※	※

（報告書）

第12回　模擬問題（筆記）

制限時間：30分　解答 ➡ p.51

【1】　次の説明文に最も適した答えを解答群から選び，記号で答えなさい。

1．新規にコンピュータシステムを導入・構築する際に必要となる費用。

2．サービスを提供する側と受ける側のコンピュータで構成されているネットワーク。

3．Webサイトなどからウイルスに感染させて，元に戻すためには身代金を要求される不正プログラム。

4．Webサイトを改ざんして，そのサイトを閲覧した人を感染させることを繰り返し，感染被害を拡大させようとする攻撃手法。

5．名前や住所・購買履歴などを，本人の同意なしに第三者に提供しないことなどを規定する法律。

```
解答群
ア．キーロガー          イ．ガンブラー              ウ．ランニングコスト
エ．イニシャルコスト    オ．クライアントサーバシステム  カ．個人情報保護法
キ．著作権              ク．ランサムウェア          ケ．グループウェア
コ．ピアツーピア
```

【2】　次のA群の語句に最も関係の深い説明文をB群から選び，記号で答えなさい。

<A群>　1．OCR　　　2．バックアップ　　　3．MPEG
　　　　4．OSS　　　5．セキュリティホール

<B群>

ア．設計上のミスやプログラムの誤りによって発生する，ネットワークやコンピュータシステムにおける防御機構の欠陥。

イ．高圧縮率で高品質な音声データに圧縮するファイル形式。

ウ．動画を圧縮するための技術で，高画質でDVDビデオやデジタル放送にも利用されている。

エ．他人のパスワードやIDを無断で使用し，コンピュータに不正にアクセスすることを禁止した法律。

オ．手書きや印刷された文字を光学的に読み取る装置。

カ．同じソフトウェアを大量に一括購入するライセンス契約。

キ．一定期間試用したのち，さらに継続して使う場合は料金を支払うソフトウェア。

ク．鉛筆などで塗られたマークを光学的に読み取る装置。

ケ．ソースコードが無償で公開されているソフトウェア。

コ．消えてしまうと困るファイルを安全な場所にコピーして保存すること。

【3】　次の説明文に最も適した答えをア，イ，ウの中から選び，記号で答えなさい。

1．2進数の10111と10進数の15の差を表す2進数。

　　　ア．1000　　　　　　　　**イ**．1001　　　　　　　　**ウ**．11000

2．2進数のコードに変換されたままのファイル。

　　　ア．バイナリファイル　　　**イ**．拡張子　　　　　　　**ウ**．アーカイバ

3．アメリカの工業製品に関する規格を制定する団体。

　　　ア．MIDI　　　　　　　　**イ**．ANSI　　　　　　　　**ウ**．SSID

4．インターネットで標準的に使われる画像形式であり，256色までの画像を保存することができる。

　　　ア．JPEG　　　　　　　　**イ**．GIF　　　　　　　　**ウ**．PNG

5．次の結果表はA表をもとに，B表と集合演算し作成した表である。演算内容として適切なものを選び，記号で答えなさい。

A表

予約番号	出発日	プランコード	支店コード	人数
1521	10/14	P2	T2	5
1522	10/15	P3	T3	6
1523	10/26	P1	T2	2
1524	10/17	P5	T1	1
1526	10/19	P7	T3	6
1527	10/11	P2	T2	8
1529	10/12	P1	T2	4

B表

予約番号	出発日	プランコード	支店コード	人数
1521	10/14	P2	T2	5
1523	10/26	P1	T2	2
1525	10/10	P1	T1	3
1526	10/19	P7	T3	6
1528	10/21	P4	T3	20
1530	10/19	P2	T1	2

結果表

予約番号	出発日	プランコード	支店コード	人数
1522	10/15	P3	T3	6
1524	10/17	P5	T1	1
1527	10/11	P2	T2	8
1529	10/12	P1	T2	4

　　　ア．和　　　　　　　　　**イ**．差　　　　　　　　　**ウ**．積

【4】　ある商品販売店では，売上状況を次のようなリレーショナル型データベースを利用して管理している。次の各問いに答えなさい。

店員表

店員コード	店員名	年齢
T01	大竹　○○	45
T02	錦織　○○	30
T03	藤木　○○	36
T04	西村　○○	25
T05	海原　○○	30

商品表

商品コード	商品名	単価	部門コード
S01	ビジネススーツ	19800	SU
S02	オーダースーツ	59800	SU
S03	セレモニースーツ	29200	SU
S04	カラードレス	50000	SU
S05	ビジネスバッグ	49200	BA
S06	婦人用バッグ	110000	BA
S07	革製ショルダーバッグ	92000	BA
S08	レディース時計	91000	TK
S09	メンズ時計	131000	TK

部門表

部門コード	部門名
SU	スーツ
BA	バッグ
TK	時計

売上表

売上日	店員コード	商品コード	数量
12/14	T01	S03	4
12/14	T01	S09	5
12/14	T02	S01	7
12/14	T02	S04	5
12/14	T03	S02	2
12/14	T04	S05	6
12/14	T04	S07	5
12/15	T01	S01	9
12/15	T01	S05	5
12/15	T01	S06	4
12/15	T02	S01	3
12/15	T02	S02	4
12/15	T02	S04	7
12/15	T03	S05	2
12/15	T03	S08	6
12/15	T04	S01	1
12/15	T04	S03	5
12/15	T05	S07	4
12/15	T05	S09	6
12/16	T01	S05	2
12/16	T02	S01	3
12/16	T02	S04	3
12/16	T03	S08	2
12/16	T04	S07	1
12/16	T05	S07	3

問１．次の表は，商品表と部門表をもとに作成したものである。このようなリレーショナル型データベースの操作として適切なものを選び，記号で答えなさい。

ア． 射影
イ． 選択
ウ． 結合

商品コード	商品名	単価	部門コード	部門名
S01	ビジネススーツ	19800	SU	スーツ
S02	オーダースーツ	59800	SU	スーツ
S03	セレモニースーツ	29200	SU	スーツ
S04	カラードレス	50000	SU	スーツ
S05	ビジネスバッグ	49200	BA	バッグ
S06	婦人用バッグ	110000	BA	バッグ
S07	革製ショルダーバッグ	92000	BA	バッグ
S08	レディース時計	91000	TK	時計
S09	メンズ時計	131000	TK	時計

問2．次のSQL文によって抽出されるデータとして適切なものを選び，記号で答えなさい。

```
SELECT    店員コード
  FROM    店員表
  WHERE   年齢 >= 36
```

ア.

T01

イ.

T01
T03

ウ.

T02
T04
T05

問3．次のSQL文によって抽出されるデータとして適切なものを選び，記号で答えなさい。

```
SELECT    商品コード
  FROM    商品表
  WHERE   単価 < 50000   AND   部門コード = 'SU'
```

ア.

S01
S03

イ.

S01
S03
S04

ウ.

S01
S03
S04
S05

問4．次のSQL文によって抽出されるデータとして適切なものを選び，記号で答えなさい。

```
SELECT    店員名, 商品名
  FROM    店員表, 商品表, 売上表
  WHERE   店員表.店員コード = 売上表.店員コード
    AND   商品表.商品コード = 売上表.商品コード
    AND   年齢 <= 30   AND   数量 > 4
```

ア.

西村	○○	ビジネスバッグ
西村	○○	革製ショルダーバッグ
西村	○○	セレモニースーツ

イ.

錦織	○○	ビジネススーツ
錦織	○○	カラードレス
錦織	○○	カラードレス
海原	○○	メンズ時計

ウ.

錦織	○○	ビジネススーツ
錦織	○○	カラードレス
西村	○○	ビジネスバッグ
西村	○○	革製ショルダーバッグ
錦織	○○	カラードレス
西村	○○	セレモニースーツ
海原	○○	メンズ時計

問5．次のSQL文を実行した結果として適切なものを選び，記号で答えなさい。

```
SELECT    MAX(数量)   AS   実行結果
  FROM    売上表
  WHERE   店員コード <> 'T01'
```

ア. 1　　　　　　　　イ. 7　　　　　　　　ウ. 9

【5】 次の問いに答えなさい。

問1. 次の表は，ある弁当屋の仕入表である。この表をもとにグループ集計の機能で仕入集計表を作成する。グループ集計の機能で「グループの基準」に設定するものとして適切なものを選び，記号で答えなさい。

（グループ集計前）

No	月	日	店名	商品名	単価	仕入数	計
				商品仕入表			
1	10	1	東町店	弁当	400	50	20,000
2	10	1	東町店	お茶	80	150	12,000
3	10	1	西町店	弁当	400	40	16,000
4	10	1	海岸店	弁当	400	40	16,000
5	10	2	東町店	弁当	400	30	12,000
6	10	2	西町店	弁当	400	50	20,000
7	10	2	西町店	お茶	80	300	24,000
8	10	2	海岸店	弁当	400	50	20,000
9	10	3	東町店	弁当	400	50	20,000
10	10	3	西町店	弁当	400	40	16,000
11	10	4	東町店	弁当	400	60	24,000
12	10	4	西町店	弁当	400	50	20,000

（グループ集計後）

No	月	日	店名	商品名	単価	仕入数	計
				商品仕入表			
1	10	1	東町店	弁当	400	50	20,000
5	10	2	東町店	弁当	400	30	12,000
9	10	3	東町店	弁当	400	50	20,000
11	10	4	東町店	弁当	400	60	24,000
2	10	1	東町店	お茶	80	150	12,000
			東町店 集計				88,000
3	10	1	西町店	弁当	400	40	16,000
6	10	2	西町店	弁当	400	50	20,000
10	10	3	西町店	弁当	400	40	16,000
12	10	4	西町店	弁当	400	50	20,000
7	10	2	西町店	お茶	80	300	24,000
			西町店 集計				96,000
4	10	1	海岸店	弁当	400	40	16,000
8	10	2	海岸店	弁当	400	50	20,000
			海岸店 集計				36,000
			総計				220,000

ア．店名　　　　　　　イ．商品名　　　　　　ウ．計

問2．次の表は，販売員ごとの売上数と順位を示した表である。E4に設定する式として適切なものを選び，記号で答えなさい。ただし，この式をE5〜E6にコピーする。

	A	B	C	D	E
1					
2	売上表			売上順位表	
3	販売員名	売上数		順位	売上数
4	鈴木○○	60		1	100
5	佐藤○○	20		2	60
6	中村○○	40		3	40
7	斉藤○○	100			
8	渡部○○	30			

ア． =LARGE(B4:B8,D$4)

イ． =LARGE($B$4:$B$8,$D4)

ウ． =LARGE($B$4:$B$8,D$4)

問3．ある試験では，筆記と実技の試験を行い，一定の得点をとると合格になる。D4には，判定をする次の式が設定されている。この式をD5〜D13にコピーしたとき，「判定」に 実技のみ と表示される数を答えなさい。

=IF(AND(B4>=70,C4>=70),"合格",
　IF(B4>=70,"筆記のみ",IF(C4>=70,"実技のみ","不合格")))

	A	B	C	D
1				
2	試験成績判定表			
3	受験番号	筆記	実技	判定
4	1001	50	60	※
5	1002	60	80	※
6	1003	70	60	※
7	1004	70	70	※
8	1005	80	60	※
9	1006	90	80	※
10	1007	60	60	※
11	1008	70	60	※
12	1009	60	100	※
13	1010	80	90	※

(注)　※印は，値の表記を省略している。

問4．次の表は，月曜日〜金曜日は平日，土曜日と日曜日は土日と区分を判別する表である。次の(1)，(2)に答えなさい。

	A	B	C	D	E
1					
2	曜日区分判別表				
3	年	月	日	曜日値	区分
4	2023	9	9	7	土日
5	2023	9	10	1	土日
6	2023	9	11	2	平日

(1)　「曜日値」は，「年」，「月」，「日」から曜日を示す値を求める。D4に設定する式として適切なものを選び，記号で答えなさい。

ア． =WEEKDAY(DATE(DATE( )))

イ． =WEEKDAY(DATE(A4,B4,C4))

ウ． =WEEKDAY(DATE(C4,B4,A4))

(注)　WEEKDAY関数は戻り値として，1（日曜日）〜7（土曜日）を返す。

(2)　「区分」は，「曜日値」から 平日 か 土日 かを求める。E4に設定する式として適切なものを選び，記号で答えなさい。

ア． =IF(OR(D4>=2,D4<=6),"平日","土日")

イ． =IF(NOT(D4<2,D4>6),"平日","土日")

ウ． =IF(AND(D4>=2,D4<=6),"平日","土日")

【6】 次の表は，ある船会社の乗船記録一覧表である。作成条件にしたがって，各問いに答えなさい。

	A	B	C	D	E	F	G	H
1								
2		乗船予約一覧表						
3								
4	予約コード	車種名	車サイズ	座席等級	人数	車料金	人料金	合計
5	102811	乗用車	4	1	3	¥22,000	¥54,000	¥76,000
6	102831	バイク	3	4	1	¥5,000	¥10,000	¥15,000
7	102821	バス・トラック	6	2	2	¥67,000	¥30,000	¥97,000
8	102812	乗用車	5	3	4	¥25,000	¥52,000	¥77,000
9	102832	バイク	3	3	2	¥5,000	¥26,000	¥31,000
10	102813	乗用車	4	4	3	¥22,000	¥30,000	¥52,000
11								
12	車種料金表							
13	車種コード	車種名	車サイズ				台数計	
14			3	4	5	6		
15	1	乗用車	¥20,000	¥22,000	¥25,000	¥30,000	3	
16	2	バス・トラック	¥34,000	¥44,000	¥56,000	¥67,000	1	
17	3	バイク	¥5,000				2	
18								
19	座席料金表							
20	座席等級	1	2	3	4			
21	座席名	特等席	1等寝台	1等席	2等席			
22	料金	¥18,000	¥15,000	¥13,000	¥10,000			
23	人数計	3	2	6	4			

作成条件

1．「乗船予約一覧表」は，次のように作成する。

(1) 「予約コード」は，左端から4桁は乗船予約する月日，左端から5桁目は車種コード，右端の1桁は連番を示している。

(2) 「車種名」は，「予約コード」から車種コードを抽出し，「車種料金表」を参照して表示する。

(3) 「車料金」は，「車種コード」と「車サイズ」をもとに，「車種料金表」を参照して表示する。

(4) 「人料金」は，「座席等級」をもとに，「座席料金表」を参照して「料金」を求め，「人数」を乗じて求める。

(5) 「合計」は，**「車料金 ＋ 人料金」** の式で求める。

2．「車種料金表」の「台数計」は，車種ごとに予約のあった車の台数を求める。

3．「座席料金表」の「人数計」は，座席ごとに人数の合計を求める。

問１．B5に設定する式として適切なものを選び，記号で答えなさい。ただし，この式をB6～B10に
　　　コピーする。

　　　ア． =VLOOKUP(MID(A5,5,1),A$15:B$17,2,FALSE)
　　　イ． =VLOOKUP(VALUE(MID(A5,5,1)),A$15:B$17,2,FALSE)
　　　ウ． =VLOOKUP(FIND(MID(A5,5,1)),A$15:B$17,2,FALSE)

問２．F5に設定する次の式の空欄にあてはまる適切なものを選び，記号で答えなさい。ただし，こ
　　　の式をF6～F10にコピーする。

　　　=INDEX($C$15:$F$17,VALUE(MID(A5,5,1)),　　　　　　)

　　　ア． C5
　　　イ． C5-1
　　　ウ． C5-2

問３．G5に設定する式として適切なものを選び，記号で答えなさい。ただし，この式をG6～G10に
　　　コピーする。

　　　ア． =HLOOKUP(D5,$B$20:$E$22,3,FALSE)*E5
　　　イ． =HLOOKUP(E5,$B$20:$E$22,3,FALSE)*D5
　　　ウ． =VLOOKUP(D5,$B$20:$E$22,3,FALSE)*E5

問４．G15に設定する式の空欄(a), (b)にあてはまる適切なものを選び，記号で答えなさい。

　　　=COUNTIFS(　　　(a)　　　,　　　(b)　　　)

　　　ア． $A$5:$A$10
　　　イ． $B$5:$B$10
　　　ウ． A15
　　　エ． B15

問５．B23に設定する式として適切なものを選び，記号で答えなさい。ただし，この式をC23～E23
　　　にコピーする。

　　　ア． =VLOOKUP(B20,$D$5:E05,2,FALSE)
　　　イ． =SUMIFS($E$5:$E$10,$D$5:$D$10,B20)
　　　ウ． =COUNTIFS($D$5:$D$10,$E$5:$E$10,B20)

第12回　模擬問題（実技）　　制限時間：20分　解答 ➡ p.53

　日帰りバスツアーを取り扱っているある会社では，申し込みを受け付けた販売店から本部へ，申込状況を毎週報告している。出発日の2週間前になるとこれまでに申し込んだ人数とバスの定員により，募集人数が確定するシステムになっている。予約表の5月8日出発分から日帰りバスツアー募集人数報告書を作成することになった。作成条件にしたがって，シート名「コード表」とシート名「予約表」から，シート名「報告書」を作成しなさい。

作成条件
ワークシートは，試験開始前に提供されたものを使用する。

1．表およびグラフの体裁は，右ページを参考にして設定する。

$$\left(\begin{array}{l}\text{設 定 す る 書 式：罫線}\\\text{設定する数値の表示形式：3桁ごとのコンマ}\end{array}\right)$$

2．表の※印の部分は，式や関数などを利用して求める。

3．グラフの※印の部分は，表に入力された値をもとに表示する。

4．「1．申込人数集計表」は，次のように作成する。

　(1)　「申込回数」は，シート名「予約表」から「コース名」ごとの件数を求める。

　(2)　「申込人数」は，シート名「予約表」から「コース名」ごとに「人数」の合計を求める。

　(3)　「金額合計」は，シート名「予約表」から「コース名」ごとに「金額計」の合計を求める。

　(4)　「備考」は，「金額合計」が最大値の場合は ★★★ ，最小値の場合は ★ ，それ以外の場合は ★★ を表示する。

5．「2．募集人数計算表」は，次のように作成する。

　(1)　「バス台数」は，コースごとに「**申込人数 ÷ 50**」の式で求める。ただし，整数未満を切り上げる。

　(2)　「募集人数」は，コースごとに「**バス台数 × 50**」の式で求める。

　(3)　「合計」は，13～15行目の合計を求める。

6．「3．追加人数計算表」は，次のように作成する。

　(1)　「追加人数」は，コースごとに「**募集人数 － 申込人数**」の式で求める。

　(2)　「合計」は，20～22行目の合計を求める。

7．3D集合縦棒グラフは，「1．申込人数集計表」から作成する。

　(1)　グラフの数値軸目盛は，最小値（0），最大値（150）および間隔（50）を設定する。

　(2)　軸ラベルの方向を設定する。

　(3)　データラベルを設定する。

	A	B	C
1			
2	店コード表		
3	店CO	店名	
4	SJ	新宿	
5	SB	渋谷	
6			
7	コースコード表		
8	コースCO	コース名	金額
9	1	房総	5,000
10	2	伊豆	6,000
11	3	信州	7,000

(コード表)

	A	B	C	D	E	F	G	H
1								
2	予約表							
3	予約日	出発日	店CO	店名	コースCO	コース名	人数	金額計
4	4月3日	5月8日	SJ	新宿	1	房総	18	90,000
5	4月3日	5月8日	SJ	新宿	2	伊豆	24	144,000
6	4月3日	5月8日	SB	渋谷	2	伊豆	16	96,000
≀	≀	≀	≀	≀	≀	≀	≀	≀
17	4月24日	5月8日	SJ	新宿	2	伊豆	16	96,000
18	4月24日	5月8日	SB	渋谷	1	房総	12	60,000
19	4月24日	5月8日	SB	渋谷	2	伊豆	25	150,000

(予約表)

日帰りバスツアー募集人数報告書（5月8日分）

1．申込人数集計表

コース名	申込回数	申込人数	金額合計	備考
房総	5	67	335,000	★
伊豆	※	※	※	※
信州	※	※	※	※
合計	※	※	※	

2．募集人数計算表

コース名	バス台数	募集人数
房総	2	100
伊豆	※	※
信州	※	※
合計	※	※

3．追加人数計算表

コース名	追加人数
房総	33
伊豆	※
信州	※
合計	※

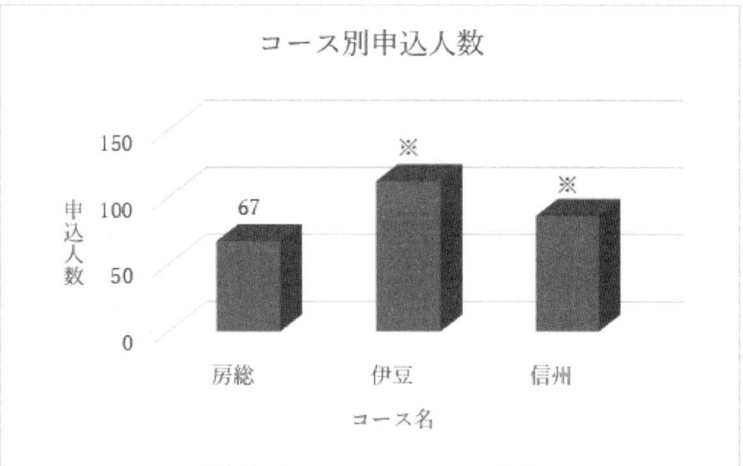

(報告書)

主催　公益財団法人　全国商業高等学校協会

令和5年度（第69回）情報処理検定試験ビジネス情報部門　第2級筆記

制限時間：30分　解答 ➡ p.54

【1】　次の説明文に最も適した答えを解答群から選び，記号で答えなさい。

1. LANケーブルを使用してネットワークに接続する方式。電波を使った接続方法よりも通信が途切れにくく，安定した接続ができる。

2. 音声データを音楽CDと同等の品質で約10分の1にまで圧縮できるため，インターネットなどの音楽配信で使用されているファイル形式。

3. スマートフォンやキーボードからの入力情報を記録するハードウェアやソフトウェア。パスワードやクレジットカード番号などの機密情報を不正に取得するために悪用されることが問題視されている。

4. データの破損や紛失に備えて，データを他の記憶媒体に保存しておくこと。

5. システムの開発から運用，不要になった際の廃棄までにかかる費用の総額。

```
─ 解答群 ─────────────────────────────

ア．無線LAN          イ．MIDI          ウ．バックアップ
エ．ガンブラー        オ．有線LAN        カ．MP3
キ．TCO              ク．UPS           ケ．イニシャルコスト
コ．キーロガー
```

【2】　次のA群の語句に最も関係の深い説明文をB群から選び，記号で答えなさい。

＜A群＞　1．OCR　　　　　2．RGB　　　　　3．ルートディレクトリ
　　　　4．個人情報保護法　5．ストリーミング

＜B群＞
ア．階層構造でファイルを管理する際の，最上層のディレクトリ。

イ．専用の用紙に塗られた印を光学的に読み取る装置。おもに，試験やアンケート調査などを処理する際に使用される。

ウ．思想や感情を表現した文芸や美術作品などに関して，創作者の権利を守ることで文化の発展に寄与する法律。

エ．ディスプレイで表示する際に使われている色の表現方法。色を混ぜれば混ぜるほど白色に近づき，明るくなる特徴がある。

オ．階層構造でファイルを管理する際の，最上層よりも下の階層にあるすべてのディレクトリ。

カ．氏名，生年月日，住所など，生存する個人を特定できる情報に関して権利や利益を守る法律。

キ．印刷する際に使われている色の表現方法。色を混ぜれば混ぜるほど黒色に近づき，暗くなる特徴があるが，完全な黒色を作ることはできないため，別に黒色を用意して補完する。

ク．動画や音楽などをダウンロードしながら再生することができる技術。

ケ．手書きや印刷された文字を光学的に読み取り，文字コードに変換する装置。

コ．スマートフォンなどの通信機器をアクセスポイントとすることで，別の通信機器をインターネットに接続するしくみ。

【３】　次の説明文に最も適した答えをア，イ，ウの中から選び，記号で答えなさい。

1．2進数の 1010110 と10進数の 19 との和を表す2進数。

  ア．1100001　　　　　　　　**イ**．1101001　　　　　　　　**ウ**．1110101

2．磁気ディスク装置における記憶領域の単位であり，バームクーヘンや木の年輪のように同心円状に区切られた領域。

  ア．セクタ　　　　　　　　　**イ**．シリンダ　　　　　　　　**ウ**．トラック

3．誰でも自由に使えるようにするという考え方をもとに，ソースコードを広く一般に公開したソフトウェアのこと。

  ア．OSS　　　　　　　　　　**イ**．SSO　　　　　　　　　　**ウ**．SSID

4．日本の産業製品に関する規格や測定法などが定められた国家規格。自動車や電化製品などに関するものから，文字コードやプログラム言語といった情報処理に関する規格などがある。

  ア．ANSI　　　　　　　　　**イ**．JIS　　　　　　　　　　**ウ**．ISO

5．画像サイズが横1,600×縦1,200ピクセルで256色（8ビットカラー）を表現する画像の容量は何MBか。ただし，1MB=10^6Bとする。

  ア．1.92MB　　　　　　　　**イ**．15.36MB　　　　　　　　**ウ**．61.44MB

第
69
回
検
定

【4】 あるレンタル楽器専門店では，楽器の貸出状況を次のようなリレーショナル型データベースで管理している。次の各問いに答えなさい。

楽器表

楽器コード	楽器名	料金
G001	フルート	5940
G002	クラリネット	4400
G003	アルトサクソフォン	4500
G004	トランペット	3300
G005	ホルン	6500
G006	トロンボーン	4510
G007	ユーフォニアム	7500
G008	チューバ	8300

㊟「料金」は，1か月あたりの料金である。

貸出表

貸出開始日	顧客コード	楽器コード	貸出月数
2023/09/01	K0003	G001	3
2023/09/01	K0003	G002	2
2023/09/01	K0003	G003	1
2023/09/02	K0002	G001	1
2023/09/02	K0005	G002	3
2023/09/03	K0002	G007	2
2023/09/03	K0005	G004	2
2023/09/04	K0004	G003	1
2023/09/04	K0006	G002	1
2023/09/07	K0001	G004	1
2023/09/07	K0009	G006	2
2023/09/09	K0002	G005	3
2023/09/10	K0005	G008	2
2023/09/12	K0007	G007	1
2023/09/16	K0005	G006	1
2023/09/19	K0008	G001	3
2023/09/19	K0010	G008	1
2023/09/20	K0008	G005	1
2023/09/20	K0008	G006	1
2023/09/22	K0004	G002	1
2023/09/22	K0006	G003	2

分類表

分類コード	分類名
B01	個人
B02	吹奏楽団体
B03	学校

顧客表

顧客コード	顧客名	電話番号	分類コード
K0001	池田　○○	XX-XXXX-8635	B01
K0002	○○吹奏楽団	XXX-XXXX-3547	B02
K0003	○○○中学校	XXX-XXXX-6469	B03
K0004	渡辺　○○	XX-XXXX-0128	B01
K0005	市民吹奏楽団	XX-XXXX-5561	B02
K0006	青山　○○	XX-XXXX-7786	B01
K0007	木下　○○	XXX-XXXX-5983	B01
K0008	○○高等学校	XXX-XXXX-7768	B03
K0009	佐藤　○	XX-XXXX-8186	B01
K0010	田中　○○	XXX-XXXX-0943	B01

問1．次の表は，顧客表をもとにして作成したものである。このようなリレーショナル型データベースの操作として適切なものを選び，記号で答えなさい。

ア．射影

イ．選択

ウ．結合

顧客コード	顧客名	電話番号	分類コード
K0002	○○吹奏楽団	XXX-XXXX-3547	B02
K0005	市民吹奏楽団	XX-XXXX-5561	B02

問2．次のSQL文によって抽出されるデータとして適切なものを選び，記号で答えなさい。

```
SELECT    楽器名
   FROM    楽器表
  WHERE    料金 <= 4500
```

ア.

楽器名
クラリネット
アルトサクソフォン
トランペット

イ.

楽器名
クラリネット
トランペット

ウ.

楽器名
フルート
ホルン
トロンボーン
ユーフォニアム
チューバ

問3．次のSQL文によって抽出されるデータとして適切なものを選び，記号で答えなさい。

```
SELECT    分類名，顧客名
   FROM    分類表，顧客表，貸出表
  WHERE    分類表.分類コード ＝ 顧客表.分類コード
    AND    顧客表.顧客コード ＝ 貸出表.顧客コード
    AND    貸出開始日 ＝ '2023/09/07'
```

ア.

分類名	顧客名
個人	渡辺　○○
個人	青山　○○

イ.

分類名	顧客名
学校	○○高等学校
個人	田中　○○

ウ.

分類名	顧客名
個人	池田　○○
個人	佐藤　○

問4．次のSQL文によって抽出されるデータとして適切なものを選び，記号で答えなさい。

```
SELECT    顧客名，貸出月数 * 料金 AS 利用料
   FROM    楽器表，顧客表，貸出表
  WHERE    楽器表.楽器コード ＝ 貸出表.楽器コード
    AND    顧客表.顧客コード ＝ 貸出表.顧客コード
    AND    分類コード ＝ 'B02'
    AND    貸出月数 > 2
```

ア.

顧客名	利用料
○○吹奏楽団	5940
市民吹奏楽団	4510

イ.

顧客名	利用料
○○吹奏楽団	15000
市民吹奏楽団	6600
市民吹奏楽団	16600

ウ.

顧客名	利用料
市民吹奏楽団	13200
○○吹奏楽団	19500

問5．次のSQL文を実行したとき，表示される適切な数値を答えなさい。

```
SELECT    COUNT(*) AS 実行結果
   FROM    貸出表
  WHERE    顧客コード ＝ 'K0005'
```

実行結果
※

㊟　※印は，値の表記を
省略している。

【5】 次の各問いに答えなさい。

問1．次の表は，バスケットボールのシュート結果表である。成功率は，「成功数」を「総本数」で割って求める。A6に設定する次の式の空欄にあてはまる適切なものを選び，記号で答えなさい。

=□(B4/C4,"成功率は0.0%です")

ア．FIND
イ．SEARCH
ウ．TEXT

	A	B	C
1			
2	シュート結果表		
3	選手名	成功数	総本数
4	井上 〇〇	45	52
5			
6	成功率は86.5%です		

問2．次の表は，ある施設の利用料金計算表である。入退室の時刻を「時」と「分」に分けて入力し，利用時間に利用金額を掛けて「料金」を求める。利用金額は30分ごとに200円であり，端数の時間については切り上げる。F5に設定する式として適切なものを選び，記号で答えなさい。ただし，この施設の営業時間は9時～23時までである。

	A	B	C	D	E	F
1						
2	利用料金計算表					
3	受付番号	入室		退出		料金
4		時	分	時	分	
5	1	9	3	9	27	200
6	2	9	15	10	56	800
7	3	9	27	11	3	800
8	4	9	30	12	10	1,200
9	5	9	40	13	10	1,400
～	～	～	～	～	～	～

ア．=ROUNDUP((HOUR(D5-B5)*60+MINUTE(E5-C5))/30,0)*200
イ．=ROUNDUP(((D5-B5)*60+(E5-C5))/30,0)*200
ウ．=ROUNDUP((TIME(D5,E5,0)-TIME(B5,C5,0))/30,1)*200

問3．次の表は，ある施設の過去1年間の天候別入場者数平均表である。E4は，E3に入力した文字が含まれる「天候」の「入場者数平均」の平均を求める。E4に設定する式として適切なものを選び，記号で答えなさい。

	A	B	C	D	E	F
1						
2	過去1年間の天候別入場者数平均表					
3	天候	入場者数平均		天候に	晴	が含まれる
4	晴	18,563		入場者数平均	15,300	
5	晴のち曇	17,365				
6	晴のち曇のち雨	13,254				
～	～	～				
12	曇	17,658				
13	曇のち晴	16,854				
～	～	～				
24	雨のち曇のち雨	10,879				
25	雨時々曇	10,987				
26	雨一時曇	11,325				

ア．=AVERAGEIFS(B4:B26,A4:A26,"*"&E3&"*")
イ．=AVERAGEIFS(B4:B26,A4:A26,"*"&"晴")
ウ．=AVERAGEIFS(B4:B26,A4:A26,E3)

問4．次の表は，クラス対抗球技大会の対戦表である。A列のクラスがB列からF列の対戦相手に勝った場合は ○ を表示し，引き分けの場合は △ を表示し，負けた場合は × を表示する。G5には次の式が設定されている。対戦表の空欄(a)，(b)にあてはまる記号の組み合わせとして適切なものを選び，記号で答えなさい。ただし，この式をG9までコピーする。

	A	B	C	D	E	F	G
1							
2	対戦表						
3		対戦相手					
4		3年1組	3年2組	3年3組	3年4組	3年5組	得点
5	3年1組		○	※	○	△	7
6	3年2組	※		×	×	○	2
7	3年3組	(a)	※		△	※	3
8	3年4組	※	※	※		○	5
9	3年5組	※	※	(b)	※		3

（注） ※印は，値の表記を省略している。

=COUNTIFS(B5:F5,"○")*2+COUNTIFS(B5:F5,"△")

ア．(a)×　　(b)×
イ．(a)×　　(b)○
ウ．(a)○　　(b)○

問5．次の商品別売上集計表は，売上一覧表をもとに行方向に「商品名」ごとの数量，列方向に「種類」ごとの数量を集計したものである。この集計機能として適切なものを選び，記号で答えなさい。

	A	B	C	D	E	F	G	H	I	J	K
1											
2	売上一覧表						商品別売上集計表				
3	No	商品名	種類	数量			合計 / 数量	種類			
4	1	苺パフェ	Aセット	3			商品名	Aセット	Bセット	単品	総計
5	2	パンケーキ	単品	2			苺パフェ	20	14	29	63
6	3	フルーツサンド	Aセット	3			カルボナーラ	18	19	18	55
7	4	昔ながらのプリン	単品	3			たらこパスタ	20	14	17	51
8	5	モンブラン	単品	1			ナポリタン	13	17	18	48
9	6	カルボナーラ	Aセット	1			パンケーキ	19	18	31	68
10	7	たらこパスタ	単品	1			フルーツサンド	24	30	18	72
11	8	ナポリタン	Bセット	1			ペペロンチーノ	14	20	17	51
12	9	ペペロンチーノ	Aセット	1			ミートソース	31	24	26	81
13	10	ミートソース	Bセット	1			モンブラン	27	8	19	54
14	11	苺パフェ	単品	2			昔ながらのプリン	15	21	14	50
15	12	パンケーキ	Bセット	1			総計	201	185	207	593
～	～		～	～							
301	298	パンケーキ	Bセット	1							
302	299	フルーツサンド	Aセット	2							
303	300	フルーツサンド	Bセット	3							

ア．フィルタ　　　　　　　**イ**．ピボットテーブル　　　　　　　**ウ**．ゴールシーク

【6】 次の表は，ある陸上競技大会における成績表である。作成条件にしたがって，各問いに答えなさい。

	A	B	C	D	E	F	G	H	I	J	K	L	M	N
1														
2			陸上競技大会成績表											
3									県大会出場標準得点				2,500	
4	選手番号	選手名	学校名	110mハードル		砲丸投		走高跳		400m走		総得点	ポイント	備考
5				記録	得点	記録	得点	記録	得点	記録	得点			
6	CE02	飯塚 ○	中央中	20.82	287	9.76	471	1.70	544	51.00	769	2,071	0	※
7	EA01	石塚 ○○	東中	15.23	822	11.32	565	1.55	426	欠場	0	1,813	0	※
8	S001	大森 ○	南中	16.08	724	8.44	392	1.68	528	54.24	630	2,274	6	※
9	S002	日下部 ○	南中	15.98	735	9.79	473	1.71	552	51.65	740	2,500	8	※
10	S003	久保田 ○	南中	16.05	727	11.08	551	1.72	560	51.88	730	2,568	14	※
11	CE03	小松 ○	中央中	16.65	661	10.89	539	1.60	464	52.61	698	2,362	7	※
12	CE01	佐々木 ○	中央中	15.31	812	9.02	427	1.76	593	52.55	701	2,533	12	※
13	N002	鈴木 ○	北中	16.23	707	10.14	494	1.74	577	52.00	725	2,503	9	※
14	WE03	田口 ○○	西中	18.92	439	11.07	550	1.52	404	57.89	488	1,881	0	※
15	N001	竹島 ○○	北中	15.97	736	10.36	507	1.65	504	49.60	833	2,580	15	※
16	EA03	田島 ○	東中	15.96	737	6.94	304	1.85	670	50.20	805	2,516	11	※
17	EA02	二宮 ○○	東中	15.95	738	9.32	445	1.82	644	52.05	723	2,550	13	※
18	N003	羽鳥 ○	北中	15.06	824	失格	0	1.78	610	50.15	808	2,242	0	※
19	WE01	浜田 ○○	西中	17.58	565	10.34	506	1.73	569	54.89	603	2,243	0	※
20	WE02	吉田 ○	西中	15.93	741	11.21	559	1.79	619	55.12	594	2,513	10	※
21														
22	学校別対抗ポイント表													
23	学校コード	CE		EA	WE	S0	N0							
24	学校名	中央中		東中	西中	南中	北中							
25	ポイント合計		19	24	10	28	24							
26														
27	種目別最高記録表													
28	種目名	選手名		学校名										
29	110mハードル	羽鳥 ○		北中										
30	砲丸投	石塚 ○○		東中										
31	走高跳	田島 ○		東中										
32	400m走	竹島 ○○		北中										

(注) ※印は，値の表記を省略している。

作成条件

1．「陸上競技大会成績表」は，次のように作成する。なお，競技者の人数は各校3人ずつの15人であり，各競技の「得点」は，同得点はないものとする。

(1) 「選手番号」は次のように構成されている。

例　CE02　→　　CE　　　　02
　　　　　　　　学校コード　個人コード

(2) 「学校名」は，「選手番号」の左端から2文字を抽出し，「学校別対抗ポイント表」を参照して表示する。

(3) 「記録」については，種目の違いにより，次のように表示されている。

例　11秒43　→　11.43　　6m94　→　6.94

(4) 「総得点」は，「110mハードル」から「400m走」までの「得点」の合計を求める。

(5) 「ポイント」は，「総得点」の降順に順位を求め，1位なら15ポイント，2位なら14ポイント，3位なら13ポイントと以下10位までにポイントを付け，それ以外の場合，0 を表示する。

(6) 「備考」は，N6に次の式を設定し，N20までコピーする。

=IF(OR(L6>$M$3,M6>=10),"○","")

2．「学校別対抗ポイント表」は，次のように作成する。

(1) 「ポイント合計」は，「陸上競技大会成績表」の「学校名」ごとに「ポイント」の合計を求める。

3．「種目別最高記録表」は，次のように作成する。

(1) 「選手名」は，「陸上競技大会成績表」の各種目における「得点」の最大値をもとに「陸上競技大会成績表」を参照して表示する。

(2) 「学校名」は，「陸上競技大会成績表」の各種目における「得点」の最大値をもとに「陸上競技大会成績表」を参照して表示する。

問1．C6に設定する式として適切なものを選び，記号で答えなさい。ただし，この式をC20までコピーする。

    ア． =VLOOKUP(LEFT(A6,2),$B$23:$F$24,2,FALSE)

    イ． =HLOOKUP(LEFT(A6,2),$B$23:$F$24,2,TRUE)

    ウ． =HLOOKUP(LEFT(A6,2),$B$23:$F$24,2,FALSE)

問2．M6に設定する式として適切なものを選び，記号で答えなさい。ただし，この式をM20までコピーする。

    ア． =IF(RANK(L6,$L$6:$L$20,1)>=10,15-RANK(L6,$L$6:$L$20,0)+1,0)

    イ． =IF(RANK(L6,$L$6:$L$20,0)<=10,15-RANK(L6,$L$6:$L$20,0)+1,0)

    ウ． =IF(RANK(L6,$L$6:$L$20,1)<=10,15-RANK(L6,$L$6:$L$20,1)+1,0)

問3．N6～N20に表示される　○　の数を答えなさい。

問4．B25に設定する式として適切なものを選び，記号で答えなさい。ただし，この式をF25までコピーする。

    ア． =SUMIFS($L$6:$L$20,$C$6:$C$20,B24)

    イ． =SUMIFS($M$6:$M$20,$C$6:$C$20,B23)

    ウ． =SUMIFS($M$6:$M$20,$C$6:$C$20,B24)

問5．B29に設定する式として適切なものを選び，記号で答えなさい。ただし，この式をC29までコピーする。

    ア． =INDEX(B$6:B$20,MATCH(MAX($E$6:$E$20),$E$6:$E$20,0),1)

    イ． =INDEX($B$6:$B$20,MATCH(MAX(E$6:E$20),E$6:E$20,0),1)

    ウ． =INDEX($B6:$B20,MATCH(MAX(E$6:E$20),E$6:E$20,0),1)

主催　公益財団法人　全国商業高等学校協会
令和5年度（第69回）情報処理検定試験ビジネス情報部門　第2級実技

制限時間：20分　解答 ➡ p.55

次の表は，ある小売業におけるアイスクリームの売上報告書である。作成条件にしたがって，シート名「県表」とシート名「売上表」から，シート名「報告書」を作成しなさい。

作成条件

ワークシートは，試験開始前に提供されたものを使用する。

1. 表およびグラフの体裁は，右ページを参考にして設定する。

> 設 定 す る 書 式：罫線
> 設定する数値の表示形式：3桁ごとのコンマ，%，小数の表示桁数

2. 表の※印の部分は，式や関数などを利用して求める。

3. グラフの※印の部分は，表に入力された値をもとに表示する。

4.「1．県別売上表」は，次のように作成する。

(1)「県名」は，「県コード」をもとに，シート名「県表」を参照して表示する。

(2)「売上数計」は，シート名「売上表」から「県コード」ごとに「売上数」の合計を求める。

(3)「売上金額計」は，シート名「売上表」から「県コード」ごとに「売上金額」の合計を求める。

(4)「人口」は，「県コード」をもとに，シート名「県表」を参照して表示する。

(5)「1人あたりの金額」は，次の式で求める。ただし，小数第1位未満を切り捨て，小数第1位まで表示する。

　　　　「売上金額計　÷　人口」

(6)「順位」は，「売上金額計」を基準として，降順に順位を求める。

(7)「備考」は，「人口」が 700000 以上，かつ「1人あたりの金額」が 180.0 以上の場合，○ を表示し，それ以外の場合，何も表示しない。

5.「2．期別売上表」は，次のように作成する。

(1)「売上数合計」は，シート名「売上表」から「四半期コード」ごとに「売上数」の合計を求める。

(2)「売上金額合計」は，シート名「売上表」から「四半期コード」ごとに「売上金額」の合計を求める。

(3)「平均売上金額」は，シート名「売上表」から「四半期コード」ごとに「売上金額」の平均を求める。ただし，整数部のみ表示する。

(4)「合計」は，各列の合計を求める。

(5)「構成比率」は，次の式で求める。ただし，%で小数第1位までを表示する。

　　　　「売上金額合計　÷　売上金額合計の合計」

6. 100%積み上げ横棒グラフは，「2．期別売上表」から作成する。

(1) 区分線を設定する。

(2) 数値軸（横軸）の目盛は，最小値（0%），最大値（100%）および間隔（25%）を設定する。

(3) 項目軸（縦軸）の順序を設定する。

(4) 凡例の位置を設定する。

(5) データラベルを設定する。

	A	B	C
1			
2	県表		
3	県コード	県名	人口
4	TT	鳥取県	543,615
5	SM	島根県	657,842
〜	〜	〜	〜
12	KC	高知県	675,710

(県表)

	A	B	C	D	E
1					
2	売上表				
3	四半期コード	月	県コード	売上数	売上金額
4	1Q	4	OK	43,056	7,233,408
5	1Q	4	TK	51,095	13,233,605
〜	〜	〜	〜	〜	〜
111	4Q	3	EH	46,031	8,147,487

(売上表)

アイスクリーム年間売上集計表

1．県別売上表

県コード	県名	売上数計	売上金額計	人口	1人あたりの金額	順位	備考
YM	山口県	1,131,166	247,967,432	1,312,950	188.8	2	○
KC	※	※	※	※	※	※	※
KG	※	※	※	※	※	※	※
SM	※	※	※	※	※	※	※
HR	※	※	※	※	※	※	※
OK	※	※	※	※	※	※	※
TT	※	※	※	※	※	※	※
EH	※	※	※	※	※	※	※
TK	※	※	※	※	※	※	※

2．期別売上表

四半期コード	期間	売上数合計	売上金額合計	平均売上金額	構成比率
1Q	4-6月	1,917,640	399,191,634	14,784,875	23.0%
2Q	7-9月	※	※	※	※
3Q	10-12月	※	※	※	※
4Q	1-3月	※	※	※	※
	合計	※	※		

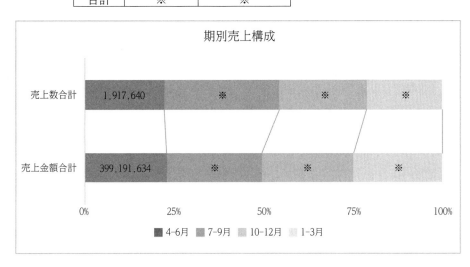

(報告書)

主催　公益財団法人　全国商業高等学校協会

令和5年度（第70回）情報処理検定試験ビジネス情報部門　第2級筆記

制限時間：30分　解答 ➡ p.59

【1】　次の説明文に最も適した答えを解答群から選び，記号で答えなさい。

1．ディジタル画像を構成する点。それぞれの点が色情報を持ち，縦横に並べて1枚の画像を表現している。

2．コンピュータにマウスなどの周辺装置を接続した際，OSが自動的にデバイスドライバをインストールし，使用できるように設定するしくみ。

3．文字コードの世界的な標準規格。世界中の言語で使われている多くの文字を，一つの文字コード体系で表現することができる。

4．アクセス権において，ファイルの更新や削除，アクセス権の変更をすることができる権限。

5．新しい技術やデザインなどについて独占的に使用できる権利の総称。特許庁へ出願し，登録されることで権利が発生する。

```
─ 解答群 ─
ア．著作権              イ．プラグアンドプレイ        ウ．Unicode
エ．ドット              オ．書き込み                  カ．産業財産権
キ．ASCIIコード         ク．ピクセル                  ケ．ワイルドカード
コ．フルコントロール
```

【2】　次のA群の語句に最も関係の深い説明文をB群から選び，記号で答えなさい。

＜A群＞　1．セクタ　　　　　　2．拡張子　　　　　　3．ANSI
　　　　　4．サイトライセンス　5．グループウェア

＜B群＞
　　ア．磁気ディスク装置における記憶領域の単位であり，最小単位に区切られた領域。

　　イ．複数のファイルを一つのファイルにまとめるためのソフトウェア。一つにまとめられたファイルを元の複数のファイルに戻す機能も備えている。

　　ウ．文字コードによって表現できる文字データのみで作られたファイル。異なるアプリケーションソフトウェアで使用することができる。

　　エ．工業分野における米国の国家標準規格を定めている団体。ここで定められた規格が，国際標準規格になることも多い。

　　オ．ソフトウェアの使用許諾のうち，企業や学校など特定の組織内で購入し，必要数の使用を一括して認められたもの。

　　カ．磁気ディスク装置における記憶領域の単位であり，複数のディスクの同心円状の領域を，円筒状にまとめた領域。

　　キ．ファイルの種類を識別するために，ファイル名のピリオドの後ろにつける文字列。

　　ク．企業内における業務の効率化を図るためのソフトウェア。掲示板，スケジュール管理，会議室の予約など情報共有に特化した機能を備えている。

　　ケ．ソフトウェアの使用許諾のうち，一定期間や一部機能に限定して，無料で試用が認められたもの。試用の範囲を越えて使用する場合，料金の支払いが生じる。

　　コ．世界共通の国際標準規格を定めている団体。製品に関してだけでなく，組織を管理するしくみに関する規格も存在する。

【3】　次の説明文に最も適した答えをア，イ，ウの中から選び，記号で答えなさい。

1．2進数の 1101011 と2進数の 111011 との差を表す10進数。

　　ア．48　　　　　　　　　　　**イ**．52　　　　　　　　　　　**ウ**．96

2．静止画像のデータを圧縮したファイル形式。フルカラーと透過を表現でき，圧縮後に圧縮前のデータに戻すことができる。

　　ア．JPEG　　　　　　　　　　**イ**．PNG　　　　　　　　　　**ウ**．BMP

3．スマートフォンやタブレットなどを介してネットワークに無線接続する際，アクセスポイントを識別するための名称。

　　ア．テザリング　　　　　　　　**イ**．LAN　　　　　　　　　　**ウ**．SSID

4．既存のWebサイトに侵入して，不正プログラムを埋め込むことで，ユーザを悪意のあるWebサイトへ誘導し，マルウェアに感染させる攻撃方法。

　　ア．ファイアウォール　　　　　**イ**．セキュリティホール　　　**ウ**．ガンブラー

5．あるスポーツショップにおける新作スキー板予約表と，新作スノーボード板予約表を積集合した仮想表を作成する。作成された仮想表のレコード件数。

新作スキー板予約表

会員番号	会員名
1010	坂之上　〇〇
1016	小田　〇
1033	富川　〇〇
1044	熊田　〇〇〇
1060	高橋　〇〇
1062	石上　〇〇
1082	森山　〇

新作スノーボード板予約表

会員番号	会員名
1016	小田　〇
1026	天野　〇〇
1033	富川　〇〇
1056	川名　〇〇
1060	高橋　〇〇
1082	森山　〇
1096	渡辺　〇〇

　　ア．4　　　　　　　　　　　　**イ**．7　　　　　　　　　　　　**ウ**．10

【4】　ある温泉テーマパークでは，売上状況を次のようなリレーショナル型データベースで管理している。次の各問いに答えなさい。

入館料表

入館料コード	種別	入館料
N01	平日	2200
N02	土日祝	2600
N03	特定日	2800
N04	朝風呂	1000

貸出表

貸出コード	品目	料金
K001	タオルセット	450
K002	館内着	400
K003	水着	700
K004	浮き輪	500
K005	ブランケット	280

売上表

売上コード	売上日	入館料コード	大人人数	子供人数
U0001	2023/12/21	N01	6	0
U0002	2023/12/21	N01	3	2
U0003	2023/12/21	N01	5	7
U0004	2023/12/22	N04	3	0
U0005	2023/12/22	N01	8	3
U0006	2023/12/22	N01	3	1
U0007	2023/12/22	N01	3	5
U0008	2023/12/22	N01	8	6
U0009	2023/12/23	N04	2	3
U0010	2023/12/23	N04	6	3
U0011	2023/12/23	N02	5	5
U0012	2023/12/23	N02	5	3
U0013	2023/12/23	N02	2	2
U0014	2023/12/23	N02	5	3
U0015	2023/12/24	N04	5	1
U0016	2023/12/24	N04	5	6
U0017	2023/12/24	N03	6	1
U0018	2023/12/24	N03	8	6
U0019	2023/12/24	N03	6	6
U0020	2023/12/24	N03	6	3
U0021	2023/12/24	N03	5	2

貸出明細表

売上コード	貸出コード	数量
U0002	K003	3
U0002	K004	2
U0003	K005	2
U0005	K001	8
U0005	K004	3
U0008	K002	5
U0011	K001	5
U0011	K002	5
U0011	K003	2
U0011	K004	1
U0012	K003	2
U0012	K005	2
U0014	K003	3
U0014	K004	1
U0015	K001	5
U0017	K001	6
U0017	K003	6
U0020	K001	6
U0020	K004	1
U0020	K005	3

問1．売上表の主キーと外部キーの組み合わせとして適切なものを選び，記号で答えなさい。ただし，主キーは，必要最低限かつ十分な条件を満たしていること。

	（主キー）	（外部キー）
ア.	売上コード	売上日
イ.	入館料コード	売上コード
ウ.	売上コード	入館料コード

問2．次のSQL文によって抽出されるデータとして適切なものを選び，記号で答えなさい。

```
SELECT    品目
  FROM    貸出表
  WHERE   料金 >= 450
```

ア.

品目
タオルセット
水着
浮き輪

イ.

品目
タオルセット
館内着
ブランケット

ウ.

品目
水着
浮き輪

問3．次のSQL文によって抽出されるデータとして適切なものを選び，記号で答えなさい。

```
SELECT    売上コード, 大人人数
  FROM    入館料表, 売上表
  WHERE   入館料表.入館料コード = 売上表.入館料コード
    AND   種別 = '朝風呂'
```

ア.

売上コード	大人人数
U0011	5
U0012	5
U0013	2
U0014	5

イ.

売上コード	大人人数
U0004	3
U0009	2
U0010	6
U0015	5
U0016	5

ウ.

売上コード	大人人数
U0017	6
U0018	8
U0019	6
U0020	6
U0021	5

問4．次のSQL文によって抽出されるデータとして適切なものを選び，記号で答えなさい。

```
SELECT    品目, 数量
  FROM    入館料表, 売上表, 貸出表, 貸出明細表
  WHERE   入館料表.入館料コード = 売上表.入館料コード
    AND   売上表.売上コード = 貸出明細表.売上コード
    AND   貸出表.貸出コード = 貸出明細表.貸出コード
    AND   種別 = '平日'
    AND   料金 < 500
```

ア.

品目	数量
ブランケット	2
タオルセット	8
館内着	5

イ.

品目	数量
タオルセット	5
館内着	5
ブランケット	2

ウ.

品目	数量
浮き輪	2
ブランケット	2
タオルセット	8
浮き輪	3
館内着	5

問5．次のSQL文を実行したとき，表示される適切な数値を答えなさい。

```
SELECT    AVG(数量)  AS  実行結果
  FROM    貸出明細表
  WHERE   貸出コード = 'K001'
```

実行結果
※

(注)　※印は，値の表記を
省略している。

第70回検定

【5】 次の各問いに答えなさい。

問1．次の表は，ある商業施設のポイント付与表である。「購入金額」の10%のポイントが整数未満切り捨てで付与される。ただし，「購入回数」が3の倍数の場合はポイントが3倍になる。E5に設定する次の式と同等の結果が表示できる式として適切なものを選び，記号で答えなさい。

=INT(D5*0.1)*IF(MOD(C5,3)=0,3,1)

	A	B	C	D	E
1					
2	ポイント付与表				
3				本日の日付	2024/1/21
4	No	会員番号	購入回数	購入金額	ポイント
5	1	20210103002	57	1,113	333
6	2	20220312011	43	680	68
7	3	20191105003	35	1,538	153
8	4	20170320013	25	2,498	249
9	5	20181221005	45	1,857	555
〜	〜	〜	〜	〜	〜
159	155	20220302001	21	690	207

ア．=INT(D5*0.1)*IF(MOD(C5,3)=0,1,3)
イ．=ROUNDDOWN(D5*0.1,0)*IF(NOT(MOD(C5,3)=0),1,3)
ウ．=ROUNDDOWN(D5*0.1,0)*IF(MOD(C5,3)=0,1,3)

問2．次の表は，学部名変更表である。「変更前学部名」から「変更部分文字」を抽出し，「変更後文字」に変更し，「変更後学部名」を表示する。D4に設定する次の式の空欄にあてはまる適切なものを選び，記号で答えなさい。ただし，空欄には同じものが入る。

	A	B	C	D
1				
2	学部名変更表			
3	変更前学部名	変更部分文字	変更後文字	変更後学部名
4	情報学部	情報	メディア	メディア学部
5	生産工学部	工学	理工学	生産理工学部
6	都市建築学部	建築	デザイン	都市デザイン学部

=LEFT(A4,_____(B4,A4)-1)&C4&RIGHT(A4,LEN(A4)-_____(B4,A4)-LEN(B4)+1)

ア．TEXT　　　　　　　**イ**．COUNTIFS　　　　　　**ウ**．SEARCH

問3．次の表は，モルック対戦成績表である。次の条件にしたがって，「表彰」を表示する。G4とH4に設定する次の式の空欄(a)〜(c)にあてはまる適切なものを選び，記号で答えなさい。ただし，この式をG9とH9までコピーする。

	A	B	C	D	E	F	G	H
1								
2	モルック対戦成績表							
3	チーム名	1回目	2回目	3回目	4回目	5回目	得点	表彰
4	A	38	50	26	41	40	119	2
5	B	36	42	47	35	50	125	1
6	C	32	42	50	36	38	116	特別賞
7	D	50	42	23	36	40	118	3
8	E	21	22	32	50	30	84	6
9	F	31	42	35	40	47	117	4

条件
(1) 「得点」は点数の合計から最高点と最低点を引いた点数を求め，表示する。
(2) 「表彰」は「得点」の降順に順位を求め「得点」の中で下から2番目のチームに 特別賞 を表示する。

G4 =SUM(B4:F4)-___(a)___(B4:F4)-___(b)___(B4:F4)
H4 =IF(___(c)___($G$4:$G$9,2)=G4,"特別賞",RANK(G4,$G$4:$G$9,0))

ア．(a) MAX　　(b) MIN　　(c) SMALL
イ．(a) MIN　　(b) MAX　　(c) LARGE
ウ．(a) MIN　　(b) MAX　　(c) MIN

問4．ある学校では，図書館の利用者数を集計するために次の表を用いている。シート名「合計」のB4に次の式が設定されている際の，シート名「1学年」の空欄(a)とシート名「合計」の空欄(b)にあてはまる適切な数値を答えなさい。ただし，この式をD6までコピーする。

=SUM(1学年:3学年!B4)

シート名「1学年」

	A	B	C	D
1				
2	1学年			単位：人
3	冊数	10月	11月	12月
4	1冊	(a)	80	70
5	2冊	57	46	55
6	3冊以上	35	25	40
7				

1学年 / 2学年 / 3学年 / 合計

シート名「2学年」

	A	B	C	D
1				
2	2学年			単位：人
3	冊数	10月	11月	12月
4	1冊	60	55	66
5	2冊	35	48	32
6	3冊以上	42	32	20
7				

1学年 / 2学年 / 3学年 / 合計

シート名「3学年」

	A	B	C	D
1				
2	3学年			単位：人
3	冊数	10月	11月	12月
4	1冊	70	70	90
5	2冊	65	50	83
6	3冊以上	50	45	55
7				

1学年 / 2学年 / 3学年 / 合計

シート名「合計」

	A	B	C	D
1				
2	利用者数合計			単位：人
3	冊数	10月	11月	12月
4	1冊	210	205	226
5	2冊	157	144	170
6	3冊以上	127	102	(b)
7				

1学年 / 2学年 / 3学年 / 合計

問5．次の表は，東日本の国立公園面積一覧表である。「総面積」を基準として，表計算ソフトウェアのデータ分析機能を実行し，「総面積」が 100000 以上のデータを表示する。実行したデータ分析機能の名称として適切なものを選び，記号で答えなさい。

（元のデータ）

	A	B	C
1			
2	国立公園面積一覧表		
3	国立公園名	総面積	特別保護面積
4	利尻礼文サロベツ	24,512	9,566
5	知床	38,954	23,526
6	阿寒摩周	91,413	10,460
7	釧路湿原	28,788	6,490
8	大雪山	226,764	36,807
9	支笏洞爺	99,473	2,706
10	十和田八幡平	85,534	13,288
11	三陸復興	28,539	848
12	磐梯朝日	186,375	18,338
13	日光	114,908	1,187
14	尾瀬	37,222	9,419
15	上信越高原	148,194	9,201
16	秩父多摩甲斐	126,259	3,791
17	小笠原	6,629	4,934
18	富士箱根伊豆	121,749	7,693
19	中部山岳	174,323	64,129
20	妙高戸隠連山	39,772	3,552
21	白山	49,900	17,857
22	南アルプス	35,752	9,181
23	伊勢志摩	55,544	1,003
24			

（抽出後）

	A	B	C
1			
2	国立公園面積一覧表		
3	国立公園名 ▼	総面積 ▼	特別保護面積 ▼
8	大雪山	226,764	36,807
12	磐梯朝日	186,375	18,338
13	日光	114,908	1,187
15	上信越高原	148,194	9,201
16	秩父多摩甲斐	126,259	3,791
18	富士箱根伊豆	121,749	7,693
19	中部山岳	174,323	64,129
24			

ア． ゴールシーク　　　　　**イ．** クロス集計　　　　　**ウ．** フィルタ

【6】 次の表は，ある地域におけるいちご農園の売上一覧表である。作成条件にしたがって，各問いに答えなさい。

	A	B	C	D	E	F	G	H	I
1									
2		いちご農園売上一覧表							
3									
4	農園コード	農園名	エリア名	売上金額			売上金額計	順位	備考
5				いちご狩り	直接販売	その他			
6	W03	丘の上〇〇〇〇	湾岸	122,400	587,946	358,746	1,069,092	5	※
7	C03	〇〇〇いちご園	市街	316,700	545,479	332,567	1,194,746	3	※
8	N03	〇〇〇〇ランド	内陸	145,700	545,454	210,212	901,366	10	※
9	N01	〇〇〇工房	内陸	554,500	447,979	220,454	1,222,933	2	※
10	N02	〇〇農園	内陸	334,600	325,687	326,987	987,274	8	※
11	S01	いちご〇〇ファーム	山林	507,900	325,544	453,377	1,286,821	1	※
12	S03	ストロベリー〇〇	山林	213,100	321,344	457,877	992,321	7	※
13	C01	いちごの〇〇	市街	332,300	321,245	132,434	785,979	12	※
14	W02	〇〇〇〇ガーデン	湾岸	312,100	313,247	354,577	979,924	9	※
15	C02	いちご農園〇〇	市街	467,800	232,365	323,655	1,023,820	6	※
16	W01	湾岸〇〇農園	湾岸	212,400	226,567	369,987	808,954	11	※
17	S02	〇〇園	山林	546,400	213,454	313,213	1,073,067	4	※
18			合計	4,065,900	4,406,311	3,854,086	12,326,297		
19									
20	エリア別集計表								
21	エリアコード	エリア名	売上金額合計	売上金額平均	割合				
22	S	山林	3,352,209	1,117,403	27.2%				
23	C	市街	3,004,545	1,001,515	24.4%				
24	N	内陸	3,111,573	1,037,191	25.2%				
25	W	湾岸	2,857,970	952,657	23.2%				
26									
27	販売形態別ランキング								
28	順位	いちご狩り	直接販売						
29	1	〇〇〇工房	丘の上〇〇〇〇						
30	2	〇〇園	〇〇〇いちご園						
31	3	いちご〇〇ファーム	〇〇〇〇ランド						

(注) ※印は，値の表記を省略している。

作成条件

1．「いちご農園売上一覧表」は，次のように作成する。ただし，売上金額に同額はないものとする。

(1) 「農園コード」は次のように構成されている。

　　例　W03　→　　　　　W　　　　　　　03
　　　　　　　　　　エリアコード　エリア内の連番

(2) 「エリア名」は，「農園コード」の左端から1文字を抽出し，「エリア別集計表」を参照して表示する。

(3) 「売上金額計」は，「いちご狩り」から「その他」までの「売上金額」の合計を求める。

(4) 「順位」は，「売上金額計」を基準として，降順に順位を求める。

(5) 「備考」は，I6に次の式を設定し，I17までコピーする。

　　=IF(AND(D6>E6,H6<=5),"〇","")

(6) 「合計」は，各列の合計を求める。

2．「エリア別集計表」は，次のように作成する。

(1) 「売上金額合計」は，「いちご農園売上一覧表」の「エリア名」ごとに「売上金額計」の合計を求める。

(2) 「売上金額平均」は，「いちご農園売上一覧表」の「エリア名」ごとに「売上金額計」の平均を求める。
　　ただし，整数部のみ表示する。

(3) 「割合」は，次の式で求める。ただし，%で小数第1位まで表示する。

　　　「売上金額合計　÷　売上金額合計の合計」

3．「販売形態別ランキング」は，次のように作成する。

(1) 「いちご狩り」は，「いちご農園売上一覧表」の「売上金額」の「いちご狩り」における上位3位を
　　求め，その値をもとに「いちご農園売上一覧表」の「農園名」を参照して表示する。

(2) 「直接販売」は，「いちご農園売上一覧表」の「売上金額」の「直接販売」における上位3位を求め，
　　その値をもとに「いちご農園売上一覧表」の「農園名」を参照して表示する。

問１．C6に設定する式として適切なものを選び，記号で答えなさい。ただし，この式をC17までコピーする。

    ア． =VLOOKUP(LEFT(A6,1),$A$22:$B$25,2,FALSE)

    イ． =VLOOKUP(LEFT(A6,1),$A$22:$B$25,2,TRUE)

    ウ． =HLOOKUP(LEFT(A6,1),$A$22:$B$25,2,FALSE)

問２．I6～I17に表示される ○ の数を答えなさい。

問３．C22に設定する式として適切なものを選び，記号で答えなさい。

    ア． =SUMIFS($G$6:$G$17,$A$6:$A$17,A22)

    イ． =SUMIFS($G$6:$G$17,$C$6:$C$17,B22)

    ウ． =SUMIFS($F$6:$F$17,$C$6:$C$17,B22)

問４．E22に設定する式として適切なものを選び，記号で答えなさい。ただし，この式をE25までコピーする。

    ア． =C22/SUM($C$22:$C$25)

    イ． =C22/SUM(C22:C25)

    ウ． =$C$22/SUM(C22:C25)

問５．B29に設定する式として適切なものを選び，記号で答えなさい。ただし，この式をC31までコピーする。

    ア． =INDEX($B$6:$B$17,MATCH(MAX(D$6:D$17,$A29),D$6:D$17,0),1)

    イ． =INDEX($B$6:$B$17,MATCH(LARGE(D$6:D$17,$A29),D$6:D$17,0),1)

    ウ． =INDEX($B$6:$B$17,MATCH(MAX(D$6:D$17),D$6:D$17,0),1)

主催　公益財団法人　全国商業高等学校協会

令和5年度（第70回）情報処理検定試験ビジネス情報部門　第2級実技

制限時間：20分　解答 ➡ p.60

　次の表は，あるアーティストの音楽CDにおける1店舗あたりの売上報告書である。作成条件にしたがって，シート名「商品表」とシート名「売上表」から，シート名「報告書」を作成しなさい。

作成条件

ワークシートは，試験開始前に提供されたものを使用する。

1．表およびグラフの体裁は，右ページを参考にして設定する。

  設　定　す　る　書　式：罫線
  設定する数値の表示形式：3桁ごとのコンマ，％，小数の表示桁数

2．表の※印の部分は，式や関数などを利用して求める。

3．グラフの※印の部分は，表に入力された値をもとに表示する。

4．「1．商品別売上表」は，次のように作成する。

 (1)　「商品形態」は，「コード」をもとに，シート名「商品表」を参照して表示する。

 (2)　「目標売上金額」は，「コード」をもとに，シート名「商品表」を参照して表示する。

 (3)　「売上金額計」は，シート名「売上表」から「コード」ごとに「売上金額」の合計を求める。

 (4)　「売上枚数計」は，シート名「売上表」から「コード」ごとに「売上枚数」の合計を求める。

 (5)　「順位」は，「売上枚数計」を基準として，降順に順位を求める。

 (6)　「備考」は，「売上枚数計」が 350 より大きい，または「売上金額計」が「目標売上金額」を超える場合，○を表示し，それ以外の場合，何も表示しない。

 (7)　「合計」は，各列の合計を求める。

5．複合グラフは，「1．商品別売上表」から作成する。

 (1)　数値軸（縦軸）の目盛は，最小値（0），最大値（1,600,000）および間隔（400,000）を設定する。

 (2)　第2数値軸（縦軸）の目盛は，最小値（100），最大値（500）および間隔（100）を設定する。

 (3)　軸ラベルを設定する。

 (4)　凡例の位置を設定する。

 (5)　データラベルを設定する。

6．「2．週別売上表」は，次のように作成する。

 (1)　「売上枚数合計」は，シート名「売上表」から「週」ごとに「売上枚数」の合計を求める。

 (2)　「売上金額合計」は，シート名「売上表」から「週」ごとに「売上金額」の合計を求める。

 (3)　「売上金額平均」は，シート名「売上表」から「週」ごとに「売上金額」の平均を求める。ただし，整数部のみ表示する。

 (4)　「前週比」は，次の式で求める。ただし，小数第3位未満を切り捨て，％で小数第1位までを表示する。

   「今週の売上金額合計　÷　前週の売上金額合計」

第70回検定

商品表

	A	B	C
1			
2	商品表		
3	コード	商品形態	目標売上金額
4	C701A	初回CD	1,500,000
5	C701B	初回BD	1,500,000
～	～		～
10	C704B	MV BD	850,000
11	C704D	MV DVD	850,000

（商品表）

	A	B	C	D	E
1					
2	売上表				
3	売上日	週	コード	売上枚数	売上金額
4	2023/11/29	第1週	C701A	40	140,000
5	2023/11/29	第1週	C701B	54	297,000
～	～	～	～	～	～
226	2023/12/26	第4週	C704B	14	38,500
227	2023/12/26	第4週	C704D	16	44,000

（売上表）

売上報告書

1. 商品別売上表

コード	商品形態	目標売上金額	売上金額計	売上枚数計	順位	備考
C701B	初回BD	1,500,000	1,584,000	288	7	○
C701D	※	※	※	※	※	※
C701A	※	※	※	※	※	※
C703B	※	※	※	※	※	※
C703D	※	※	※	※	※	※
C704B	※	※	※	※	※	※
C704D	※	※	※	※	※	※
C702A	※	※	※	※	※	※
	合計		※	※		

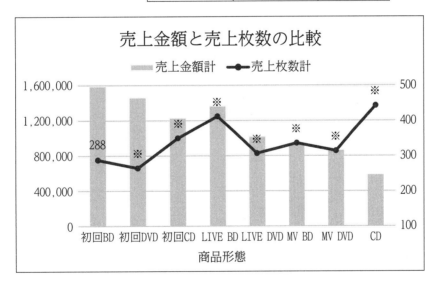

2. 週別売上表

週	売上枚数合計	売上金額合計	売上金額平均	前週比
第1週	813	2,668,260	47,648	－
第2週	※	※	※	78.7%
第3週	※	※	※	※
第4週	※	※	※	※

（報告書）

第1回　模擬問題　解答用紙

【1】

1	2	3	4	5

【2】

1	2	3	4	5

【3】

1	2	3	4	5

【4】

問1	問2	問3	問4	問5

小計	

【5】

問1	問2	問3	問4	問5

【6】

問1	問2 (a)	問2 (b)	問3	問4	問5

小計	

年	組	番号	名　前

得　点　合　計

第2回　模擬問題　解答用紙

【1】

1	2	3	4	5

【2】

1	2	3	4	5

【3】

1	2	3	4	5

【4】

問1	問2	問3	問4	問5

小計	

【5】

問1	問2	問3	問4	
			(1)	(2)

【6】

問1	問2	問3	問4	問5

小計	

年	組	番号	名　　前

得　点　合　計

第3回　模擬問題　解答用紙

【1】

1	2	3	4	5

【2】

1	2	3	4	5

【3】

1	2	3	4	5

【4】

問1	問2	問3	問4	問5

小計	

【5】

問1	問2	問3	問4	
			(1)	(2)

【6】

問1	問2	問3	問4		問5
			(a)	(b)	

小計	

年	組	番号	名　　前

得　点　合　計

第4回　模擬問題　解答用紙

【1】

1	2	3	4	5

【2】

1	2	3	4	5

【3】

1	2	3	4	5

【4】

問1	問2	問3	問4	問5

小計	

【5】

問1	問2	問3	問4	
			(1)	(2)

【6】

問1		問2	問3	問4	問5
(a)	(b)				

小計	

年	組	番　号	名　　　前

得　点　合　計

第5回　模擬問題　解答用紙

【1】

1	2	3	4	5

【2】

1	2	3	4	5

【3】

1	2	3	4	5

【4】

問1	問2	問3	問4	問5

小計	

【5】

問1	問2	問3	問4	
			(1)	(2)

【6】

問1	問2	問3		問4	問5
		(a)	(b)		

小計	

年	組	番号	名　前

得　点　合　計

第6回　模擬問題　解答用紙

【1】

1	2	3	4	5

【2】

1	2	3	4	5

【3】

1	2	3	4	5

【4】

問1	問2	問3	問4	問5

小計 | |

【5】

問1	問2	問3	問4	
			(1)	(2)

【6】

問1			問2	問3	問4	問5
(a)	(b)	(c)				

小計 | |

年	組	番号	名　　前

得　点　合　計

第7回　模擬問題　解答用紙

【1】

1	2	3	4	5

【2】

1	2	3	4	5

【3】

1	2	3	4	5

【4】

問1	問2	問3	問4	問5

小計	

【5】

問1	問2	問3	問4 (1)	問4 (2)

【6】

問1 (a)	問1 (b)	問1 (c)	問2	問3	問4	問5

小計	

年	組	番号	名　前

得　点　合　計

第8回　模擬問題　解答用紙

【1】

1	2	3	4	5

【2】

1	2	3	4	5

【3】

1	2	3	4	5

【4】

問1	問2	問3	問4	問5

小計	

【5】

問1	問2	問3	問4	問5

【6】

問1	問2	問3	問4			問5
			(a)	(b)	(c)	

小計	

年	組	番号	名　　前

得　点　合　計

第9回　模擬問題　解答用紙

【1】

1	2	3	4	5

【2】

1	2	3	4	5

【3】

1	2	3	4	5

【4】

問1	問2	問3	問4	問5

小計	

【5】

問1	問2	問3	問4	
			(1)	(2)

【6】

問1	問2	問3	問4			問5
			(a)	(b)	(c)	

小計	

年	組	番　号	名　　　前

得　点　合　計

第10回　模擬問題　解答用紙

【1】

1	2	3	4	5

【2】

1	2	3	4	5

【3】

1	2	3	4	5

【4】

問1	問2	問3	問4	問5

小計	

【5】

問1	問2	問3	問4	
			(1)	(2)

【6】

問1	問2	問3			問4	問5
		(a)	(b)	(c)		

小計	

年	組	番号	名　　前

得　点　合　計

第11回　模擬問題　解答用紙

【1】

1	2	3	4	5

【2】

1	2	3	4	5

【3】

1	2	3	4	5

【4】

問1	問2	問3	問4	問5

小計	

【5】

問1	問2	問3	問4 (1) (a)	(1) (b)	(2)

【6】

問1	問2	問3	問4	問5

小計	

年	組	番号	名　前

得 点 合 計

第12回　模擬問題　解答用紙

【1】

1	2	3	4	5

【2】

1	2	3	4	5

【3】

1	2	3	4	5

【4】

問1	問2	問3	問4	問5

小計	

【5】

問1	問2	問3	問4	
			(1)	(2)

【6】

問1	問2	問3	問4		問5
			(a)	(b)	

小計	

年	組	番号	名　　前

得　点　合　計

主催　公益財団法人 全国商業高等学校協会

令和5年度（第69回）情報処理検定試験ビジネス情報部門　第2級 筆記

解 答 用 紙

【1】

1	2	3	4	5

【2】

1	2	3	4	5

【3】

1	2	3	4	5

【4】

問1	問2	問3	問4	問5

小計

【5】

問1	問2	問3	問4	問5

【6】

問1	問2	問3	問4	問5

小計

試 験 場 校 名	受 験 番 号

得 点 合 計

主催　公益財団法人 全国商業高等学校協会

令和5年度（第70回）情報処理検定試験ビジネス情報部門　第2級 筆記

解 答 用 紙

【1】

1	2	3	4	5

【2】

1	2	3	4	5

【3】

1	2	3	4	5

【4】

問1	問2	問3	問4	問5

小計

【5】

問1	問2	問3	問4 (a)	問4 (b)	問5

【6】

問1	問2	問3	問4	問5

小計

試 験 場 校 名	受 験 番 号

得 点 合 計

情報処理検定試験
模擬問題集
2024

2級
ビジネス情報編

解答

とうほう

練習問題　解答

ハードウェア・ソフトウェアに関する知識

練習問題 1-1 (p.3)

【1】　(1) OCR　(2) セクタ　(3) アクセスアーム　(4) OMR　(5) 磁気ヘッド

(6) トラック　(7) シリンダ　(8) 磁気ディスク装置　(9) UPS

練習問題 1-2 (p.5)

【1】　(1) ドット　(2) ピクセル　(3) CMYK

(4) 解凍　(5) アーカイバ　(6) プラグアンドプレイ

【2】　(1) ク　　ヒント　(1) $2^4 = 16$

(2) キ　(2) $256 = 2^8$

(3) イ　(3) $1280 \times 720 \times 8 \div 8 \div 10^6 = 0.9216$

(4) ウ　(4) $1024 \times 768 \times 16 \div 8 \div 1024 \div 1024 = 1.5$

(5) ケ　(5) $1200 \times 800 \times 24 \div 8 \div 10^6 = 2.88$

$128 \div 2.88 = 44.4\cdots$（整数未満切り捨て）

練習問題 1-3 (p.8)

【1】　(1) 拡張子　(2) テキストファイル　(3) サブディレクトリ

(4) バイナリファイル　(5) ルートディレクトリ　(6) ZIP

【2】　(1) ウ　(2) ク　(3) オ　(4) キ　(5) ケ　(6) イ　(7) サ　(8) エ

練習問題 1-4 (p.10)

【1】　(1) カ　(2) エ　(3) キ　(4) イ　(5) オ

(6) ウ　(7) ア　(8) コ　(9) ク　(10) ケ

【2】　(1) 1110　(2) 11000　(3) 100110　(4) 13　(5) 23　(6) 55

【3】　(1) 10011　(2) 11001　(3) 1001　(4) 1010　(5) 10010　(6) 100011

通信ネットワークに関する知識

練習問題 2 (p.13)

【1】　(1) LAN　(2) パケット　(3) 有線LAN

(4) ピアツーピア　(5) クライアントサーバシステム　(6) ストリーミング

【2】　(1) オ　(2) ウ　(3) エ　(4) キ　(5) イ　(6) ク　(7) ア

情報モラルとセキュリティに関する知識

練習問題 3 (p.17)

【1】　(1) 著作権　(2) 肖像権　(3) 不正アクセス禁止法　(4) サイトライセンス

(5) バックアップ　(6) フリーウェア　(7) 暗号化　(8) 多要素認証

(9) 多段階認証　(10) ワンタイムパスワード　(11) シングルサインオン

(12) キーロガー　(13) ランサムウェア　(14) ガンブラー

【2】　(1) サ　(2) ウ　(3) キ　(4) エ　(5) コ

(6) ク　(7) ケ　(8) ア　(9) シ

— 2 —

表計算ソフトウェアの活用

練習問題 4-1 (p.19)

【1】　(1)　B　　(2)　A　　(3)　B　　(4)　B　　(5)　C　　(6)　B

【2】　(1)　1. COUNTIFS　　2. B4:B9　　3. "男"

　　　(2)　1. SUMIFS　　2. C4:C9　　3. B4:B9　　4. "女"

　　　(3)　1. AVERAGEIFS　　2. D4:D9　　3. B4:B9　　4. "男"

　　　(4)　1. COUNTIFS　　2. E4:E9　　3. ">=100"　　4. B4:B9　　5. "男"

　　　(5)　1. SUMIFS　　2. E4:E9　　3. F4:F9　　4. "<=3"　　5. B4:B9　　6. "女"

　　　(6)　1. AVERAGEIFS　　2. E4:E9　　3. C4:C9　　4. ">=70"　　5. D4:D9　　6. ">=70"

　　　(7)　1. SUMIFS　　2. C4:C9　　3. F4:F9　　4. "<=4"　　5. E4:E9　　6. ">=150"

　　　　　7. B4:B9　　8. "男"

練習問題 4-2 (p.21)

【1】　問1. 1. VLOOKUP　　2. A4　　3. D4:E7　　4. 2

　　　問2. 1. INDEX　　2. MATCH　　3. MATCH

練習問題 4-3 (p.24)

【1】　(1)　=INT(A7/100)　　(2)　=MOD(A8,100)　　(3)　=SMALL(D1:D9,2)　　(4)　=LARGE(D1:D9,4)

【2】　(1)　12　　(2)　345

【3】　(1)　4　　(2)　10　　(3)　1

【4】　(1)　012,345　　(2)　12,345　　(3)　￥12,345　　(4)　金12,345円也

【5】　(1)　YEAR　　(2)　TEXT　　(3)　SECOND

練習問題 4-4 (p.25)

【1】　(1)　$C$3 − B6=0

　　　(2)　$C$3 − B6<=5

【2】　(1)　MIN($B$4:$F$4)=B4　　　　［別解］RANK(B4,$B$4:$F$4,1)=1

　　　(2)　SMALL($B$4:$F$4,3)>=B4　　　　［別解］RANK(B4,$B$4:$F$4,1)<=3

練習問題 4-5 (p.26)

【1】　(1)　30　　(2)　6　　(3)　15　　(4)　9

【2】　(1)　ROUNDUP　　(2)　$B5　　(3)　C$4　　(4)　−1

【3】　ウ

練習問題 4-6 (p.27)

【1】　7月:12月！

データベースソフトウェアの活用

練習問題 5-1 (p.33)

【1】　(1)　イ　　(2)　オ　　(3)　キ　　(4)　エ　　(5)　カ

【2】　(1)　テーブル　　(2)　外部キー　　(3)　レコード　　(4)　○　　(5)　結合

【3】　(1)　オ　　(2)　カ　　(3)　イ

練習問題 5-2 (p.36)

【1】　(1)　SELECT SUM(国語) FROM 成績表

　　　(2)　SELECT AVG(英語) AS 英語の平均 FROM 成績表

　　　(3)　SELECT MAX(数学) FROM 成績表

　　　(4)　SELECT MIN(社会),氏名 FROM 成績表

　　　(5)　SELECT COUNT(＊) FROM 成績表 WHERE 理科 < 30

【2】　(1)　カ　　(2)　イ　　(3)　ア　　(4)　エ

【1】(p.46)

	A	B	C	D	E	F	G
1							
2			売上数報告書				
3							
4		メニュー表					
5				品名コード			
6				G	I	K	
7		盛コード	盛	牛丼	豚丼	カレー	
8		N	並盛	500	600	700	
9		C	中盛	600	700	800	
10		D	大盛	700	800	900	
11							
12		食事場所表					
13		場所コード	場所				
14		A	店内				
15		B	持ち帰り				
16							
17		1．売上表					
18		注文コード	品名コード	品名	盛コード	売上数	食事場所
19		GNA02	G	牛丼	N	2	店内
20		KNA01	K	カレー	N	1	店内
21		TCB03	T	豚丼	C	3	持ち帰り
22		TNB11	T	豚丼	N	11	持ち帰り
23		GCA01	G	牛丼	C	1	店内
24		KDB02	K	カレー	D	2	持ち帰り
25		KNB01	K	カレー	N	1	持ち帰り
26		GDA01	G	牛丼	D	1	店内
27		TNA02	T	豚丼	N	2	店内
28		GNA01	G	牛丼	N	1	店内
29		KDA02	K	カレー	D	2	店内
30		KNB03	K	カレー	N	3	持ち帰り
31		GDA01	G	牛丼	D	1	店内
32		TDA01	T	豚丼	D	1	店内
33		GNA01	G	牛丼	N	1	店内
34		TNB09	T	豚丼	N	9	持ち帰り
35		GCB10	G	牛丼	C	10	持ち帰り
36		GNB02	G	牛丼	N	2	持ち帰り
37		TDA01	T	豚丼	D	1	店内
38		KCA02	K	カレー	C	2	店内
39							
40		2．売上数集計表					
41		品名	牛丼		豚丼	カレー	
42		売上数	19		27	11	
43							
44		3．食事場所集計表					
45		場所	件数				
46		店内	12				
47		持ち帰り	8				

【式の設定】

[C19]　=LEFT(B19,1)

[D19]　=HLOOKUP(C19,$D$6:$F$7,2,FALSE)

[E19]　=MID(B19,2,1)

[F19]　=VALUE(RIGHT(B19,2))

[G19]　=VLOOKUP(MID(B19,3,1),$B$14:$C$15,2,FALSE)

[C42]　=SUMIFS($F$19:$F$38,$D$19:$D$38,C41)

[C46]　=COUNTIFS($G$19:$G$38,B46)

【2】(p.47)

	A	B	C	D	E	F
1						
2		1．12月の予約状況表				
3		予約コード	予約日	部屋タイプ	人数	料金計
4		001DE04	4	デラックス	6	120,000
5		005ST18	18	スタンダード	2	24,000
6		015ST26	26	スタンダード	2	24,000
7		016ST25	25	スタンダード	3	36,000
8		021DE11	11	デラックス	5	100,000
9		022DE05	5	デラックス	8	160,000
10		023EC19	19	エコノミー	1	8,000
11		027DE25	25	デラックス	2	40,000
12		030EC12	12	エコノミー	2	16,000
13		034EC25	25	エコノミー	2	16,000
14		037DE12	12	デラックス	3	60,000
15		041ST19	19	スタンダード	4	48,000
16		042ST13	13	スタンダード	6	72,000
17		054DE12	12	デラックス	2	40,000
18		056EC04	4	エコノミー	2	16,000

(予約表)

	A	B	C	D	E	F
1						
2		1．12月の予約状況表				
3		予約コード	予約日	部屋タイプ	人数	料金計
4		023EC19	19	エコノミー	1	8,000
5		030EC12	12	エコノミー	2	16,000
6		034EC25	25	エコノミー	2	16,000
7		056EC04	4	エコノミー	2	16,000
8				エコノミー　集計	7	56,000
9		005ST18	18	スタンダード	2	24,000
10		015ST26	26	スタンダード	2	24,000
11		016ST25	25	スタンダード	3	36,000
12		041ST19	19	スタンダード	4	48,000
13		042ST13	13	スタンダード	6	72,000
14				スタンダード　集計	17	204,000
15		001DE04	4	デラックス	6	120,000
16		021DE11	11	デラックス	5	100,000
17		022DE05	5	デラックス	8	160,000
18		027DE25	25	デラックス	2	40,000
19		037DE12	12	デラックス	3	60,000
20		054DE12	12	デラックス	2	40,000
21				デラックス　集計	26	520,000
22				総計	50	780,000
23						
24		2．部屋別集計表				
25		部屋タイプ	人数合計	料金合計		
26		デラックス	26	520,000		
27		スタンダード	17	204,000		
28		エコノミー	7	56,000		

(報告書)

【式の設定】

シート名「予約表」

[C4]　=VALUE(RIGHT(B4,2))

[D4]　=VLOOKUP(MID(B4,4,2),料金表!$A$4:$C$6,2,FALSE)

[F4]　=VLOOKUP(D4,料金表!$B$4:$C$6,2,FALSE)＊E4

シート名「報告書」

[C26]　=E21

[D26]　=F21

【3】 (p.48)

合計 / 評価	列ラベル ▼					
行ラベル ▼	応対	客室	風呂	料金	料理	総計
花屋	16	13	15	17	14	75
金谷	18	18	14	13	18	81
長座	22	21	24	19	23	109
龍宮	10	12	10	15	8	55
萬久	17	19	19	18	18	91
総計	83	83	82	82	81	411

(集計表)

旅館アンケート集計報告書

1．評価集計表

旅館名	応対	客室	風呂	料金	料理
花屋	16	13	15	17	14
金谷	18	18	14	13	18
長座	22	21	24	19	23
龍宮	10	12	10	15	8
萬久	17	19	19	18	18

2．総合評価計算表

旅館名	応対	客室	風呂	料金	料理	合計	ランク
花屋	48	52	75	68	70	313	★★
金谷	54	72	70	52	90	338	★★
長座	66	84	120	76	115	461	★★★
龍宮	30	48	50	60	40	228	★
萬久	51	76	95	72	90	384	★★

(報告書)

【式の設定】

シート名「報告書」

[C14] =報告書!C6＊VLOOKUP(C$13,コード表!$B$4:$C$8,2,FALSE)

[H14] =SUM(C14:G14)

[I14] =IF(H14>=400,"★★★",IF(H14>=300,"★★","★"))

【4】 (p.49)

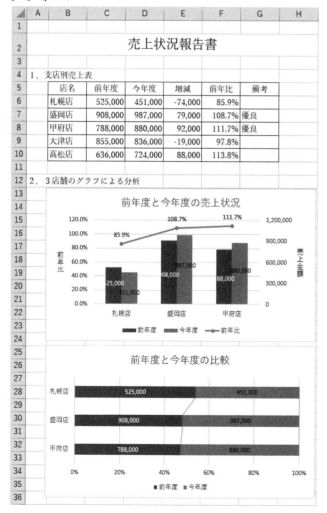

売上状況報告書

1．支店別売上表

店名	前年度	今年度	増減	前年比	備考
札幌店	525,000	451,000	-74,000	85.9%	
盛岡店	908,000	987,000	79,000	108.7%	優良
甲府店	788,000	880,000	92,000	111.7%	優良
大津店	855,000	836,000	-19,000	97.8%	
高松店	636,000	724,000	88,000	113.8%	

2．3店舗のグラフによる分析

【式の設定】

[F6] =D6/C6

[G6] =IF(AND(D6>=750000,F6>=100%),"優良","")

― 5 ―

【グラフの作成】

■前年度と今年度の売上状況グラフ

①グラフのもとになるＢ５〜Ｄ８とＦ５〜Ｆ８をドラッグして範囲を指定する。

②[挿入]リボンの[複合グラフの挿入]→[集合縦棒―第２軸の折れ線]を選択する。

③[デザイン]リボンの[行／列の切り替え]をクリックする。

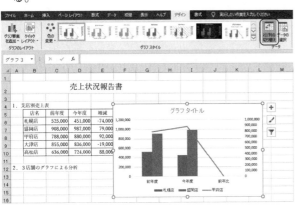

④[デザイン]リボンの[グラフの種類の変更]をクリックする。

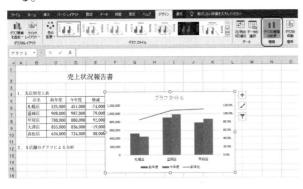

⑤[前年比]を[マーカ付き折れ線]に変更し，第２軸のチェックをはずす。

⑥[前年度]と[今年度]の第２軸にチェックを入れる。

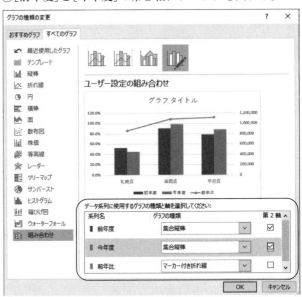

⑦グラフタイトル，データラベル，最大値，最小値，間隔を設定し，体裁を整える。

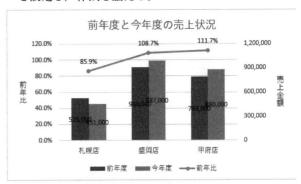

— 6 —

■前年度と今年度の比較グラフ

①グラフのもとになるＢ５～Ｄ８をドラッグして範囲を指定する。

②[挿入]リボンの[縦棒／横棒グラフの挿入]→[100％積み上げ横棒]を選択する。

③[軸]を選択し，右クリックして[軸の書式設定]→[軸のオプション]を表示させる。

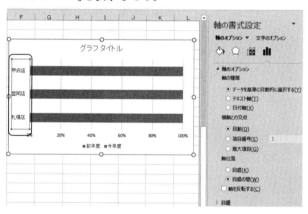

④[横軸との交点]の[最大項目]を選択し，[軸位置]の[軸を反転する]にチェックを入れる。

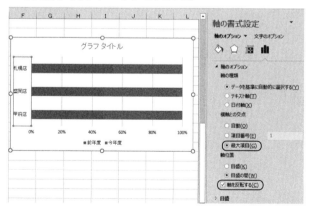

⑤グラフタイトル，データラベル，区分線，最大値，最小値，間隔を設定し，体裁を整える。

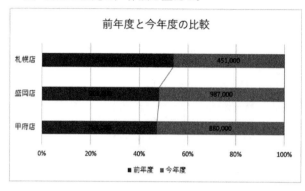

実技問題

【1】 (p.50)

【グラフの作成】
① B13〜C17，E13〜E17を範囲指定する。
② [挿入]リボンの[縦棒/横棒グラフの挿入]→[積み上げ横棒]を選択する。
③ グラフタイトル，数値軸（横軸）目盛り，凡例，データラベルを設定する。

福袋の内容価格報告書

1．過去の内容価格集計表

開店年数	価格合計
1年目	150,300
2年目	152,700
3年目	149,500
4年目	152,800
5年目	149,500

2．内容価格分析表

種別	販売価格	内容価格平均	お得額	備考
50,000円袋	50,000	78,600	28,600	
30,000円袋	30,000	47,580	17,580	
10,000円袋	10,000	17,000	7,000	★★★
5,000円袋	5,000	7,780	2,780	

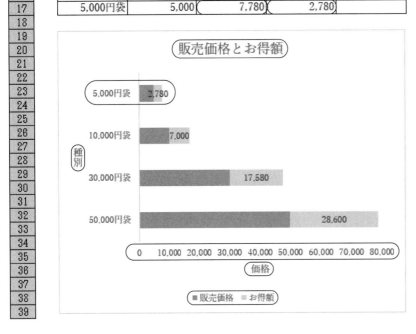

【式の設定】
シート名「報告書」

[C6]　=SUMIFS(内容価格表!$D$4:$D$23,内容価格表!$A$4:$A$23,報告書!B6)

[D14]　=AVERAGEIFS(内容価格表!$D$4:$D$23,内容価格表!$C$4:$C$23,報告書!B14)

[E14]　=D14−C14

[F14]　=IF(E14/C14>=0.7,"★★★","")

配点

1．表の作成（　　　　　）の箇所。	5点×13箇所＝65点
2．罫線。	5点（2つの表の罫線が正確にできている）
3．グラフの作成（　　　　　）の箇所。	5点×6箇所＝30点

【2】(p.52)

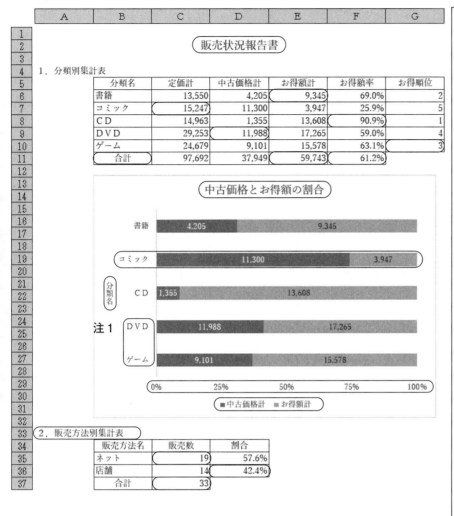

	分類名	定価計	中古価格計	お得額計	お得額率	お得順位
	書籍	13,550	4,205	9,345	69.0%	2
	コミック	15,247	11,300	3,947	25.9%	5
	ＣＤ	14,963	1,355	13,608	90.9%	1
	ＤＶＤ	29,253	11,988	17,265	59.0%	4
	ゲーム	24,679	9,101	15,578	63.1%	3
	合計	97,692	37,949	59,743	61.2%	

２．販売方法別集計表

	販売方法名	販売数	割合
	ネット	19	57.6%
	店舗	14	42.4%
	合計	33	

【グラフの作成】

①B5～B10，D5～E10を範囲指定する。

②[挿入]リボンの[縦棒/横棒グラフの挿入]→[100%積み上げ横棒]を選択する。

③軸を右クリックし，[軸の書式設定]を選択する。

④[軸を反転する]をチェックし，[最大項目]を選択する。

【式の設定】

シート名「報告書」

[C6]　=SUMIFS(販売表!$F$4:$F$36,販売表!$D$4:$D$36,報告書!B6)

[D6]　=SUMIFS(販売表!$G$4:$G$36,販売表!$D$4:$D$36,報告書!B6)

[E6]　=C6－D6　　　　　　　　　　　[F6]　=E6/C6　　　　　　　[C11]　=SUM(C6:C10)

[G6]　=RANK(F6,$F$6:$F$10,0)　　　　　　[C35]　=COUNTIFS(販売表!$B$4:$B$36,報告書!B35)

[D35]　=C35/$C$37

[C37]　=SUM(C35:C36)

配点
1．表の作成（　　　　　　）の箇所。　　　　　　　　　　　　5点×13箇所＝65点
2．罫線。　　　　　　　　　　　　　　　　　　　　　　　　　5点（2つの表の罫線が正確にできている）
3．グラフの作成（　　　　　）の箇所。　　　　　　　　　　　5点×6箇所＝30点

【3】(p.54)

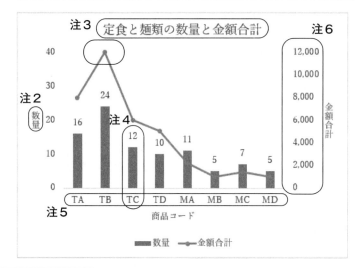

	A	B	C	D	E	F	G
1							
2		社員食堂の売上報告書（１０月１５日分）					
3							
4	1．商品別集計表						
5		商品コード	種別	数量	金額合計	備考	順位
6		TA	定食	16	8,000	△	2
7		TB	定食	24	12,000	○	1
8		TC	定食	12	6,000	△	4
9		TD	定食	10	5,000	△	6
10		MA	麺類	11	2,200	△	5
11		MB	麺類	5	1,000		9
12		MC	麺類	7	1,400		7
13		MD	麺類	5	1,000		9
14		DA	デザート	15	1,500	△	3
15		DB	デザート	4	400		11
16		DC	デザート	7	700		7

注1（10行目・11行目付近）

グラフ 「定食と麺類の数量と金額合計」
注2 数量（縦軸方向）
注3 注4（TC 12）注5（TA TB TC TD MA MB MC MD）注6（金額合計 0〜12,000）
凡例：数量、金額合計

	A	B	C	D	E	F	G
38	2．時間帯別集計表						
39		時間帯	数量	金額合計	割合		
40		11時台	22	6,800	19%		
41		12時台	51	18,200	44%		
42		13時台	43	14,200	37%		

【グラフの作成】

①B5〜B13，D5〜E13を範囲指定する。

②[挿入]リボンの[おすすめグラフ]→[すべてのグラフ]→[組み合わせ]を選択する。

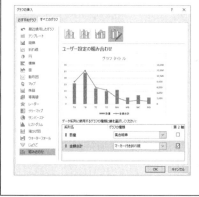

【式の設定】

シート名「報告書」

[C6]　=VLOOKUP(LEFT(B6,1),種別表!$A$4:$B$6,2,FALSE)

[D6]　=COUNTIFS(売上データ表!$B$4:$B$119,B6)

[E6]　=SUMIFS(売上データ表!$D$4:$D$119,売上データ表!$B$4:$B$119,B6)

[F6]　=IF(D6>=20,"○",IF(D6>=10,"△",""))

[G6]　=RANK(D6,$D$6:$D$16,0)

[C40]　=COUNTIFS(売上データ表!$C$4:$C$119,B40)

[D40]　=SUMIFS(売上データ表!$D$4:$D$119,売上データ表!$C$4:$C$119,B40)

[E40]　=C40/SUM($C$40:$C$42)

― 配点 ―

1．表の作成（　　　　　）の箇所。　　　　　　　　　　　5点×13箇所＝65点
　注1　MAが△，MBが空白。

2．罫線。　　　　　　　　　　　　　　　　　　　　　　　5点（2つの表の罫線が正確にできている）

3．グラフの作成（　　　　　）の箇所。　　　　　　　　　5点×6箇所＝30点
　注2　方向。
　注3　TBの金額合計が折れ線グラフ。マーカーの有無は問わない。
　注4　TCの数量合計が集合棒グラフで数値（12）。
　注5　定食と麺類のみ表示されていること。
　注6　最小値（0），最大値（12,000），および間隔（2,000）。

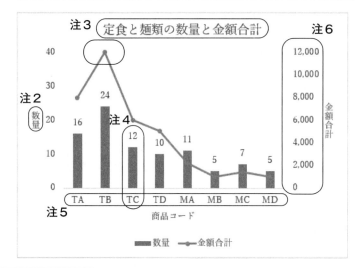

― 10 ―

【4】（p.56）

<table>
<tr><th></th><th>A</th><th>B</th><th>C</th><th>D</th><th>E</th><th>F</th></tr>
</table>

バーガーセット販売報告書

1．バーガーセット販売集計表

バーガーCO	バーガー名	販売数	販売金額	備考
CZ	チーズ	47	21,150	★★
CK	チキン	35	17,500	★★
TR	テリヤキ	65	39,000	★★★
KT	カツ	33	21,450	★★
BG	ビッグ	20	14,000	★
	合計	200	113,100	

注1

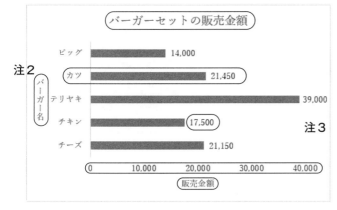

注2　注3

【グラフの作成】

①C5〜C10，E5〜E10を範囲指定する。

②［挿入］リボンの［縦棒/横棒グラフの挿入］
　→［集合横棒］を選択する。

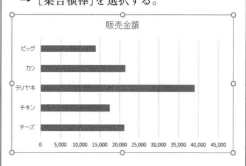

2．サイドメニュー集計表

サイドCO	サイド名	販売数	割合
NG	ナゲット	57	28.5%
PT	ポテト	106	53.0%
SD	サラダ	37	18.5%

3．ポテトとドリンクのセット集計表

ドリンクCO	ドリンク名	販売数	割合
CR	コーラ	58	54.7%
JS	ジュース	29	27.4%
SK	シェーク	19	17.9%

【式の設定】

シート名「報告書」

[C6]　=VLOOKUP(B6,コード表!$A$4:$B$8,2,FALSE)

[D6]　=COUNTIFS(販売データ表!$B$4:$B$203,B6)

[E6]　=VLOOKUP(B6,コード表!$A$4:$C$8,3,FALSE)＊D6

[F6]　=IF(E6=MAX($E$6:$E$10),"★★★",IF(E6=MIN($E$6:$E$10),"★","★★"))

[D32]　=COUNTIFS(販売データ表!$C$4:$C$203,報告書!B32)

[E32]　=D32/SUM($D$32:$D$34)

[D38]　=COUNTIFS(販売データ表!$E$4:$E$203,"??PT"&B38)

[E38]　=D38/SUM($D$38:$D$40)

配点

1．表の作成（＿＿＿＿）の箇所。　　　　　　　　　　　　　　5点×13箇所＝65点
　注1　TRが★★★，KTが★★，BGが★。
2．罫線。　　　　　　　　　　　　　　　　　　　　　　　　5点（3つの表の罫線が正確にできている）
3．グラフの作成（＿＿＿＿）の箇所。　　　　　　　　　　　5点×6箇所＝30点
　注2　方向。
　注3　最小値（0），最大値（40,000），および間隔（10,000）。

【5】（p.58）

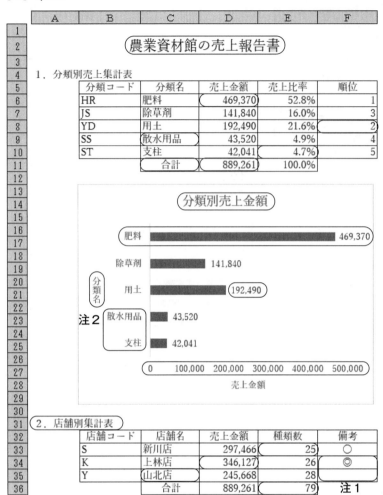

農業資材館の売上報告書

1．分類別売上集計表

分類コード	分類名	売上金額	売上比率	順位
HR	肥料	469,370	52.8%	1
JS	除草剤	141,840	16.0%	3
YD	用土	192,490	21.6%	2
SS	散水用品	43,520	4.9%	4
ST	支柱	42,041	4.7%	5
	合計	889,261	100.0%	

分類別売上金額

肥料　469,370
除草剤　141,840
用土　192,490
注2　散水用品　43,520
支柱　42,041

0　100,000　200,000　300,000　400,000　500,000

売上金額

2．店舗別集計表

店舗コード	店舗名	売上金額	種類数	備考
S	新川店	297,466	25	○
K	上林店	346,127	26	◎
Y	山北店	245,668	28	
	合計	889,261	79	注1

【式の設定】

シート名「報告書」

　[C6]　=VLOOKUP(B6,コード表!$A$4:$B$8,2,FALSE)

　[D6]　=SUMIFS(売上表!$E$4:$E$82,売上表!$B$4:$B$82,B6&"＊")

　[D11]　=SUM(D6:D10)

　[E6]　=D6/$D$11

　[F6]　=RANK(E6,$E$6:$E$10,0)

　[C33]　=VLOOKUP(B33,コード表!$A$12:$B$14,2,FALSE)

　[D33]　=SUMIFS(売上表!$E$4:$E$82,売上表!$A$4:$A$82,B33)

　[E33]　=COUNTIFS(売上表!$A$4:$A$82,B33)

　[F33]　=IF(D33=LARGE($D$33:$D$35,1),"◎",IF(D33=LARGE($D$33:$D$35,2),"○",""))

　[D36]　=SUM(D33:D35)

【グラフの作成】

①C5～D10を範囲指定する。

②[挿入]リボンの[縦棒/横棒グラフの挿入]
　→[集合横棒]を選択する。

③軸を右クリックし，[軸の書式設定]を選択
　する。

④[軸を反転する]をチェックし，[最大項目]
　を選択する。

配点
1．表の作成（　　　　　）の箇所。　　　　　　　　　　　5点×13箇所＝65点
　　注1　「上林店」に◎が表示され，「山北店」は何も表示されていない。
2．罫線。　　　　　　　　　　　　　　　　　　　　　　　5点（2つの表の罫線が正確にできている）
3．グラフの作成（　　　　　）の箇所。　　　　　　　　　5点×6箇所＝30点
　　注2　「散水用品」が上で，「支柱」が下に位置している。

【6】 (p.60)

	A	B	C	D	E	F	G
1							
2			1日あたりの販売数報告書				

1．バス運賃表

バスタイプ	運賃
ゆったり	7,000
スタンダード	5,000

2．年間の販売数集計表

バスタイプ	年間販売数			
	東京	新宿	横浜	合計
ゆったり	12,805	13,600	10,123	36,528
スタンダード	7,837	8,474	7,358	23,669
合計	20,642	22,074	17,481	60,197

3．1日あたりの販売数計算表

バスタイプ	販売数				運賃合計
	東京	新宿	横浜	合計	
ゆったり	36	38	28	102	714,000
スタンダード	22	24	21	67	335,000
合計	58	62	49	169	1,049,000

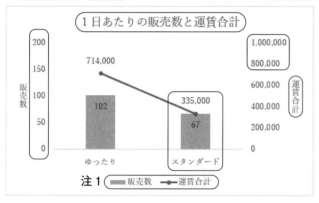

1日あたりの販売数と運賃合計

注1　販売数　運賃合計

【ピボットテーブルの範囲指定の方法】

①A3をクリックして，スクロールバーをドラッグする。

②Shift キーを押しながら，F2193をクリックする。

【式の設定】

シート名「報告書」

　[C6]　=VLOOKUP(B6,コード表!$B$10:$C$11,2,FALSE)

　[C19]　=ROUNDUP(C12/365,0)

　[G19]　=C6＊F19

　[C21]　=SUM(C19:C20)

【ピボットテーブルを利用しない場合】

　[C12]　=SUMIFS(販売表!$F$4:$F$2193,販売表!$E$4:$E$2193,報告書!$B12,販売表!$D$4:$D$2193,報告書!C$11)

【グラフの作成】

①B19～B20，F19～G20を範囲指定する。

②[挿入]リボンの[おすすめグラフ]→[すべてのグラフ]タブ→[組み合わせ]を選択する。

③ OK ボタンをクリックする。

④[行／列の切り替え]をクリックする。

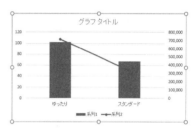

⑤[データの選択]をクリックする。

⑥[編集]をクリックする。

⑦[系列名]に「販売数」を入力する。

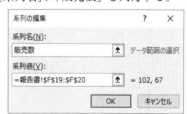

⑧[凡例]に「販売数」が設定される。

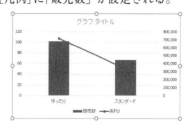

配点

1．表の作成（〔　　　　〕）の箇所。　　　　　5点×13箇所＝65点

2．罫線。　　　　　　　　　　　　　　　　　5点（3つの表の罫線が正確にできている）

3．グラフの作成（〔　　　　〕）の箇所。　　　5点×6箇所＝30点

　注1　「販売数」が左で，「運賃合計」が右に位置している。

【7】 (p.62)

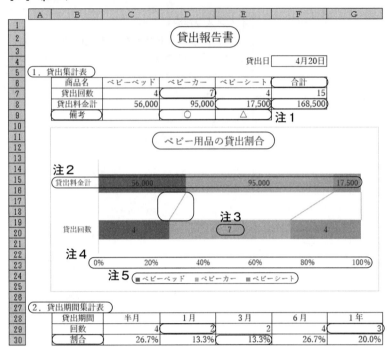

【式の設定】

シート名「報告書」

[C7]　=COUNTIFS(貸出表!$B$5:$B$19,C6)

[F7]　=SUM(C7:E7)

[C8]　=SUMIFS(貸出表!$F$5:$F$19,貸出表!$B$5:$B$19,C6)

[C9]　=IF(C8=MAX($C$8:$E$8),"○",

　　　　　IF(C8=MIN($C$8:$E$8),"△",""))

[C29]　=COUNTIFS(貸出表!$D$5:$D$19,C28)

[C30]　=C29/SUM($C$29:$G$29)

【グラフの作成】

①B6～E8を範囲指定する。

②[挿入]リボンの[横棒グラフの挿入]→
　[100%積み上げ横棒]を選択する。

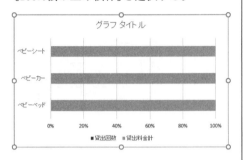

③[行／列の切り替え]をクリック。

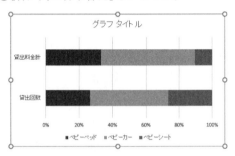

④[グラフ要素を追加]→[線]→[区分線]を選
　択する。

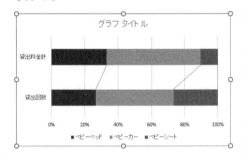

【8】 (p.64)

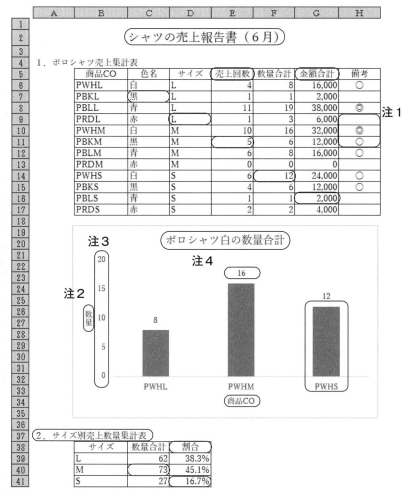

シャツの売上報告書（６月）

1．ポロシャツ売上集計表

商品CO	色名	サイズ	売上回数	数量合計	金額合計	備考
PWHL	白	L	4	8	16,000	○
PBKL	黒	L	1	1	2,000	
PBLL	青	L	11	19	38,000	◎
PRDL	赤	L	1	3	6,000	
PWHM	白	M	10	16	32,000	◎
PBKM	黒	M	5	6	12,000	○
PBLM	青	M	6	8	16,000	○
PRDM	赤	M	0	0	0	
PWHS	白	S	6	12	24,000	○
PBKS	黒	S	4	6	12,000	○
PBLS	青	S	1	1	2,000	
PRDS	赤	S	2	2	4,000	

注1

ポロシャツ白の数量合計（注3・注4・注2）

2．サイズ別売上数量集計表

サイズ	数量合計	割合
L	62	38.3%
M	73	45.1%
S	27	16.7%

【グラフの作成】

①Ｂ５〜Ｂ17，Ｆ５〜Ｆ17を範囲指定する。

②［挿入］リボンの［縦棒/横棒グラフの挿入］→［集合縦棒］を選択する。

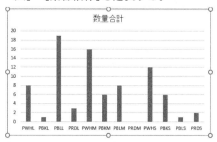

③［データの選択］→［横（項目）軸ラベル］→白以外のシャツのチェックを外す。

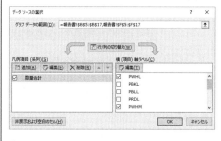

④ＯＫボタンをクリックする。

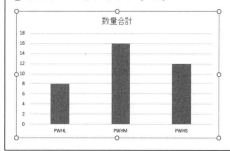

【式の設定】

シート名「報告書」

[C6]　=VLOOKUP(MID(B6,2,2),コード表!$A$9:$B$12,2,FALSE)

[D6]　=RIGHT(B6,1)

[E6]　=COUNTIFS(売上データ表!$B$4:$B$103,B6)

[F6]　=SUMIFS(売上データ表!$F$4:$F$103,売上データ表!$B$4:$B$103,B6)

[G6]　=SUMIFS(売上データ表!$G$4:$G$103,売上データ表!$B$4:$B$103,B6)

[H6]　=IF(G6>=30000,"◎",IF(G6>=10000,"○",""))

[C39]　=SUMIFS(売上データ表!$F$4:$F$103,売上データ表!$D$4:$D$103,B39)

[D39]　=C39/SUM($C$39:$C$41)

配点

1．表の作成（＿＿＿＿）の箇所。　　　　　　　　　　5点×13箇所＝65点
　注1　PRDLが空白，PWHMが ◎ ，PBKMが ○ 。
2．罫線。　　　　　　　　　　　　　　　　　　　　　5点（2つの表の罫線が正確にできている）
3．グラフの作成（＿＿＿＿）の箇所。　　　　　　　　5点×6箇所＝30点
　注2　方向。
　注3　最小値（0），最大値（20），および間隔（5）。
　注4　数値（16）。

【9】(p.66)

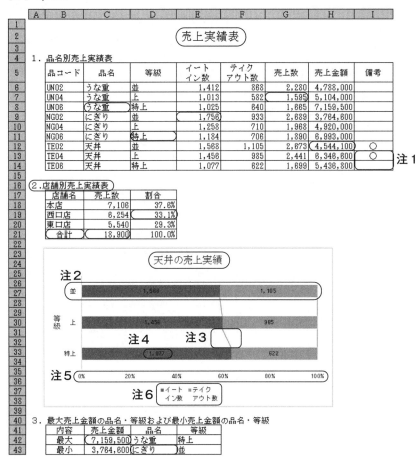

売上実績表

1．品名別売上実績表

品コード	品名	等級	イート イン数	テイク アウト数	売上数	売上金額	備考
UN02	うな重	並	1,412	868	2,280	4,788,000	
UN04	うな重	上	1,013	582	1,595	5,104,000	
UN06	うな重	特上	1,025	640	1,665	7,159,500	
NG02	にぎり	並	1,756	933	2,689	3,764,600	
NG04	にぎり	上	1,258	710	1,968	4,920,000	
NG06	にぎり	特上	1,184	706	1,890	6,993,000	
TE02	天丼	並	1,568	1,105	2,673	4,544,100	○
TE04	天丼	上	1,456	985	2,441	6,346,800	○
TE06	天丼	特上	1,077	622	1,699	5,436,800	

注1

2．店舗別売上実績表

店舗名	売上数	割合
本店	7,106	37.6%
西口店	6,254	33.1%
東口店	5,540	29.3%
合計	18,900	100.0%

天丼の売上実績

注2

等級		
並	1,568	1,105
上	1,456	985
特上	1,077	622

注4　注3

注5　0%　20%　40%　60%　80%　100%

注6　■イート　■テイク
　　　イン数　アウト数

3．最大売上金額の品名・等級および最小売上金額の品名・等級

内容	売上金額	品名	等級
最大	7,159,500	うな重	特上
最小	3,764,600	にぎり	並

【式の設定】

シート名「報告書」

[C6]　=VLOOKUP(B6,価格表!$A$4:$D$12,2,FALSE)

[D6]　=VLOOKUP(B6,価格表!$A$4:$C$12,3,FALSE)

[E6]　=SUMIFS(売上データ表!$E$4:$E$497,売上データ表!$C$4:$C$497,報告書!B6)

[F6]　=SUMIFS(売上データ表!$F$4:$F$497,売上データ表!$C$4:$C$497,報告書!B6)

[G6]　=SUM(E6:F6)

[H6]　=VLOOKUP(B6,価格表!$A$4:$D$12,4,FALSE)*G6

[I6]　=IF(AND(G6>=2000,F6/G6>=0.4),"○","")

[C18]　=SUMIFS(売上データ表!$E$4:$E$497,売上データ表!$D$4:$D$497,報告書!B18)+SUMIFS(売上データ表!$F$4:$F$497,売上データ表!$D$4:$D$497,報告書!B18)

[D18]　=ROUND(C18/$C$21,3)

[C42]　=LARGE(H6:H14,1)　　　[別解]　=MAX(H6:H14)

[D42]　=INDEX($C$6:$C$14,MATCH(C42,$H$6:$H$14,0),1)

[E42]　=INDEX($D$6:$D$14,MATCH(C42,$H$6:$H$14,0),1)

【グラフの作成】

①D5〜F5，D12〜F14を範囲指定する。

②[挿入]リボンの[縦棒／横棒グラフの挿入]→[100%積み上げ横棒]を選択する。

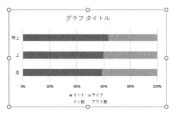

③[縦（項目）軸]を右クリックし，[軸の書式設定]を選択する。

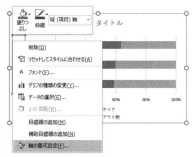

④[最大項目]と[軸を反転する]にチェックを入れる。

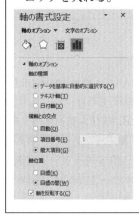

配点

1．表の作成（　　　　　　）の箇所。　　　　　　　　　　　5点×13箇所＝65点

　　注1　TE04が ○，TE06が空白。

2．罫線。　　　　　　　　　　　　　　　　　　　　5点×1箇所＝5点（「1．品名別売上実績表」の罫線が正確にできている）

3．グラフの作成（　　　　　　）の箇所。　　　　　　　　　5点×6箇所＝30点

　　注2　100%積み上げ横棒グラフで，「並」が一番上にあること。左右の積み上げ順およびデータラベルの有無は問わない。

　　注3　区分線が設定されていること。

　　注4　数値（1077）。

　　注5　最小値（0%），最大値（100%）および間隔（20%）。位置はグラフの下側にあること。

　　注6　位置はグラフの下側にあること。左右の順序は問わない。

【10】 (p.68)

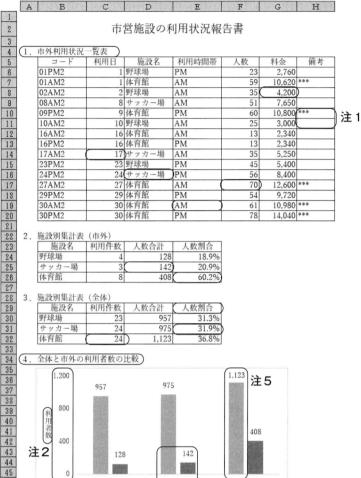

市営施設の利用状況報告書

1. 市外利用状況一覧表

コード	利用日	施設名	利用時間帯	人数	料金	備考
01PM2	1	野球場	PM	23	2,760	
01AM2	1	体育館	AM	59	10,620	***
02AM2	2	野球場	AM	35	4,200	
08AM2	8	サッカー場	AM	51	7,650	
09PM2	9	体育館	PM	60	10,800	***
10AM2	10	野球場	AM	25	3,000	
16AM2	16	体育館	AM	13	2,340	
16PM2	16	体育館	PM	13	2,340	
17AM2	17	サッカー場	AM	35	5,250	
23PM2	23	野球場	PM	45	5,400	
24PM2	24	サッカー場	PM	56	8,400	
27AM2	27	体育館	AM	70	12,600	***
29PM2	29	体育館	PM	54	9,720	
30AM2	30	体育館	AM	61	10,980	***
30PM2	30	体育館	PM	78	14,040	***

注1

2. 施設別集計表（市外）

施設名	利用件数	人数合計	人数割合
野球場	4	128	18.9%
サッカー場	3	142	20.9%
体育館	8	408	60.2%

3. 施設別集計表（全体）

施設名	利用件数	人数合計	人数割合
野球場	23	957	31.3%
サッカー場	24	975	31.9%
体育館	24	1,123	36.8%

4. 全体と市外の利用者数の比較

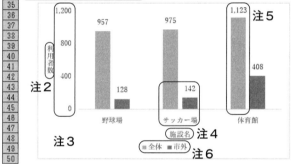

注2　注3　注4　注5　注6

【式の設定】
シート名「報告書」
[C6]　=VALUE(LEFT(B6,2))
[D6]　=VLOOKUP(B6,利用状況表!$A$4:$B$74,2,FALSE)
[E6]　=MID(B6,3,2)
[F6]　=VLOOKUP(B6,利用状況表!$A$4:$C$74,3,FALSE)
[G6]　=VLOOKUP(D6,料金表!$A$4:$B$6,2,FALSE)*F6
[H6]　=IF(OR(F6>=60,G6>=10000),"***","")
[C24]　=COUNTIFS($D$6:$D$20,B24)
[D24]　=SUMIFS($F$6:$F$20,$D$6:$D$20,B24)
[E24]　=D24/SUM($D$24:$D$26)
[C30]　=COUNTIFS(利用状況表!$B$4:$B$74,B30)
[D30]　=SUMIFS(利用状況表!$C$4:$C$74,利用状況表!$B$4:$B$74,B30)
[E30]　=D30/SUM($D$30:$D$32)

【グラフの作成】
①B24〜B26，D24〜D26を範囲指定する。
②[挿入]リボンの[縦棒/横棒グラフの挿入]→
　[2-D縦棒]→[集合縦棒]を選択する。

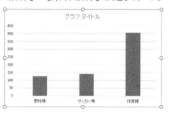

③[デザイン]リボンの[データの選択]を選択
　する。

④「系列1」を選択し，[編集]→[系列名]に
　「市外」を入力し，[OK]ボタンをクリック
　する。

⑤[追加]をクリックする。

⑥[系列名]を「全体」に，[系列値]を「D30：D32」
　に設定し，[OK]ボタンをクリックする。

⑦「市外」を選択し，[▼]（下へ移動ボタン）
　をクリックし，[OK]ボタンをクリックする。

配点
1. 表の作成（　　）の箇所。　　　　　　　　　　　　　　　5点×13箇所＝65点
　注1　09PM2が ***，10AM2が空白。
2. 罫線。　　　　　　　　　　　　　　　　　　　　　　　5点（3つの表の罫線が正確にできている）
3. グラフの作成（　　）の箇所。　　　　　　　　　　　　　5点×6箇所＝30点
　注2　方向。
　注3　最小値（0），最大値（1,200），および間隔（400）。
　注4　集合縦棒グラフ（サッカー場の市外）と数値（142）ができている。左右の位置は問わない。
　注5　数値（1,123）が正しく表示されているか。
　注6　凡例は，位置（グラフの右側）が正しく設定されている。

【1】

1	2	3	4	5
エ	イ	コ	ク	オ

【2】

1	2	3	4	5
イ	ケ	カ	ク	ア

【3】

1	2	3	4	5
イ	ア	ウ	イ	ウ

各3点
20問

小　計
60

【4】

問1	問2	問3	問4	問5
イ	イ	ア	ウ	6

【5】

問1	問2	問3	問4	問5
ウ	ア	ウ	ア	イ

各4点
10問

小　計
40

【6】

問1	問2 (a)	問2 (b)	問3	問4	問5
ア	ア	ウ	64,000	イ	イ

得　点　合　計
100

※　複数解答問題は，問ごとにすべてができて正答とする。

解説

【1】

ア．Wi-Fi：メーカーなどにとらわれず相互接続性が保証された無線LAN。

ウ．キーロガー：キーボードの操作記録をおこなう。本来は有害なものではないが，パスワードが盗み取られるなど悪用される危険性がある。

カ．OSS：プログラムのソースコードが公開され，誰でも自由に使えるソフトウェア。

キ．フリーウェア：著作権は保護されているが，ネットワーク上で自由にダウンロードして無料で使用できるソフトウェア。

ケ．PDF：コンピュータで使用しているOSの違いやフォントの違いなどに影響されず，同一の文書をさまざまなコンピュータ画面上で表示できる電子文書表示用のファイル形式。

【2】

ウ．ルートディレクトリ　エ．クライアントサーバシステム　オ．トラック　キ．暗号化　コ．ISO

【3】

1．１１００＋１１１＝１００１１　２進数１００１１＝10進数19（16×1＋8×0＋4×0＋2×1＋1×1＝19）

〔別解〕２進数１１００＝10進数12（8×1＋4×1＋2×0＋1×0＝12）

　　　　２進数１１１＝10進数7（4×1＋2×1＋1×1＝7）　　　　　　　12＋7＝19

2．イ．JISコード：日本産業規格で規格化された日本語文字コード。

　ウ．ASCIIコード：半角の英数字，記号などの文字を7ビットで表現する米国規格協会が制定した文字コード。

3．ア．GIF：インターネットで標準的に使われる画像形式であり，256色までの画像を保存することができる。

　イ．MPEG：動画を圧縮して記録するファイル形式。高画質でDVDビデオやデジタル衛星放送にも利用されている。

4．ア．SSO：一度の認証で複数のシステムが操作できるしくみ。

　　ウ．バックアップ：重要なプログラムやデータを別の記録メディアに保存すること。

5．結果表は，2つの表の共通のレコードだけを取り出したものなので，積集合である。

　　ア．和：2つの表にあるすべてのレコードをまとめること。同じレコードは1つにする。

　　イ．差：一方の表から他方の表のレコードを取り除くこと。

【4】

問1．1つの表（レンタル利用受付表）から条件（利用番号，貸出種別）を満たすフィールド（列）だけを取り出して新たな表を作成するのは，射影である。

　　ア．1つの表から条件を満たすレコード（行）だけを取り出して新たな表を作成すること。

　　ウ．2つ以上の表から共通項目をもとにして新しい表を作成すること。

問2．プール料金表から，料金が800未満の種別を抽出する。

問3．利用状況表から，利用時間が4時間以上で種別が「A」の利用番号を抽出する。

問4．レンタル利用受付表とレンタル料金表を貸出種別で結合し，レンタル利用受付表の貸出種別が「W01」の受付番号と貸出料金を抽出する。

問5．利用状況表の種別が「A」の最大値を求め，抽出した項目に「利用時間の最大」という名前を付ける。ある項目の最大値を求めるには，MAX関数［MAX（フィールド名）］を利用する。抽出されたフィールドに名前を付けるには，AS［フィールド名 AS 名前］を利用する。

【5】

問1．順位を求めるには，RANK関数を利用する。順序に0を指定するか，順序を省略すると，範囲内の数値に降順に順位が付けられる。順序に0以外の数値を指定すると，範囲内の数値に昇順に順位が付けられる。C4〜C9の記録について，RANK関数で昇順に順位を付け，その順位が2以下という条件を満たしたときに，「決勝進出」を表示する。また小さい順に数値を求めるSMALL関数を利用して，=SMALL($C$4:$C$9,2)>=C4とすれば正答となる。

問2．価格は，B列固定の複合参照にする。個数は，4行目固定の複合参照にする。

問3．年月日の日付のシリアル値を求めるには，DATE関数を利用する。開始日から終了日までの日数を求めているので，両端入れになるため，1を加える。

　　片落とし：開始日か終了日を含めない。終了日−開始日

　　両端入れ：開始日と終了日を含める。終了日−開始日＋1

　　両端落とし：開始日と終了日を含めない。終了日−開始日−1

問4．連続した複数のシートを指定する場合は，最初のシート名と最後のシート名を：で結ぶ。

問5．範囲の中から，指定した順位番目に小さい数値を求めるには，SMALL関数を利用する。

【6】

問1．範囲の左端列から，検索値が一致する値を検索し，その行の左から数えて列番目のデータを表示するには，VLOOKUP関数を利用する。F11までコピーするため，A15:B19は絶対参照にする。

問2．指定した数値を，指定した桁数で切り上げるには，ROUNDUP関数を利用する。桁数に負の数を指定すると，数値の小数点の左側（整数部分）が切り上げられる。列方向の検索なので，VLOOKUP関数を利用する。I11までコピーするため，範囲は絶対参照にし，範囲一致なので，TRUEを指定する。

問3．（98,000＋8,000）×4×0.15＝63,600（1,000円未満を切り上げる）

問4．条件を指定した合計を求めるには，SUMIFS関数を利用する。引数は，合計対象範囲，条件範囲，条件の順である。

問5．条件を指定した平均を求めるには，AVERAGEIFS関数を利用する。指定した数値を，指定した桁数で四捨五入するには，ROUND関数を利用する。桁数に負の数を指定すると，数値の小数点の左側（整数部分）が四捨五入される。100円未満を四捨五入するので，桁数は−2を指定する。

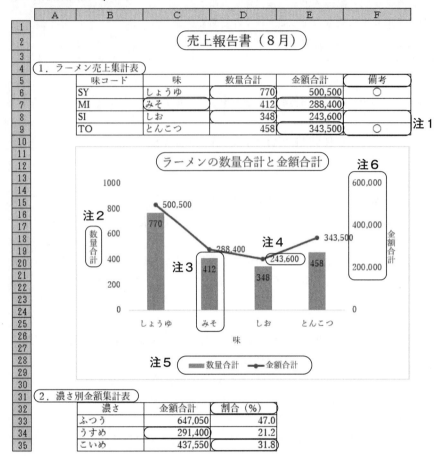

売上報告書（8月）

1．ラーメン売上集計表

味コード	味	数量合計	金額合計	備考
SY	しょうゆ	770	500,500	○
MI	みそ	412	288,400	
SI	しお	348	243,600	
TO	とんこつ	458	343,500	○

注1

ラーメンの数量合計と金額合計

注6

注2　数量合計

注3　412

注4　243,600

343,500　金額合計

注5　数量合計　金額合計

2．濃さ別金額集計表

濃さ	金額合計	割合（%）
ふつう	647,050	47.0
うすめ	291,400	21.2
こいめ	437,550	31.8

【式の設定】

[C6]　=VLOOKUP(B6,コード表!$A$4:$B$7,2,FALSE)

[D6]　=SUMIFS(売上データ表!$E$4:$E$207,売上データ表!$C$4:$C$207,C6)

[E6]　=SUMIFS(売上データ表!$F$4:$F$207,売上データ表!$C$4:$C$207,C6)

[F6]　=IF(AND(D6>=400,E6>=300000),"○","")

[C33]　=SUMIFS(売上データ表!$F$4:$F$207,売上データ表!$D$4:$D$207,B33)

[D33]　=C33*100/SUM($C$33:$C$35)

― 配点 ―

1．表の作成（◯◯◯◯◯◯）の箇所。　　　　　　　　　　　　　　　　5点×13箇所＝65点
　注1　SIが空白，TOが○。
2．罫線。　　　　　　　　　　　　　　　　　　　　　　　　　　　　5点（2つの表の罫線が正確にできている）
3．グラフの作成（◯◯◯◯◯◯）の箇所。　　　　　　　　　　　　　5点×6箇所＝30点
　注2　方向。
　注3　みその数量合計が集合縦棒グラフ。
　注4　しおの金額合計が243,600で折れ線グラフ。マーカーの有無は問わない。
　注5　位置はグラフの下側であること。順序は問わない。
　注6　最小値（0），最大値（600,000），および間隔（200,000）。

▷P.80

【1】

1	2	3	4	5
ケ	イ	ア	ク	オ

【2】

1	2	3	4	5
ア	ク	カ	ウ	コ

【3】

1	2	3	4	5
ウ	ウ	イ	ウ	ア

各3点
20問

【4】

問1	問2	問3	問4	問5
ア	イ	ウ	ア	ウ

小 計
60

【5】

問1	問2	問3	問4 (1)	問4 (2)
ア	ア	イ	ア	イ

各4点
10問

【6】

問1	問2	問3	問4	問5
ウ	イ	ウ	ウ	ア

小 計
40

得 点 合 計
100

解説

【1】

ウ．磁気ヘッド：磁気ディスク装置のアクセスアームの先端に取り付けられた，データを読み書きする部分。

エ．テキストファイル：OSやコンピュータの機種に依存されない，文字データで構成されたファイル。

カ．フリーウェア：作成者の著作権は保護されているが，自由にダウンロードして無料で使用できるソフトウェア。

キ．CMYK：カラー印刷で色調表現に使われる原色で，それぞれの頭文字シアン，マゼンタ，イエロー，ブラックを付けたもの。

コ．ピクセル：色情報を持った画像を構成する小さな点。ディスプレイや画像の色情報を表す最小単位である。

【2】

イ．ランニングコスト　　エ．肖像権　　オ．ドット　　キ．TCO　　ケ．フォルダ（ディレクトリ）

【3】

1．１１０１×１１０＝１００１１１０

２進数１００１１１０＝10進数78（64×1＋32×0＋16×0＋8×1＋4×1＋2×1＋1×0＝78）

〈別解〉２進数１１０１＝10進数13（8×1＋4×1＋2×0＋1×1＝13）

　　　　２進数１１０＝10進数6（4×1＋2×1＋1×0＝6）　　　　　　　13×6＝78

2．ア．著作権法：プログラムなどの創作者の権利保護を図るための法律。

　　イ．個人情報保護法：事業者に対して，本人の意図しない個人情報の不正な流用や，ずさんなデータ管理をしないよう定めた法律。

3．ア．フリーウェア：作成者の著作権は保護されているが，自由にダウンロードして無料で使用できるソフトウェア。

　　ウ．シェアウェア：一定期間無償で使用し，期間終了後も使い続ける場合には著作権者に規定の料金を払うソフトウェア。

4．$2^{ビット数}$＝表示できる色数　　　$2^8＝256$

5．和集合は，2つの表にあるすべてのレコードをまとめることである。ただし，同じレコードは1つにする。

【4】

問1．イ．レコード：リレーショナル型データベースにおけるテーブルの行方向のデータ。

　　　ウ．テーブル：リレーショナル型データベースのもととなる二次元の表。

問2．商品表から，単価が30000を超える商品名をすべて抽出する。

問3．顧客表から，所在地が桜ヶ丘か，取引開始年が1999以降の顧客名をすべて抽出する。

問4．商品表と受注明細表を商品コードで結合し，数量が8より大きい受注日と商品名をすべて抽出する。

問5．集計結果が5になるのは，受注明細表から顧客コードが194をすべて抽出し，数量の平均を求め，集計結果と名前をつけた場合である。

　　　ア．受注明細表から顧客コードが187をすべて抽出し，数量の最小値を求め，集計結果と名前を付けて表示するので，結果は「1」となる。

　　　イ．受注明細表から顧客コードが145をすべて抽出し，数量の件数を求め，集計結果と名前を付けて表示するので，結果は「1」となる。

【5】

問1．B列の数値は，A列のコードの「a」の右側の数字を取り出して数値に変換したものである。文字列として入力されている数値を数値に変換するには，VALUE関数を利用する。「a」は文字列の中にあるので，MID関数を利用する。MID関数は，指定した文字列を左端から数えて，開始位置文字目から，指定した文字数を抽出する。開始位置を決定するために，「a」が何文字目になるかを求める。対象（A列のコード）の中から，指定した文字列「a」を検索し，最初に現れる位置を求めるには，FIND関数を利用する。FIND関数で求めた数値は「a」の位置なので，「a」の右側の数字の位置にするため，1を加える。SEARCH関数は，大文字・小文字の区別不可。

問2．値を指定した書式の文字列に変換して表示するには，TEXT関数を利用する。

　　　イ．LEN関数：文字列の文字数を求める関数。

　　　ウ．VALUE関数：文字列として入力されている数字を数値に変換する関数。

問3．数値を除算した余りを求めるには，MOD関数を利用する。引数は，数値，除数である。

　　　ア．INT関数：数値を切り捨てて，整数にした数値を求める。

問4．(1) 指定した文字列（B列の部課コード）の右端から，指定した文字数（2文字）を抽出するには，RIGHT関数を利用する。文字列（抽出した数字）を数値に変換するには，VALUE関数を利用する。これにより課コードが求められたので，VLOOKUP関数を利用して表示する。VLOOKUP関数は，範囲（課名表）の左端列から，検索値（求めた課コード）と一致する値を検索し，その行の左から数えた列番目（課名は2番目）のデータを表示する。

　　　ウ：LEFT関数：指定した文字列の左端から，指定した文字数を抽出する。

　　　(2) 条件を指定した合計を求めるには，SUMIFS関数を利用する。

　　　ア．COUNTIFS関数：範囲の中で検索条件に一致したセルの個数を求める。

　　　イ．AVERAGEIFS関数：条件を指定した平均を求める。

【6】

問1．範囲（集計表）の上端行から，検索値（規格）と一致する値を検索し，その列の上から数えた行番目（単価なので2）のデータを表示するには，HLOOKUP関数を利用する。検索方法にFALSEまたは0を指定すると，検索値と完全に一致する値だけを検索する。

問2．条件の判定を行うには，IF関数を利用するが，複数の条件を判定するので，論理関数にする。論理関数は，複数の条件がすべて真の場合を求めるので，AND関数を利用する。単価の5%引きの金額は，単価の95%の金額である。ダブルクォーテーション（""）で囲むのは，文字の前後である。

問3．条件の判定を行うには，IF関数を利用する。値引がない場合は，値引単価（E5）が0である。指定された条件（論理式）の結果がTRUEの場合は，真の場合の値（数量×単価）を返し，FALSEの場合は，偽の場合の値（数量×割引単価）を返す。

問4．条件を指定した平均を求めるには，AVERAGEIFS関数を利用する。平均対象範囲で平均するデータが含まれる範囲（F列の売上金額）を指定し，条件範囲で条件が含まれる範囲（B列の規格）を指定し，条件で対象となる条件（4行目の規格）を指定する。指定した数値を，指定した桁数で四捨五入するには，ROUND関数を利用する。桁数に0を指定すると，整数として四捨五入される。

問5．条件を指定した合計を求めるには，SUMIFS関数を利用する。引数は，合計対象範囲，条件範囲，条件である。

第2回模擬実技 (p.88)

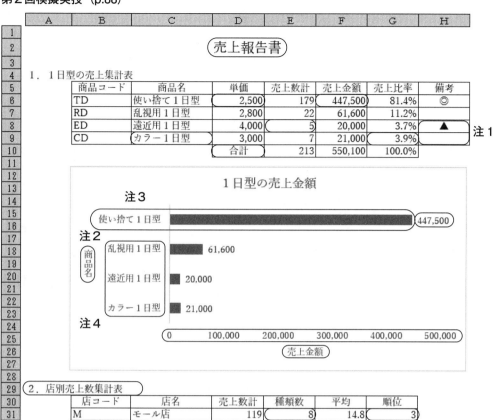

売上報告書

1．1日型の売上集計表

商品コード	商品名	単価	売上数計	売上金額	売上比率	備考
TD	使い捨て1日型	2,500	179	447,500	81.4%	◎
RD	乱視用1日型	2,800	22	61,600	11.2%	
ED	遠近用1日型	4,000	5	20,000	3.7%	▲
CD	カラー1日型	3,000	7	21,000	3.9%	
		合計	213	550,100	100.0%	

注1

1日型の売上金額

注3
使い捨て1日型 ── 447,500
注2
乱視用1日型 61,600
商品名
遠近用1日型 20,000
カラー1日型 21,000
注4

0　100,000　200,000　300,000　400,000　500,000

売上金額

2．店別売上数集計表

店コード	店名	売上数計	種類数	平均	順位
M	モール店	119	8	14.8	3
T	タウン店	130	6	21.6	1
P	プラザ店	134	8	16.7	2

【式の設定】

[C6] =VLOOKUP($B6,コード表!$A$10:$C$17,2,FALSE)

[D6] =VLOOKUP($B6,コード表!$A$10:$C$17,3,FALSE)

[E6] =SUMIFS(売上表!$C$4:$C$25,売上表!$B$4:$B$25,B6)

[F6] =D6*E6

[G6] =ROUNDUP(F6/$F$10,3)

[H6] =IF(G6=MAX($G$6:$G$9),"◎",IF(G6=MIN($G$6:$G$9),"▲",""))

[E10] =SUM(E6:E9)

[C31] =VLOOKUP($B31,コード表!$A$4:$B$6,2,0)

[D31] =SUMIFS(売上表!$C$4:$C$25,売上表!$A$4:$A$25,B31)

[E31] =COUNTIFS(売上表!$A$4:$A$25,B31)

[F31] =ROUNDDOWN(D31/E31,1)

[G31] =RANK(F31,$F$31:$F$33,0)

【グラフの作成（軸の反転）】

①軸を右クリックし，［軸の書式設定］を選択する。

②［軸を反転する］をチェックし，［最大項目］を選択する。

配点

1．表の作成（────）の箇所。　　　　　　　　　　　　　5点×13箇所＝65点
　注1　「カラー1日型」が空欄で，「遠近用1日型」に ▲ が表示されている。

2．罫線。　　　　　　　　　　　　　　　　　　　　　　5点（2つの表の罫線が正確にできている）

3．グラフの作成（────）の箇所。　　　　　　　　　　5点×6箇所＝30点
　注2　文字，方向。
　注3　横棒グラフ（使い捨て1日型）ができている。上下の位置や数値は問わない。
　注4　「乱視用1日型」が上で，「カラー1日型」が下に位置している。

第3回　模擬問題　解答

▷P.90

【1】

1	2	3	4	5
コ	キ	カ	ア	ケ

【2】

1	2	3	4	5
キ	ア	イ	オ	コ

【3】

1	2	3	4	5
ア	ア	ウ	イ	ア

【4】

問1	問2	問3	問4	問5
ア	ウ	イ	ウ	4

各3点
20問

小　計
60

【5】

問1	問2	問3	問4	
			(1)	(2)
イ	ウ	ア	イ	1

【6】

問1	問2	問3	問4		問5
			(a)	(b)	
ア	ア	ウ	エ	ア	ウ

各4点
10問

小　計
40

得　点　合　計
100

※　複数解答問題は，問ごとにすべてができて正答とする。

解説

【1】

イ．OCR：手書きの文字や印刷された文字を光学的に読み取る装置。

ウ．ISO：国際標準化機構の略で，国際間の製品等の標準化を目的としている機関。

エ．解凍：データの内容を保ったままファイルの容量を小さくしたものを，元の状態に戻すこと。

オ．TCO：コンピュータシステムの導入から，それを運用・保守・管理するための費用の総額。

ク．暗号化：他人に見られたくないデータを，ある規則にしたがって一見無意味なデータに変換する処理。

【2】

ウ．解像度　　エ．多段階認証　　カ．LAN　　ク．JPEG　　ケ．CSV

【3】

1．2進数10100＝10進数の20（16×1＋8×0＋4×1＋2×0＋1×0＝20）　　　20－13＝7

2．イ．ピアツーピア：コンピュータ同士が互いに対等な関係のLAN。

　　ウ．SSID：アクセスポイントを識別するために付けられた名前。複数のアクセスポイントとの混信を避けるために利用される。

3．ア．BMP：画像を点の集合として表現するファイル形式。

　　イ．MIDI：電子楽器を制御するための規格で，音楽情報を保存したファイル形式。

4．ア．肖像権：自分の姿が写っている写真等を，無断で利用されることがないように主張できる権利。

　　ウ．著作権：芸術作品と同じように，プログラムやデータの創作者にも認められた，本人などが独占的にその作品を利用できる権利。

5．2つの表にあるすべてのレコードを，同じレコードは1つにしてまとめるのは，和演算である。

　　　イ．積：2つの表の共通のレコードだけを取り出すこと。

　　　ウ．差：一方の表から他方の表のレコードを取り除くこと。

【4】

問1．1つの表から条件を満たすレコード（行）だけを取り出して新たな表を作成するのは，選択である。

　　　イ．射影：1つの表から条件を満たすフィールド（列）だけを取り出して新たな表を作成すること。

　　　ウ．結合：2つ以上の表から共通項目をもとにして新しい表を作成すること。

問2．部屋表から，座席数が150以上の部屋名をすべて抽出する。

問3．受付表から，区分コードがK01で作品コードがS03の受付コードをすべて抽出する。

問4．受付表と作品表を作品コードで結合し，区分コードがK06の作品名をすべて抽出する。

問5．受付表から，作品コードがS02で部屋コードがH03に合致した行の数を求めるので，4である。

【5】

問1．範囲の中で，指定した条件に一致したデータの個数を求めるには，COUNTIFS関数を利用する。欠席の場合は何も入力されていないので，空欄（""）を指定する。

　　　ア．COUNT関数：範囲の中で，数値の入力されているセルの個数を求める。

問2．年月日や時刻はシリアル値で表されているので，差を求めることで経過日数や経過時間を求めることができる。時刻のシリアル値を求めるには，TIME関数を利用する。D11までコピーするため，勤務時間終了時刻を絶対参照にする。

問3．B3の式：ROUNDDOWN（A3/100000,0）では，指定した数値（A3/100000）を，指定した桁数（0）で切り捨てる。桁数に0を指定すると，整数として切り捨てられるため，11111.44444は11111となる。ROUNDUP（A3/100000,0）では，指定した数値（A3/100000）を，指定した桁数（0）で切り上げる。桁数に0を指定すると，数値は最も近い整数として切り上げられるため，11111.44444は11112となる。LEFT（A3/100000,0）は，誤りである。

　　　C3の式：MOD（A3,100000）は，数値（A3）を除数（100000）で割った余りを求めるため，1111144444/100000＝11111余り44444となる。RIGHT（A3,100000）は，誤りである。

問4．（1）条件を指定した合計を求めるには，SUMIFS関数を利用する。合計対象範囲で合計するデータが含まれる範囲を指定し，条件範囲で条件が含まれる範囲を指定し，条件で対象となる条件を指定する。D15までコピーするので，B列の顧客とD列の金額を絶対参照にする。

　　　（2）客数計が10より多いか，または売上計が50,000以上の場合に○が表示される。

【6】

問1．指定した文字列（A列の伝票番号）の右端から，指定した文字数（2文字）を抽出するには，RIGHT関数を利用する。抽出した数字を数値に変換するには，VALUE関数を利用する。範囲（A18:B21）の左端列から，検索値（抽出した数値）と一致する値を検索し，その行の左から数えた列番目（品名は2）のデータを表示するには，VLOOKUP関数を利用する。検索方法にFALSEまたは0を指定すると，検索値と完全に一致する値だけを検索する。

問2．「種別」の数値の抽出は，問1と同様。範囲（C18:D21）の中で，行番号と列番号が交差する値を表示するには，INDEX関数を利用する。大人，小人を数値にするため，MATCH関数を利用して，範囲（C17:D17）の中で，検索値（C列の大／小）と一致するセル位置を表す数値を求める。照合の種類は，検索値に一致する値を検索するので，0を指定する。1の場合は，検査値以下の最大値を検索する。検索範囲を昇順に並べ替えておく必要がある。

問3．条件の判定を行うには，IF関数を利用するが，複数の条件を判定するので，論理関数にする。論理関数は，複数の条件がすべて真の場合を求めるので，AND関数を利用する。指定された条件（論理式）の結果がTRUEの場合は，真の場合の値（料金×日数の一割引の金額）を返し，FALSEの場合は，偽の場合の値（料金×日数の金額）を返す。

問4．条件を指定した合計を求めるには，SUMIFS関数を利用する。合計対象範囲で合計するデータが含まれる範囲（レンタル料）を指定し，条件範囲で条件が含まれる範囲（B5～B14の品名）を指定し，検索条件で対象となる条件（レンタル一覧表の品名）を指定する。

問5．レンタル料の合計は，SUM関数を利用して求める。F21までコピーするため，範囲を絶対参照にする。指定した数値を，指定した桁数で四捨五入するには，ROUND関数を利用する。桁数に正の数を指定すると，数値の小数点以下について，指定した桁数の右側が四捨五入される。小数第3位未満を四捨五入するので，桁数は3を指定する。

2月のグッズ販売成績表

1．売上総利益計算表
単位：円

商品名	ぬいぐるみ	ボールペン	ストラップ	タオル	靴下	クッキー	合計
売上数量	28,460	42,358	21,045	63,596	50,198	14,095	219,752
売上金額	45,536,000	31,768,500	21,045,000	38,157,600	22,589,100	17,618,750	176,714,950
仕入原価	21,345,000	10,589,500	7,470,975	10,684,128	6,676,334	8,428,810	65,194,747
売上総利益	24,191,000	21,179,000	13,574,025	27,473,472	15,912,766	9,189,940	111,520,203
備考		☆		☆			

2．在庫一覧表
単位：個

商品名	ぬいぐるみ	ボールペン	ストラップ	タオル	靴下	クッキー	合計
前月繰越数量	2,145	3,729	1,584	4,684	3,490	1,128	16,760
仕入数量	28,480	42,380	21,050	63,620	50,220	14,120	219,870
売上数量	28,460	42,358	21,045	63,596	50,198	14,095	219,752
次月繰越数量	2,165	3,751	1,589	4,708	3,512	1,153	16,878

販売価格の内訳

注1
注2
注3
注4

金額

	ぬいぐるみ	ボールペン	ストラップ	タオル	靴下	クッキー
売上総利益	24,191,000	21,179,000	13,574,025	27,473,472	15,912,766	9,189,940

■ 仕入原価　■ 売上総利益

【式の設定】

[C6]　=SUMIFS(グッズ管理表!$N$4:$N$171,グッズ管理表!$M$4:$M$171,C5)

[C7]　=VLOOKUP(C5,グッズ取扱表!$A$4:$C$9,3,FALSE)＊C6

[C8]　=VLOOKUP(C5,グッズ取扱表!$A$4:$C$9,2,FALSE)＊C6

[C9]　=C7－C8

[C10]　=IF(AND(C6>=40000,C9>=20000000),"☆","")

[C14]　=VLOOKUP(C13,グッズ管理表!$C$4:$D$9,2,FALSE)

[C15]　=SUMIFS(グッズ管理表!$I$4:$I$27,グッズ管理表!$H$4:$H$27,C13)

[C16]　=C6　　　　　　　[C17]　=C14＋C15－C16

[I6]　　=SUM(C6:H6)　　[I14]　=SUM(C14:H14)

【積み上げ縦棒グラフの作成】
①B5〜H5とB8〜H9を範囲指定し，［挿入］リボンの［縦棒］→［積み上げ縦棒］を選択する。

配点

1．表の作成（◯◯◯◯◯）の箇所。　　　　　　　　　　5点×13箇所＝65点
2．罫線。　　　　　　　　　　　　　　　　　　　　　　5点（2つの表の罫線が正確にできている）
3．グラフの作成（◯◯◯◯◯）の箇所。　　　　　　　　5点×6箇所＝30点
　注1　数値軸目盛は，最小値（0），最大値（50,000,000）および間隔（10,000,000）が正しく設定されている。
　注2　数値（21,179,000）が正しく表示されている。
　注3　項目軸ラベルは，項目（ぬいぐるみ〜クッキー）が正しく表示され，方向が正しく設定されている。
　注4　凡例は，位置（グラフの右側）および文字が正しく設定されている。

▷P.100

【1】

1	2	3	4	5
エ	イ	キ	コ	オ

【2】

1	2	3	4	5
キ	ウ	ア	オ	コ

【3】

1	2	3	4	5
イ	ウ	イ	ア	イ

各3点
20問

小　計
60

【4】

問1	問2	問3	問4	問5
ア	ウ	イ	イ	3

【5】

問1	問2	問3	問4	
			(1)	(2)
ウ	イ	ア	2	イ

各4点
10問

小　計
40

【6】

問1		問2	問3	問4	問5
(a)	(b)				
ア	エ	ア	イ	ウ	ウ

得 点 合 計
100

※　複数解答問題は，問ごとにすべてができて正答とする。

解説

【1】

ア．トラック：磁気ディスクなどの記録面にある同心円状の記録場所。

ウ．ANSI：米国規格協会の略で，アメリカの工業製品に関する規格を制定する団体。

カ．Unicode：世界の主要な言語のほとんどの文字を収録している文字コード。

ク．アナログ回線：電流の強弱などのように連続的に変化する信号を利用する回線。

ケ．暗号化：他人に見られたくないデータを，ある規則にしたがって一見無意味なデータに変換する処理。

【2】

イ．ピアツーピア　　エ．BMP　　カ．肖像権　　ク．イニシャルコスト　　ケ．グループウェア

【3】

1．１０１０＋１００＝１１１０　　２進数１１１０＝10進数14（8×1＋4×1＋2×1＋1×0＝14）

　　〔別解〕２進数１０１０＝10進数10（8×1＋4×0＋2×1＋1×0＝10）

　　　　　　２進数１００＝10進数4（4×1＋2×0＋1×0＝4）　　　　　　10＋4＝14

2．ア．サブディレクトリ：ファイルを階層構造で管理するとき，最上位のディレクトリの下位に作成されるすべてのディ

　　　レクトリ。

　　イ．テキストファイル：コンピュータの機種やOSに依存されない，文字データで構成されたファイル。

3．ア．JPEG：画質は低下するが圧縮率が高い，フルカラー静止画像データのファイル形式。

　　ウ．MIDI：電子楽器を制御するための規格で，音楽情報を保存したファイル形式。

4．イ．個人情報保護法：本人の意図しない個人情報の不正な流用や，ずさんなデータ管理をしないよう定めた法律。

　　ウ．不正アクセス禁止法：コンピュータの不正利用を禁止する法律。

5．結果表は，A表からB表のレコードを取り除いたものなので，差演算である。

  ア．和：2つの表にあるすべてのレコードをまとめること。同じレコードは1つにする。

  ウ．積：2つの表の共通のレコードだけを取り出すこと。

【4】

問1．1つの表（予約表）から条件（支店コードがT3でプランコードがP6）を満たすレコード（列）だけを取り出して新たな表を作成するのは，選択である。

  イ．射影：1つの表から条件を満たすフィールド（列）だけを取り出して新たな表を作成すること。

  ウ．結合：2つ以上の表から共通項目をもとにして新しい表を作成すること。

問2．プラン表から，プランコードがP5のプラン名をすべて抽出する。

問3．支店表と予約表を支店コードで結合し，支店コードがT2で人数が6人より多い支店名と出発日をすべて抽出する。

問4．プラン表と予約表をプランコードで結合し，出発日が10/03で支店コードがT1でないプラン名をすべて抽出する。

問5．プラン表から，交通コードがK1の行の数を求める。

【5】

問1．範囲の中で，行番号（学年）と列番号（クラス）が交差する値を表示するには，INDEX関数を利用する。ア．の関数式ではその行の左から数えた列番目が，イ．の関数式ではその列の上から数えた行番目のデータが不適切である。

問2．年・月・日から年月日の日付のシリアル値を求めるには，DATE関数を利用する。

  ア．TIME関数：時刻のシリアル値を求める。

  ウ．DAY関数：シリアル値の日を求める。

問3．条件を指定した合計を求めるには，SUMIFS関数を利用する。合計対象範囲で合計するデータが含まれる範囲を指定し，条件範囲で条件が含まれる範囲を指定し，検索条件で対象となる条件を指定する。

問4．(1) 前年比が110%を超え，かつ売上順位が3以下の場合に 優秀 が表示される。

  (2) 配列の中から，指定した順位番目に大きい数値を求めるには，LARGE関数を利用する。

  ア．RANK関数：範囲内の数値を並べ替えたとき，指定した数値が何番目に位置するか順位を付ける。

  ウ．FIND関数：「対象」の中から「検索文字列」を検索し，最初に現れる位置を求める。

【6】

問1．範囲の上端行から，検索値と一致する値を検索し，その列の上から数えた行番目のデータを表示するには，HLOOKUP関数を利用する。検索方法にTRUEを指定すると，一致する値がない場合に，検索値未満の最大値を検索する。

問2．MIN関数を利用して，予選記録と決勝記録のうち，タイムの良いものを求める。H列は小数点以下の2桁なので，RIGHT関数を利用して，文字列の右端から，指定した文字数（2）を抽出する。抽出した文字は，VALUE関数を利用して数値に変換する。

問3．条件の判定を行うには，IF関数を利用するが，複数の条件を判定するので，論理関数にする。論理関数は，複数の条件のうちいずれかが真の場合を求めるので，OR関数を利用する。また，大会記録よりも速いということは，値が大会記録より小さいということであるため，条件はD5<\$J\$3,E5<\$J\$3となる。

問4．条件を指定した平均を求めるには，AVERAGEIFS関数を利用する。平均対象範囲で平均するデータが含まれる範囲（決勝記録）を指定し，条件範囲で条件が含まれる範囲（C5〜C12の所属）を指定し，条件で対象となる条件（所属表の所属）を指定する。指定した数値を，指定した桁数で切り捨てるには，ROUNDDOWN関数を利用する。桁数に正の数を指定すると，数値の小数点以下について，指定した桁数の右側が切り捨てられる。

問5．配列の中から，指定した順位番目に小さい数値を求めるには，SMALL関数を利用する。指定する順位はA列の文字列を利用する。数値部分を取り出すためにLEFT関数を利用する。

	A	B	C	D	E	F
1						
2			カフェ販売報告書			
3						
4		１．カフェ販売集計表				
5		商品CO	商品名	販売数	販売金額	備考
6		HCR	ホットコーヒーR	71	7,100	A
7		HCL	ホットコーヒーL	21	3,150	B
8		ICR	アイスコーヒーR	62	6,200	A
9		ICL	アイスコーヒーL	25	4,500	B
10		IRR	アイスラテR	13	2,340	C
11		IRL	アイスラテL	8	2,000	C

注１

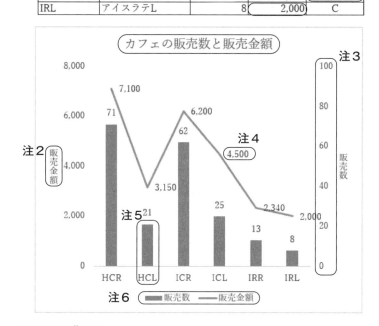

注２ 注３ 注４ 注５ 注６

カフェの販売数と販売金額

■■■ 販売数　―― 販売金額

	A	B	C	D	E	F
37		サイズCO	サイズ名	販売数	販売金額	割合
38		R	レギュラー	146	15,640	61.8%
39		L	ラージ	54	9,650	38.2%

２．サイズ別販売集計表

【グラフの作成】

①Ｂ５～Ｂ11，Ｄ５～Ｅ11を範囲指定する。

②[挿入]リボンの[おすすめグラフ]→[すべてのグラフ]→[組み合わせ]を選択する。

【式の設定】

シート名「報告書」

[C6] =VLOOKUP(B6,コード表!$A$4:$C$9,2,FALSE)

[D6] =COUNTIFS(販売データ表!$B$4:$B$203,B6)

[E6] =SUMIFS(販売データ表!$E$4:$E$203,販売データ表!$B$4:$B$203,B6)

[F6] =IF(E6>=5000,"A",IF(E6>=3000,"B","C"))

[D38] =COUNTIFS(販売データ表!$D$4:$D$203,B38)

[E38] =SUMIFS(販売データ表!$E$4:$E$203,販売データ表!$D$4:$D$203,B38)

[F38] =E38/SUM($E$38:$E$39)

── 配点 ──

１．表の作成（〇〇〇〇〇〇〇）の箇所。　　　　　　　　　　　　　　　　5点×13箇所＝65点
　　注１　ICRがA，ICLがB，IRRがC。
２．罫線。　　　　　　　　　　　　　　　　　　　　　　　　　　　　　　5点（2つの表の罫線が正確にできている）
３．グラフの作成（〇〇〇〇〇〇〇）の箇所。　　　　　　　　　　　　　　5点×6箇所＝30点
　　注２　方向。
　　注３　最小値（0），最大値（100），および間隔（20）。
　　注４　ICLの販売金額が折れ線グラフ。マーカーの有無は問わない。
　　注５　HCLの販売数が集合縦棒グラフ。
　　注６　位置はグラフの下側であること。順序は問わない。

第5回　模擬問題　解答

▷P.110

【1】

	1	2	3	4	5
	エ	キ	カ	ク	コ

【2】

	1	2	3	4	5
	キ	コ	ケ	イ	エ

【3】

	1	2	3	4	5
	ウ	ウ	ア	ア	ウ

各3点
20問

【4】

	問1	問2	問3	問4	問5
	ウ	ア	ア	イ	ア

小　計
60

【5】

	問1	問2	問3	問4	
				(1)	(2)
	ウ	イ	ウ	ア	イ

各4点
10問

【6】

	問1	問2	問3		問4	問5
			(a)	(b)		
	ア	イ	イ	エ	ウ	C20

小　計
40

得　点　合　計
100

※　記述問題の大文字，小文字は問わない。
※　複数解答問題は，問ごとにすべてができて正答とする。

解説

【1】
ア．イニシャルコスト：コンピュータシステム導入時にかかる初期費用。
イ．SSID：無線LANに接続する際に必要となるアクセスポイントの識別子。
ウ．デジタル回線：データの送受信に際し，0と1の2種類の信号でやり取りを行う通信回線。
オ．IEEE：アメリカに本部を置く電気・電子分野の世界最大の学会。
ケ．GIF：インターネットで標準的に使われる画像形式であり，256色までの画像を保存することができる。

【2】
ア．バックアップ　　ウ．MIDI　　オ．著作権　　カ．テキストファイル　　ク．Unicode

【3】
1．10101×101＝1101001
　　2進数1101001＝10進数105（64×1＋32×1＋16×0＋8×1＋4×0＋2×0＋1×1＝105）
　　〔別解〕2進数10101＝10進数21（16×1＋8×0＋4×1＋2×0＋1×1＝21）
　　　　　　2進数101＝10進数5（4×1＋2×0＋1×1＝5）　　　　　　　　21×5＝105
2．ア．OSS：ソースコードが無償で公開され，改良や再配布ができるソフトウェア。
　　イ．OMR：鉛筆などで塗られたマークを光学的に読み取る装置。
3．イ．アーカイバ：複数のファイルを1つにまとめたり，ファイルを圧縮するためのソフトウェア。
　　ウ．圧縮：データの内容を保ったまま，ファイルの容量を小さくすること。

4．イ．RGB：コンピュータを扱う色の原色で，赤・緑・青のこと。
　　　ウ．ppi：1インチを何個のピクセル（画素）の集まりとして表現できるかを表す単位。主に，ビットマップデータの
　　　　　解像度を表すのに用いられる。
5．結果表は，A表からB表のレコードを取り除いているので，差である。
　　　ア．和：2つの表にあるすべてのレコードをまとめること。同じレコードは1つにする。
　　　イ．積：2つの表の共通のレコードだけを取り出すこと。

【4】
問1．1つの表から条件を満たすフィールド（レッスン名と定員）だけを取り出して新たな表を作成するのは，射影である。
　　　ア．結合：2つ以上の表から共通項目をもとにして新しい表を作成すること。
　　　イ．選択：1つの表から条件を満たすレコード（行）だけを取り出して新たな表を作成すること。
問2．レッスン表から，料金が2000未満のレッスン名をすべて抽出する。
問3．予約表から，レッスンコードがC03でコーチコードがT04である会場コードをすべて抽出する。
問4．会場表と予約表を会場コードで結合し，また，コーチ表と予約表をコーチコードで結合し，コーチ歴が5以上で予約
　　　人数が15未満の会場名とコーチ名をすべて抽出する。
問5．予約表から会場コードがK02であるレコードの予約人数を合計した値を予約人数の合計に抽出するために，SUM関数
　　　が適切である。

【5】
問1．小数点の位置を求め，その左側の文字列を抽出し，数値に変換する。対象の中から，指定した文字列（小数点）を検
　　　索し，最初に現れる位置を求めるには，SEARCH関数を利用する。LEFT関数で，左からの文字数を指定するが，
　　　SEARCH関数で求めた数値は，「.」の位置なので，小数点の左側の文字列を求めるため−1にする。
問2．合計範囲の始まりであるB4を絶対番地として固定し，合計範囲の終わりであるB4は相対番地として変化させること
　　　により，C4に設定した式をコピーして使うことができる。
問3．小さい順に数値を求めるには，SMALL関数を利用する。
問4．(1)　範囲の左端列から，検索値と一致する値を検索し，その行の左から数えた列番目のデータを表示するには，
　　　　　VLOOKUP関数を利用する。左から数えた列番目になるので，ホール種別の値に1を加える。HLOOKUP関数でも
　　　　　求められるが，引数に誤りがある。正しくは，＝HLOOKUP(D4,$H$4:$J$6,C4＋1,FALSE)。
　　　　　INDEX関数でも求められるが，引数に誤りがある。正しくは，＝INDEX($H$5:$J$6,C4,D4)。
　　　(2)　条件を指定した合計を求めるには，SUMIFS関数を利用する。
　　　ア．AVERAGEIFS関数：条件を指定した平均を求める。
　　　ウ．COUNTIFS関数：範囲の中で，検索条件に一致したデータの個数を求める。

【6】
問1．指定した文字列の左端から，指定した文字数を抽出するには，LEFT関数を利用する。
　　　RIGHT関数：指定した文字列の右側から，指定した文字数を抽出する。
問2．範囲内の数値を並べ替えたとき，指定した数値が何番目に位置するか順位を付けるには，RANK関数を利用する。記
　　　録の良い順は昇順になるので，順序に0以外の数値を指定する。G14までコピーするので，範囲を絶対参照にする。
問3．条件を指定した合計を求めるには，SUMIFS関数を利用する。合計対象範囲で合計するデータが含まれる範囲（順位
　　　H5:H14）を指定し，条件範囲で条件が含まれる範囲（B5:B14）を指定し，条件で対象となる条件（B17）を指定する。
問4．条件の判定を行うには，IF関数を利用する。範囲の中から，指定した順位番目に小さい数値を求めるには，SMALL
　　　関数を利用する。F20までコピーするので，範囲は絶対参照にする。
問5．順位は得点の昇順につけているので，1位は6点のB組となる。

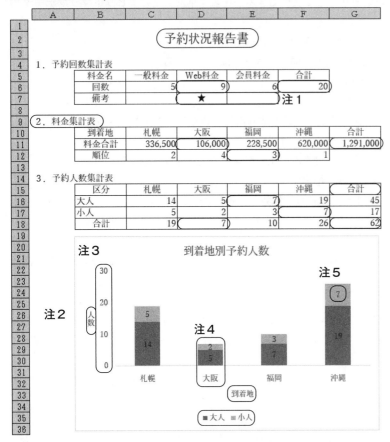

【グラフの作成】
①B15〜F17を範囲指定する。
②[挿入]リボンの[縦棒]→[積み上げ縦棒]を選択する。

予約状況報告書

1．予約回数集計表

料金名	一般料金	Web料金	会員料金	合計
回数	5	9	6	20
備考		★		注1

2．料金集計表

到着地	札幌	大阪	福岡	沖縄	合計
料金合計	336,500	106,000	228,500	620,000	1,291,000
順位	2	4	3	1	

3．予約人数集計表

区分	札幌	大阪	福岡	沖縄	合計
大人	14	5	7	19	45
小人	5	2	3	7	17
合計	19	7	10	26	62

到着地別予約人数（注2〜注5）

【式の設定】

シート名「報告書」

[C6]　=COUNTIFS(予約表!$E$4:$E$23,C5)

[C7]　=IF(C6=MAX($C$6:$E$6),"★","")

[F6]　=SUM(C6:E6)

[C11] =SUMIFS(予約表!$I$4:$I$23,予約表!$C$4:$C$23,C10)

[C12] =RANK(C11,$C$11:$F$11,0)

[G11] =SUM(C11:F11)

[C16] =SUMIFS(予約表!$G$4:$G$23,予約表!$C$4:$C$23,C15)

[C17] =SUMIFS(予約表!$H$4:$H$23,予約表!$C$4:$C$23,C15)

[C18] =SUM(C16:C17)

配点

1．表の作成（　　　　　　）の箇所。　　　　　　　　　5点×13箇所＝65点
　　注1　Web料金が ★ ，会員料金が 空白 。
2．罫線。　　　　　　　　　　　　　　　　　　　　　5点（3つの表の罫線が正確にできている）
3．グラフの作成（　　　　　　）の箇所。　　　　　　5点×6箇所＝30点
　　注2　方向。
　　注3　最小値（0），最大値（30），および間隔（10）。
　　注4　大阪の人数が積み上げ縦棒グラフ。数値は問わない。
　　注5　数値（7）。

【1】

	1	2	3	4	5
	カ	ウ	ア	コ	エ

【2】

	1	2	3	4	5
	キ	コ	ア	ケ	イ

【3】

	1	2	3	4	5
	ア	ウ	イ	ア	ウ

各3点
20問

小　計
60

【4】

	問1	問2	問3	問4	問5
	イ	イ	ウ	イ	3

【5】

	問1	問2	問3	問4	
				(1)	(2)
	2	ウ	イ	ア	ウ

各4点
10問

小　計
40

【6】

問1			問2	問3	問4	問5
(a)	(b)	(c)				
イ	ウ	オ	ウ	イ	ア	2,100

得　点　合　計
100

※　記述問題のコンマの有無は問わない。
※　複数解答問題は，問ごとにすべてができて正答とする。

解説

【1】
イ．産業財産権：新しい技術やデザインなどに対し，一定期間独占権を与えたもの。知的財産権のうち，特許権，実用新案権，意匠権，商標権が該当する。

オ．ピアツーピア：サーバ専用のコンピュータを置かないネットワーク形態。接続された各コンピュータが互いに対等な関係であり，プリンタ共有などを目的とした数台のコンピュータによる小規模なLANに向いている。

キ．セクタ：ハードディスク上にデータを記録する際の最小単位。

ク．dpi：1インチを何個のドットの集まりとして表現できるかを表す単位。

ケ．肖像権：自分の姿が写っている写真等を，無断で利用されることがないように主張できる権利。

【2】
ウ．MP3　　エ．セキュリティホール　　オ．サイトライセンス　　カ．シェアウェア　　ク．グループウェア

【3】
1．10進数13＝2進数1101　（8×1＋4×1＋2×0＋1×1＝13）
　　11011＋1101＝101000

2．ア．TCO：コンピュータシステムの導入から，それを運用・保守・管理するための費用の総額。
　　イ．CSV：データをコンマ（,）で区切って保存するファイル形式。

3．ア．GIF：インターネットで標準的に使われる画像形式であり，256色までの画像を保存することができる。
　　ウ．BMP：画像を点の集合として表現するファイル形式。

4．256色を表現するためには，8ビット必要である。（256＝2^8）

   800×600×8＝3840000ビット

   1バイト＝8ビット　　　　　　　3840000÷8＝480000バイト

   1Mバイト＝1000000バイト　　　480000÷1000000＝0.48

5．2つの表の共通のレコードだけを取り出しているので，積である。

   ア．和：2つの表にあるすべてのレコードをまとめること。同じレコードは1つにする。

   イ．差：一方の表から他方の表のレコードを取り除くこと。

【4】

問1．ある項目の値が決まれば，他の値も一意に決まるという項目は主キーである。

   ア．複合キー：複数の項目の値が決まれば，他の値も一意に決まるという項目。

   ウ．外部キー：別の表の主キーを参照する項目。

問2．商品表から，価格が900以下の品名をすべて抽出する。

問3．売上状況表から，商品番号がS04で，時刻が7よりも大きい売上番号をすべて抽出する。

問4．宅配受付表と宅配料金表を地区で結合し，宅配料金表の料金が200より小さい地区と受付番号をすべて抽出する。

問5．売上状況表から商品番号がS01で時刻が8以上となるレコード（行）の数を求める。

【5】

問1．一般教養が80以上で，かつ面接がAの場合に　合格　が表示される。

問2．範囲の左端列から，検索値と一致する値を検索し，その行の左から数えた列番目のデータを表示するには，VLOOKUP関数を利用する。10個以下は3，20個以下は4，30個以下は5列目を参照するようにする。ア．は1，2，3になってしまうので誤り。イ．は，+3するので3，4，5になるが，10個，20個，30個のときにずれてしまう。そこで，ウ．のようにC4−1とすることで，ずれが解消される。

問3．上位3人なので，点数の大きいもの3人の合計を求める。SMALL関数は，配列の中から，指定した順位番目に小さい数値を求める。LARGE関数は，配列の中から，指定した順位番目に大きい数値を求める。

   ア．選手1から選手5の点数の合計から，1番目に小さい点数と2番目に小さい点数の合計を引いた点数なので正しい。

   イ．選手1から選手5の点数のなかで，1番目に小さい点数と2番目に小さい点数と3番目に小さい点数を合計した点数なので誤りである。

   ウ．選手1から選手5の点数のなかで，1番目に大きい点数と2番目に大きい点数と3番目に大きい点数を合計した点数なので正しい。

問4．（1）シリアル値を指定した書式の文字列に変換するには，TEXT関数を利用する。

   イ．WEEKDAY関数：シリアル値から曜日を表す数値に変換して表示する。

   ウ．TODAY関数：本日の日付を表示する。

   （2）条件を指定した合計を求めるには，SUMIFS関数を利用する。条件1が商品名，条件2がサイズを指定する。H9までコピーするので複合参照にする。

【6】

問1．範囲の左端列から，検索値と一致する値を検索し，その行の左から数えた列番目のデータを表示するには，VLOOKUP関数を利用する。一致する値がない場合に，検索値未満の最大値を検索するようにするため，検索方法にTRUEまたは0以外を指定する。

問2．範囲の左端列から，検索値と一致する値を検索し，その行の左から数えた列番目のデータを表示するには，VLOOKUP関数を利用する。検索値は，「適用サイズ」を指定する。列番号は，MATCH関数を利用して，範囲の中（G18～K18）で，検索値（地区）と一致するセル位置を表す数値を求め，E～F列の分の2を加える。

   ア．INDEX関数を利用しても求められるが，この場合，第2引数と第3引数が逆になっている。

   イ．HLOOKUP関数を利用しても求められるが，この場合，第3引数がH5となっているため，18行目の分が1足りない。

問3．条件の判定を行うには，IF関数を利用する。適用サイズをもとに，基本料金表を参照するには，VLOOKUP関数を利用する。論理式が真の場合の処理を第2引数に指定するので，ア．とウ．は誤りである。

問4．条件を指定した合計を求めるにはSUMIFS関数を利用する。K25までコピーするので，合計対象範囲，条件範囲を絶対参照にする。

問5．F8＝4　G8＝3　H8＝4　I8＝1500　J8＝600　よってK8＝2100

第6回模擬実技 (p.128)

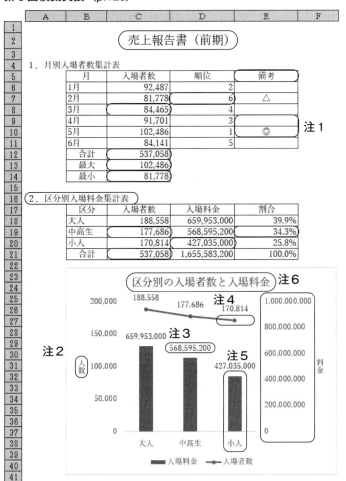

<table>
<tr><td colspan="6">売上報告書（前期）</td></tr>
</table>

1．月別入場者数集計表

月	入場者数	順位	備考
1月	92,487	2	
2月	81,778	6	△
3月	84,465	4	
4月	91,701	3	
5月	102,486	1	◎
6月	84,141	5	
合計	537,058		
最大	102,486		
最小	81,778		

注1

2．区分別入場料金集計表

区分	入場者数	入場料金	割合
大人	188,558	659,953,000	39.9%
中高生	177,686	568,595,200	34.3%
小人	170,814	427,035,000	25.8%
合計	537,058	1,655,583,200	100.0%

【グラフの作成】

①B17～D20範囲指定する。

②［挿入］リボンの［おすすめグラフ］→［すべてのグラフ］タブ→［組み合わせ］を選択する。

【式の設定】

シート名「報告書」

[C6] =SUMIFS(売上表!$E$4:$E$75,売上表!$A$4:$A$75,B6)

[D6] =RANK(C6,$C$6:$C$11,0)

[E6] =IF(C6=MAX($C$6:$C$11),"◎",IF(C6=MIN($C$6:$C$11),"△",""))

[C12] =SUM(C6:C11)

[C13] =MAX(C6:C11)

[C14] =MIN(C6:C11)

[C18] =SUMIFS(売上表!$E$4:$E$75,売上表!$C$4:$C$75,B18)

[D18] =C18＊VLOOKUP(B18,コード表!$B$4:$C$6,2,FALSE)

[E18] =ROUND(D18/$D$21,3)

[C21] =SUM(C18:C20)

配点

1．表の作成（◯◯◯◯）の箇所。 　　　　　　　　　　5点×13箇所＝65点
　　注1　4月が空白，5月が◎。
2．罫線。 　　　　　　　　　　　　　　　5点（2つの表の罫線が正確にできている）
3．グラフの作成（◯◯◯◯）の箇所。 　　　　　　　　　5点×6箇所＝30点
　　注2　方向。
　　注3　数値（568,595,200）。
　　注4　小人の入場者数が折れ線グラフ。マーカーの有無は問わない。
　　注5　小人の入場料金が集合縦棒グラフ。
　　注6　最小値（0），最大値（1,000,000,000），および間隔（200,000,000）。

▷P.130

【1】

	1	2	3	4	5
	ク	ウ	オ	ケ	エ

【2】

	1	2	3	4	5
	エ	オ	コ	イ	ク

【3】

	1	2	3	4	5
	イ	ウ	ア	ウ	ア

【4】

	問1	問2	問3	問4	問5
	イ	ウ	イ	ウ	11

各3点
20問

小　計
60

【5】

	問1	問2	問3	問4	
				(1)	(2)
	イ	イ	4	ウ	イ

各4点
10問

小　計
40

【6】

問1			問2	問3	問4	問5
(a)	(b)	(c)				
ア	エ	オ	ウ	ウ	イ	1

得　点　合　計
100

※　複数解答問題は，問ごとにすべてができて正答とする。

解説

【1】
ア．シェアウェア：一定期間は無料で使用し，その後使い続ける場合は一定の料金を支払うソフトウェア。

イ．OSS：ソースコードが無償で公開され，改良や再配布ができるソフトウェア。

カ．ランニングコスト：コンピュータシステムの運用や保守・管理に必要な費用。

キ．ANSI：米国規格協会の略で，アメリカの工業製品に関する規格を制定する団体。

コ．JIS：日本産業規格の略で，日本国内における製品やサービスについての規格などを定めている。

【2】
ア．解凍　　ウ．OSS　　カ．セクタ　　キ．バックアップ　　ケ．ワンタイムパスワード

【3】
1．1010×111＝1000110

　　2進数1000110＝10進数70（64×1＋32×0＋16×0＋8×0＋4×1＋2×1＋1×0＝70）

　　〔別解〕2進数1010＝10進数10（8×1＋4×0＋2×1＋1×0＝10）

　　　　　　2進数111＝10進数7（4×1＋2×1＋1×1＝7）　　　　　　　10×7＝70

2．ア．バイナリファイル：文字として読み出すことのできない2進数形式のファイル。

　　イ．アーカイバ：複数のファイルを1つにまとめたり，ファイルを圧縮するためのソフトウェア。

3．イ．MPEG：動画を圧縮して記録するファイル形式。高画質でDVDビデオやデジタル衛星放送にも利用されている。

　　ウ．MP3：CDと同程度の音質を保ったままデータ量を圧縮することができる音声圧縮方式。

4．ア．著作権法：プログラムなどの創作者の権利保護を図るための法律。

　　　イ．不正アクセス禁止法：コンピュータの不正利用を禁止する法律。

5．C表は，A表とB表の重複のないすべてのレコードである。D表は，A表とB表の共通のレコードである。E表は，A表のレコードからB表のレコードを取り除いたものである。

　　　和：2つの表にあるすべてのレコードをまとめること。同じレコードは1つにする。

　　　差：一方の表から他方の表のレコードを取り除くこと。

　　　積：2つの表の共通のレコードだけを取り出すこと。

【4】

問1．1つの表（宿泊予約表）から条件（宿泊の人数）を満たすフィールド（列）だけを取り出して新たな表を作成するのは，射影である。

　　　ア．選択：1つの表から条件を満たすレコード（行）だけを取り出して新たな表を作成すること。

　　　ウ．結合：2つ以上の表から共通項目をもとにして新しい表を作成すること。

問2．宿泊料金表から，料金が18000未満の宿泊プランをすべて抽出する。

問3．宿泊予約表から，宿泊プランがAで人数が2以上の予約番号をすべて抽出する。

問4．ツアー受付表とツアー料金表をツアー番号で結合し，ツアー番号が1の受付番号とツアー料金をすべて抽出する。

問5．宿泊プランがSの人数を合計する。

【5】

問1．注文数のAセット，Bセットはそれぞれ列を固定したいので，列のみを固定する複合参照にする。料金表のAセット，Bセットはそれぞれ行を固定したいので，行のみを固定する複合参照にする。

問2．配列の中から，指定した順位番目に小さい数値を求めるには，SMALL関数を利用する。

　　　ア．MIN関数：指定した範囲の最小値を求める。

　　　ウ．LARGE関数：配列の中から，指定した順位番目に大きい数値を求める。

問3．大人が50以上か，またはこどもが50以上の場合に ○ が表示される。

問4．(1) 範囲の中で，検索条件に一致したセルの個数を求めるには，COUNTIFS関数を利用する。

　　　　ア．COUNTA関数：範囲の中で空白でないセルの個数を求める。

　　　　イ．COUNT関数：範囲の中で，数値の入力されているセルの個数を求める。

　　　(2) ウ．SUMIFS関数：条件を指定した合計を求める。

【6】

問1．指定した文字列（選手番号）の左端から，指定した文字数（2）を抽出するには，LEFT関数を利用する。文字列を数値に変換するため，VALUE関数を利用する。範囲の上端行から，検索値と一致する値を検索し，その列の上から数えた行番目のデータを表示するには，HLOOKUP関数を利用する。

問2．最高点と最低点を除くので，2番目，3番目，4番目に大きい得点を合計する。配列の中から，指定した順位番目に大きい数値を求めるには，LARGE関数を利用する。

　　　ア．最も大きい得点から最も小さい得点を引く。

　　　イ．1番目，2番目，3番目に大きい得点を合計する。

問3．範囲の中（個人ごとの各審判の得点）で，検索条件（全選手の得点の平均よりも大きい得点）に一致したセルの個数を求めるには，COUNTIFS関数を利用する。平均を求めるには，AVERAGE関数を利用し，>を&で結合する。

問4．条件を指定した合計を求めるには，SUMIFS関数を利用する。引数は，合計対象範囲，条件範囲，条件の順で，合計対象範囲で合計するデータが含まれる範囲を指定し，条件範囲で条件が含まれる範囲を指定し，条件で対象となる条件を指定する。

問5．

	A	B	C	D
14				
15	団体成績表			
16	高校番号	11	12	13
17	高校名	ロッシ高校	エラン高校	サロモ高校
18	団体得点	163.0	151.0	153.0
19	団体順位	1	3	2

	A	B	C	D	E	F	G
1							
2			管楽器売上報告書				
3							
4		1．サックス売上集計表					
5		商品CO	楽器名	メーカー名	売上個数	売上金額	備考
6		AS-BC	アルトサックス	バック	7	1,680,000	
7		AS-CN	アルトサックス	コーン	7	2,184,000	○
8		AS-SL	アルトサックス	セルマ	5	2,160,000	
9		TS-BC	テナーサックス	バック	5	1,445,000	
10		TS-CN	テナーサックス	コーン	6	2,254,200	
11		TS-SL	テナーサックス	セルマ	7	3,641,400	○
12				合計	37	13,364,600	

注1

注2　注3　注4　注5

サックスの売上個数と売上金額

売上個数

売上金額

商品CO

■ 売上個数　— 売上金額

	1,680,000	2,184,000	2,160,000	1,445,000	2,254,200	3,641,400
	7	7	5	5	6	7
	AS-BC	AS-CN	AS-SL	TS-BC	TS-CN	TS-SL

	A	B	C	D	E	F	G
32		2．メーカー別売上集計表					
33		メーカー名	売上個数	売上金額	割合（％）		
34		バック	38	6,863,000	22.3		
35		セルマ	40	13,332,600	43.3		
36		コーン	42	10,613,200	34.4		

【式の設定】

シート名「報告書」

[C6]　=VLOOKUP(LEFT(B6,2),コード表!$A$4:$B$9,2,FALSE)

[D6]　=VLOOKUP(RIGHT(B6,2),コード表!$A$13:$B$15,2,FALSE)

[E6]　=COUNTIFS(売上データ表!$B$4:$B$123,B6)

[F6]　=SUMIFS(売上データ表!$D$4:$D$123,売上データ表!$B$4:$B$123,B6)

[G6]　=IF(AND(E6=MAX($E$6:$E$11),F6>=2000000),"○","")

[C34]　=COUNTIFS(売上データ表!$F$4:$F$123,B34)

[D34]　=SUMIFS(売上データ表!$D$4:$D$123,売上データ表!$F$4:$F$123,B34)

[E34]　=D34＊100/SUM($D$34:$D$36)

【グラフの作成】

①Ｂ５～Ｂ11，Ｅ５～Ｆ11を範囲指定する。

②[挿入]リボンの[おすすめグラフ]→[すべてのグラフ]タブ→[組み合わせ]を選択する。

配点

1．表の作成（　　　　）の箇所。　　　　　　　　5点×13箇所＝65点
　　注1　TS-CNが空白，TS-SLが ○ 。
2．罫線。　　　　　　　　　　　　　　　　　　　5点（2つの表の罫線が正確にできている）
3．グラフの作成（　　　　）の箇所。　　　　　　5点×6箇所＝30点
　　注2　方向。
　　注3　AS-CNの売上個数(7)が集合縦棒グラフ。
　　注4　TS-SLの売上金額が折れ線グラフ。マーカーの有無は問わない。
　　注5　最小値（0），最大値（4,000,000），および間隔（1,000,000）。

第8回　模擬問題　解答

▷P.140

【1】

1	2	3	4	5
カ	イ	コ	オ	ア

【2】

1	2	3	4	5
エ	ク	ア	ウ	カ

【3】

1	2	3	4	5
ア	ウ	ア	ア	ア

各3点
20問

小　計
60

【4】

問1	問2	問3	問4	問5
ア	イ	ア	ウ	27.5

【5】

問1	問2	問3	問4	問5
ア	ウ	ウ	イ	ウ

各4点
10問

小　計
40

【6】

問1	問2	問3	問4 (a)	問4 (b)	問4 (c)	問5
ア	イ	ウ	イ	ア	ウ	ウ

得　点　合　計
100

※　複数解答問題は，問ごとにすべてができて正答とする。

解説

【1】

ウ．JIS：日本産業規格の略で，日本国内における製品やサービスについての規格などを定めている。

エ．グループウェア：ネットワークを利用して，グループによる共同作業を支援するソフトウェア。

キ．フリーウェア：著作権は保護されているが，ネットワーク上で自由にダウンロードして無償で使用できるソフトウェア。

ク．GIF：インターネットで標準的に使われる画像形式であり，256色までの画像を保存することができる。

ケ．OMR：鉛筆などで塗られたマークを光学的に読み取る装置。

【2】

イ．テキストファイル　　オ．BMP　　キ．MPEG　　ケ．JISコード　　コ．不正アクセス禁止法

【3】

1．10進数7＝2進数111（4×1＋2×1＋1×1＝7）　　　1001×111＝111111

2．ア．RGB：色の表現形式の一つで，赤（R），緑（G），青（B）の組み合わせで，さまざまな色を表現する方法。

　　イ．ドット：文字や画像を構成する小さな点。

3．イ．ランサムウェア：ソフトウェアを悪用し，暗号化したデータを復号する代わりに金銭を要求する不正プログラム。

　　ウ．ガンブラー：Webサイトを改ざんして悪質な感染ウイルスを仕込むことにより，サイトを閲覧したコンピュータを
　　　　ウイルスに感染させようとする攻撃手法。

4．表示できる色数＝2^{ビット数}　　16＝2^4　　4ビット

5．積集合は2つの表の共通レコードだけを取り出すことである。

【4】

問1．1つの表（社員表）から条件（課コードがS1）を満たすレコード（行）だけを取り出して新たな表を作成するのは，選択である。
    イ．射影：1つの表から条件を満たすフィールド（列）だけを取り出して新たな表を作成すること。
    ウ．結合：2つ以上の表から共通項目をもとにして新しい表を作成すること。

問2．社員表から，年間有給休暇日数が15に満たない社員名をすべて抽出する。

問3．社員表から，課コードがS1でなく，年間有給休暇日数が20より大きい社員名をすべて抽出する。

問4．社員表と休暇表を社員番号で，また，社員表と課表を課コードで結合し，年間有給休暇日数から取得休暇日数を引いた日数が5以下の社員名と所属課名をすべて抽出する。

問5．経理課社員の年間有給休暇日数の平均を求める。(35+20)÷2＝27.5

【5】

問1．言葉の中のどこにあるかわからない赤を検索するので，赤（C4）の前と後にワイルドカードの*をつけて検索条件にする。ワイルドカードは文字列として扱われるため，ダブルクォーテーションが必要となる。イの"*C4*"はセル番地のC4も文字列として扱われてしまうため誤りである。

問2．条件の判定を行うには，IF関数を利用する。LEFT関数を利用して，指定した文字列（利用番号）の左端から，指定した文字数（1）を抽出して，抽出した文字がKかどうかを判定する。ポイント数は1000円ごとに5ポイントになるので，利用金額を1000で割り，ROUNDDOWN関数を利用し，整数値として切り捨ててから5倍する。

問3．「?」は不要な桁を空白で表示する表示形式である。数値「568,040」を「?,???,??0」の表示形式で表示した場合，表示形式よりも数値の桁数が少ないため，「コンマ(,)」の位置を含めて空白で表示され「△△568,040」のようになる。

問4．範囲の左端列から，検索値と一致する値を検索し，その行の左から数えた列番目のデータを表示するには，VLOOKUP関数を利用する。範囲は，A列からC列となるので，表示するデータは3列目となる。検索の型は，一致する値がない場合に，検索値未満の最大値を検索するようにTRUEを指定する。

問5．アの結果

	A	B	C	D	E
2	会員名簿				
3	会員番号	氏名	性別	会員種別	受付店名
4	1001	鈴木 ○○	男	ゴールド	駅前店
10	1007	森 ○○	男	ゴールド	モール店
12	1009	高木 ○○	男	ゴールド	駅前店

イの結果

	A	B	C	D	E
2	会員名簿				
3	会員番号	氏名	性別	会員種別	受付店名
4	1001	鈴木 ○○	男	ゴールド	駅前店
6	1003	小林 ○○	男	シルバー	駅前店
7	1004	吉田 ○○	男	シルバー	駅前店
11	1008	清水 ○○	男	シルバー	駅前店
12	1009	高木 ○○	男	ゴールド	駅前店

【6】

問1．範囲の上端行から，検索値と一致する値を検索し，その列の上から数えた行番目のデータを表示するには，HLOOKUP関数を利用する。ホテルコードを抽出するために，LEFT関数を利用する。

問2．範囲の左端列から，検索値と一致する値を検索し，その行の左から数えた列番目のデータを表示するには，VLOOKUP関数を利用する。部屋コードを抽出するために，RIGHT関数を利用する。D14までコピーするので，宿泊コード（B5）は相対参照にする。

問3．検索条件（18行目のホテル名）に一致したセルの個数を求めるには，COUNTIFS関数を利用する。引数は，検索条件範囲，検索条件の順で，検索条件範囲は検索条件が含まれる範囲を指定する。E19までコピーするので，範囲は絶対参照にするが，検索条件は相対参照にする。

問4．条件を指定した合計を求めるには，SUMIFS関数を利用する。引数は，合計対象範囲，条件範囲，条件の順で，合計対象範囲で合計するデータが含まれる範囲を指定し，条件範囲で条件が含まれる範囲を指定し，条件で対象となる条件を指定する。E20までコピーするので，範囲と合計範囲は絶対参照にするが，検索条件は相対参照にする。

問5．条件の判定を行うには，IF関数を利用するが，複数の条件を判定するので，論理関数にする。論理関数は，複数の条件のうちいずれかが真の場合を求めるので，OR関数を利用する。

今年の出荷概算額計算書

1．昨年の出荷量

野菜名	6月	7月	8月	合計
きゅうり	5,730	6,020	6,930	18,680
なす	3,320	3,425	4,295	11,040
トマト	7,475	7,110	8,610	23,195
合計	16,525	16,555	19,835	52,915

2．昨年の平均単価

野菜名	6月	7月	8月
きゅうり	161	180	144
なす	286	279	145
トマト	252	246	200

3．昨年の出荷概算額

野菜名	6月	7月	8月	合計
きゅうり	916,800	1,077,580	990,990	2,985,370
なす	949,520	955,575	622,775	2,527,870
トマト	1,876,225	1,749,060	1,722,000	5,347,285
合計	3,742,545	3,782,215	3,335,765	10,860,525

4．今年の予想出荷概算額

野菜名	6月	7月	8月	合計
きゅうり	825,120	969,822	891,891	2,686,833
なす	1,139,424	1,146,690	747,330	3,033,444
トマト	1,688,603	1,574,154	1,549,800	4,812,557
合計	3,653,147	3,690,666	3,189,021	10,532,834

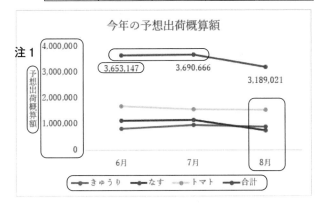

今年の予想出荷概算額

【グラフの作成】

①B25～E29を範囲指定する。

②［挿入］リボンの［折れ線/面グラフの挿入］→［マーカー付き折れ線］を選択する。

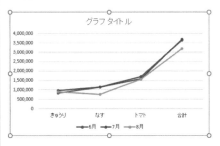

③［デザイン］リボンの［行/列の切り替え］を選択する。

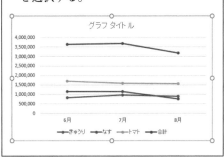

【ピボットテーブルの計算の変更】

①［合計/単価］を右クリックし，［値フィールドの設定］を選択する。

②［平均］を選択する。

【式の設定】

シート名「報告書」

[C19] =C6＊INT(C13)　　　　[C22] =SUM(C19:C21)

[F19] =SUM(C19:E19)

[C26] =C6＊(1＋コード表!$C4)＊INT(C13)

[C29] =SUM(C26:C28)　　　　[F26] =SUM(C26:E26)

【ピボットテーブルを利用しない場合】

[C6] =SUMIFS(出荷表!$E$4:$E$204,出荷表!$D$4:$D$204,報告書!$B6,出荷表!$A$4:$A$204,報告書!C$5)

[C13] =AVERAGEIFS(出荷表!$F$4:$F$204,出荷表!$D$4:$D$204,報告書!$B13,出荷表!$A$4:$A$204,報告書!C$12)

配点

1．表の作成（　　　　　　）の箇所。　　　　　　　　　　　5点×13箇所＝65点
2．罫線。　　　　　　　　　　　　　　　　　　　　　　　　5点（4つの表の罫線が正確にできている）
3．グラフの作成（　　　　　　）の箇所。　　　　　　　　　5点×6箇所＝30点
　　注1　文字，方向。

▷P.150

【1】

1	2	3	4	5
ク	カ	エ	ア	ケ

【2】

1	2	3	4	5
イ	オ	エ	カ	コ

【3】

1	2	3	4	5
イ	ウ	ア	ウ	イ

【4】

問1	問2	問3	問4	問5
ウ	ウ	ア	ウ	3900

各3点
20問

小　計
60

【5】

問1	問2	問3	問4	
			(1)	(2)
ア	イ	4	イ	ウ

【6】

問1	問2	問3	問4			問5
			(a)	(b)	(c)	
イ	ア	ア	ウ	イ	オ	イ

各4点
10問

小　計
40

得　点　合　計
100

※　複数解答問題は，問ごとにすべてができて正答とする。

解説

【1】

イ．トラック：磁気ディスクなどの記録面にある同心円状の記録場所。

ウ．総保有コスト：TCOのこと。コンピュータシステムの導入から，それを運用・保守・管理するための費用の総額。

オ．復号：暗号化されたデータを，受信者が元の平文に変換すること。

キ．アナログ回線：電流の強弱などのように連続的に変化する信号を利用する回線。

コ．Wi-Fi：メーカーなどにとらわれず，相互接続性が保障された無線LAN。

【2】

ア．PNG　　ウ．サブディレクトリ　　キ．シェアウェア　　ク．個人情報保護法　　ケ．不正アクセス禁止法

【3】

1．2進数11011＝10進数27（16×1＋8×1＋4×0＋2×1＋1×1＝27）　　27－12＝15

2．ア．プラグアンドプレイ：コンピュータに周辺機器を接続する際，手動で設定しなくてもOSが自動的に設定し，使用できるようにするシステム。

　　イ．ストリーミング：保存せずにインターネット上で動画や音楽をすぐに再生する技術。

3．イ．フルコントロール：ファイルの読み取りや書き込み，削除などすべての権限が与えられていること。

　　ウ．バックアップ：データの破損，損失に備えて別の場所に保存しておくこと。

4．ア．ディレクトリ：データを分類，整理しておくための入れ物。

　　イ．拡張子：ファイルの種類や内容を識別するための文字列。

5．和集合演算は，2つの表にあるすべてのレコードをまとめることである。ただし，同じレコードは1つにする。

　　ア．積集合演算：2つの表の共通のレコードだけを取り出すこと。

【4】

問1．2つ以上の表（医師表，診療科表）から共通項目（診療科コード）をもとにして新しい表を作成するのは，結合である。

　　ア．選択：1つの表から条件を満たすレコード（行）だけを取り出して新たな表を作成すること。

　　イ．射影：1つの表から条件を満たすフィールド（列）だけを取り出して新たな表を作成すること。

問2．医師表から診療科コードがC01でない医師コードをすべて抽出する。

問3．受診表から，医師コードがD102で医療費が1000より安い患者コードをすべて抽出する。

問4．診療科表と医師表と受診表を診療科コードと医師コードで結合し，診療科表の診療科が皮膚科の患者コードをすべて抽出する。

問5．診療科表，患者表，医師表，受診表を医師コード，患者コード，診療科コードで結合し，診療科表の診療科コードがC01で，受診表の患者コードがK1004の患者名と医療費の合計を求めている。整理番号が64003，67001，70002の行が抽出され，医療費の合計は，「1020＋1670＋1210」となる。

【5】

問1．値を指定した書式の文字列に変換して表示するには，TEXT関数を利用する。

　　イ．FIND関数：検索対象から検索する文字が何文字目に現れるかを求める。大文字と小文字は区別する。

　　ウ．SEARCH関数：検索対象から検索する文字が何文字目に現れるかを求める。大文字と小文字は区別しない。

問2．範囲の中で，検索値と一致するセル位置を表す数値を求めるには，MATCH関数を利用する。

　　ア．VLOOKUP関数：範囲の左端列から，検索値と一致する値を検索し，その行の左から数えた列番目のデータを表示する。

　　ウ．FIND関数：対象の中から指定した文字列を検索し，最初に表れる位置を求める

問3．記録が速い（小さい）方から4番目以下の場合に 予選通過 が表示される。

問4．(1) 範囲の左端列から，検索値と一致する値を検索し，その行の左から数えた列番目のデータを表示するには，VLOOKUP関数を利用する。検索値と完全に一致する値だけを検索するには，検索方法にFALSEまたは0を指定する。

　　(2) 範囲の中で，検索条件に一致したセルの個数を求めるには，COUNTIFS関数を利用する。

　　　ア．AVERAGEIFS関数：条件を指定した平均を求める。

　　　イ．SUMIFS関数：条件を指定した合計を求める。

【6】

問1．範囲の上端行から，検索値と一致する値を検索し，その列の上から数えた行番目のデータを表示するには，HLOOKUP関数を利用する。タイプコードを抽出するために，LEFT関数を利用する。B15までコピーするため，範囲（タイプ別集計表）は絶対参照にする。また，アのINDEX関数の式では，MATCH関数の照合の種類を指定していないため，正しい値が得られない。

問2．条件の判定を行うには，IF関数を利用するが，複数の条件を判定するので，論理関数にする。論理関数は，複数の条件がすべて真の場合を求めるので，AND関数を利用する。G15までコピーするため，稼働率の平均（D16）と売上高の平均（E16）は絶対参照にする。

問3．条件を指定した合計を求めるには，SUMIFS関数を利用する。引数は，合計対象範囲，条件範囲1，条件1，条件範囲2，条件2の順で，2つの条件を指定する。

問4．条件を指定した平均を求めるには，AVERAGEIFS関数を利用する。引数は，平均対象範囲，条件範囲，条件の順で，平均対象範囲で平均するデータが含まれる範囲を指定し，条件範囲で条件が含まれる範囲を指定し，条件で対象となる条件を指定する。

問5．範囲の中で，検索条件に一致したセルの個数を求めるには，COUNTIFS関数を利用する。引数は，検索条件範囲，検索条件の順である。

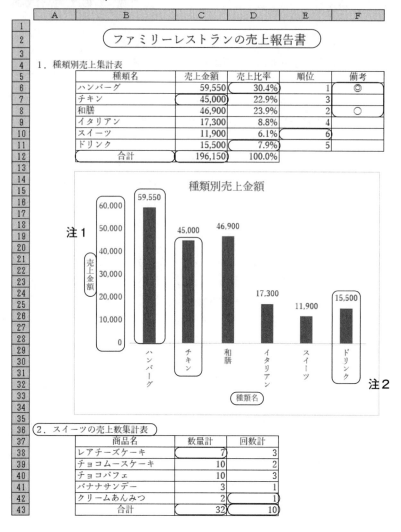

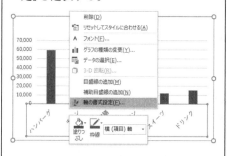

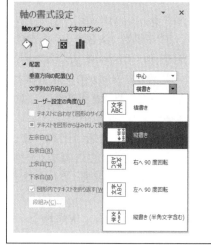

【グラフの作成】

①B6～C11を範囲指定する。

②[挿入]リボンの[縦棒/横棒グラフの挿入]→[集合横棒]を選択する。

③項目軸を右クリックし，[軸の書式設定]を選択する。

④[配置]→[文字列の方向]の▼をクリックし，[縦書き]を選択する。

【式の設定】

シート名「報告書」

[C6] =SUMIFS(売上表!$F$4:$F$103,売上表!$B$4:$B$103,B6)

[D6] =C6/$C$12

[E6] =RANK(D6,$D$6:$D$11,0)

[F6] =IF(LARGE($C$6:$C$11,1)=C6,"◎",IF(LARGE($C$6:$C$11,2)=C6,"○",""))

[C12] =SUM(C6:C11)

[C38] =SUMIFS(売上表!$E$4:$E$103,売上表!$C$4:$C$103,B38)

[D38] =COUNTIFS(売上表!$C$4:$C$103,B38)

[C43] =SUM(C38:C42)

配点

1．表の作成（◯◯◯◯◯◯）の箇所。　　　　　　　5点×13箇所＝65点（罫線は含まない）

2．罫線。　　　　　　　　　　　　　　　　　　　　5点（2つの表の罫線が正確にできている）

3．グラフの作成（◯◯◯◯◯◯）の箇所。　　　　　5点×6箇所＝30点

　注1　文字，方向。

　注2　「ドリンク」が縦方向に表示されている。

▷P.160

【1】

	1	2	3	4	5
	ケ	ウ	ア	コ	オ

【2】

	1	2	3	4	5
	エ	ウ	キ	オ	イ

【3】

	1	2	3	4	5
	ウ	ア	イ	イ	イ

【4】

	問1	問2	問3	問4	問5
	イ	ウ	イ	18	ウ

各3点
20問

小 計
60

【5】

	問1	問2	問3	問4 (1)	問4 (2)
	ア	ア	イ	イ	ウ

各4点
10問

小 計
40

【6】

	問1	問2	問3 (a)	問3 (b)	問3 (c)	問4	問5
	ウ	5	イ	ア	ウ	ア	イ

得 点 合 計
100

※　複数解答問題は，問ごとにすべてができて正答とする。

解説

【1】

イ．CSV：データをコンマ（,）で区切って保存するファイル形式。

エ．著作権：芸術作品と同じように，プログラムやデータの創作者にも認められた，本人などが独占的にその作品を利用できる権利。

カ．シリンダ：磁気ディスク装置で，アクセスアームを動かすことなく読み書きできる円筒状に並んだトラックの集まり。

キ．JPEG：静止画像データのファイル形式。画質は低下するが圧縮率が高い。

ク．知的財産権：人間の創作活動から生まれたものを保護するための権利の総称。

【2】

ア．バイナリファイル　　カ．ASCIIコード　　ク．暗号化　　ケ．肖像権　　コ．無線LAN

【3】

1．2進数11001＝10進数25（16×1＋8×1＋4×0＋2×0＋1×1＝25）　　　25＋14＝39

2．イ．IEEE：アメリカに本部を置く電気・電子分野の世界最大の学会。

　　ウ．ISO：国際標準化機構のことで，工業製品の標準化を行っている。

3．ア．RGB：コンピュータで扱う色の原色で，赤・緑・青のこと。

　　ウ．GIF：インターネットで標準的に使われる画像形式であり，256色までの画像を保存することができる。

4．ア．キーロガー：キーボードに入力した内容を記録するしくみを悪用し，情報を不正に盗みだすこと。

　　ウ．ガンブラー：脆弱性を利用して悪質なウイルスが埋め込まれたWebサイトを閲覧することにより，多くのコンピュータを感染させる攻撃手法。

5．差集合は，一方の表から他方の表のレコードを取り除くことである。

【4】

問1．1つの表（顧客表）から条件（顧客コード，所在地）を満たすフィールド（列）だけを取り出して新たな表を作成するのは，射影である。
　　ア．選択：1つの表から条件を満たすレコード（行）だけを取り出して新たな表を作成すること。
　　ウ．結合：2つ以上の表から共通項目をもとにして新しい表を作成すること。

問2．顧客表から所在地が杉並区の顧客コードをすべて抽出する。

問3．受注表と商品表と等級表を商品コードと等級コードで結合し，受注表の等級コードがT3の受注日，商品名，等級をすべて抽出する。

問4．受注表の顧客コードがK104の箱数の合計を求める。

問5．受注表と顧客表と商品表を顧客コードと商品コードで結合して，受注日と顧客名と商品名を求めた表である。ア．イ．ウの条件のうち，レコード（行）が2つになるのは，受注表の箱数が10より多い場合（12，11）である。

【5】

問1．条件を指定した平均を求めるには，AVERAGEIFS関数を利用する。引数は，平均対象範囲，条件範囲，条件の順で，平均対象範囲で平均するデータが含まれる範囲を指定し，条件範囲で条件が含まれる範囲を指定し，条件で対象となる条件を指定する。

問2．複数の列を取り出してグループ別に集計しているので，クロス集計（ピボットテーブル）である。

問3．C4の休憩時間は数値が入力されているので，TIME関数を利用して時刻のシリアル値を求め，終了時刻から開始時刻を引いた勤務時間から，休憩時間を引き，実働時間を求める。

問4．(1) 指定した文字列の文字数を求めるには，LEN関数を利用する。
　　ア．SEARCH関数：検索対象から検索する文字が何文字目に現れるかを求める。大文字と小文字は区別しない。
　　ウ．FIND関数：検索対象から検索する文字が何文字目に現れるかを求める。大文字と小文字は区別する。
　　(2) VLOOKUP関数は，範囲の左端列から検索値と一致する値を検索し，その行の左から数えた列番目のデータを表示する。ア．は，サイズ2〜5が列番号と対応していないので誤りである。イ．は，列の上から数えた行番号が文字数の範囲と一致していないので誤りである。

【6】

問1．左端3桁目からMID関数により2文字を抽出し，分野表から一致する値を検索するにはVLOOKUP関数を利用する。分野表の分野コードは昇順に並んでいないので，検索方法はFALSE（完全一致）を指定する。
　　検索方法TRUEでは近似一致の値が検索される。

問2．

	A	B	C	D	E	F	G	H	I
1									
2		ダンスフェスタ評価表							
3									
4	出場コード	分野名	チーム名	観客投票数	審査委員評価				備考
5					技術力	演技力	チーム力	合計	
6	CYHA01	ハウス	エイリアス	456	67	87	46	200	
7	KIHI02	ヒップホップ	アネックス	1,102	98	89	88	275	○
8	KIJA03	ジャズ	CSルーキーズ	982	78	70	60	208	
9	CIHA04	ハウス	R&G	1,278	93	95	96	284	○
10	CIHI05	ヒップホップ	アトラス	678	58	50	77	185	
11	KIHI06	ヒップホップ	Jack's	432	55	56	82	193	
12	KYJA07	ジャズ	岬高校ダンス部	1,145	95	99	86	280	○
13	KYHI08	ヒップホップ	ブレイド	988	80	78	45	203	
14	KIJA09	ジャズ	B☆サターン	1,023	90	82	92	264	
15	CYHA10	ハウス	夢学園ダンス部	864	76	58	56	190	
16	CIJA11	ジャズ	TANTAN	690	56	60	67	183	
17	KYHA12	ハウス	ビートル	867	88	92	88	268	○
18	CYHI13	ヒップホップ	スターダスト	1,232	98	100	99	297	○
19									

問3．条件を指定した合計を求めるためには，SUMIFS関数を利用する。引数は，合計対象範囲，条件範囲，条件の順である。

問4．条件を指定した件数を求めるためには，COUNTIFS関数を利用する。引数は，検索条件範囲，検索条件の順である。検索条件はE22&"*"を指定する。「*」はワイルドカード（3級検定基準）である。よって，地域コードが「KA」の場合，検索条件は「KA*」となる。

問5．対象となるデータのセル範囲から，大きい順に何番目かの値を求めるには，LARGE関数を使用する。引数は配列，順位を指定する。SMALL関数は，小さい順に何番目かの値を求める時に使用する。

受験結果報告書

1. 各検定の1級と2級の受験結果

検定コード	検定名	平均点	受験者数	合格者数	合格率	備考
101	英語検定1級	56.5	79	34	43.0%	B
102	英語検定2級	59.4	89	47	52.8%	A
201	簿記検定1級	45.9	81	23	28.4%	C
202	簿記検定2級	60.0	101	47	46.5%	B
301	情報処理検定1級	47.4	101	29	28.7%	C
302	情報処理検定2級	64.1	107	59	55.1%	A

各検定の合格率の比較

注1
注2
注3
注4
注5

情報処理検定2級　55.1%
情報処理検定1級　28.7%
簿記検定2級　46.5%
簿記検定1級　28.4%
英語検定2級　52.8%
英語検定1級　43.0%

検定名

0.0%　10.0%　20.0%　30.0%　40.0%　50.0%　60.0%
合格率

2. 全検定の学校別集計表

学校コード	学校名	受験者数	合格者数	合格率
M	みなと高校	259	143	55.2%
S	さくら高校	277	132	47.7%
Y	やまて高校	264	143	54.2%
	合計	800	418	52.3%

【式の設定】

シート名「報告書」

[C6]　=VLOOKUP(B6,コード表!$A$10:$C$18,3,FALSE)

[D6]　=AVERAGEIFS(受験結果表!$D$4:$D$803,受験結果表!$B$4:$B$803,B6)

[E6]　=COUNTIFS(受験結果表!$B$4:$B$803,報告書!B6)

[F6]　=SUMIFS(受験結果表!$E$4:$E$803,受験結果表!$B$4:$B$803,報告書!B6)

[G6]　=F6/E6

[H6]　=IF(G6>=0.5,"A",IF(G6>=0.3,"B","C"))

[C33]　=VLOOKUP(B33,コード表!$A$4:$B$6,2,FALSE)

[D33]　=COUNTIFS(受験結果表!$A$4:$A$803,報告書!B33)

[E33]　=SUMIFS(受験結果表!$E$4:$E$803,受験結果表!$A$4:$A$803,報告書!B33)

[F33]　=E33/D33　　　　　　　[D36]　=SUM(D33:D35)

【グラフの作成】

①C5～C11とG5～G11を範囲指定し，[挿入]リボンの[縦棒/横棒グラフの挿入]→[集合横棒]を選択する。

配点

1. 表の作成（　　　　　　）の箇所。　　　　　　　　　　　　5点×13箇所＝65点
2. 罫線。　　　　　　　　　　　　　　　　　　　　　　　　　5点（2つの表の罫線が正確にできている）
3. グラフの作成（　　　　　　）の箇所。　　　　　　　　　　5点×6箇所＝30点
   注1　「情報処理検定2級」が上で，「情報処理検定1級」が下に位置している。
   注2　文字，方向。
   注3　集合横棒グラフ（簿記検定2級）ができている。上下の位置や数値は問わない。
   注4　数値（52.8%）が正しく表示されている。
   注5　数値軸目盛は，最小値（0%）最大値（60%）および間隔（10%）が正しく設定されている。

【1】

	1	2	3	4	5
	イ	コ	ケ	ク	カ

【2】

	1	2	3	4	5
	ウ	カ	キ	イ	ケ

【3】

	1	2	3	4	5
	ウ	ウ	ア	ア	イ

各3点
20問

【4】

	問1	問2	問3	問4	問5
	ウ	イ	ア	イ	14

小　計
60

【5】

問1	問2	問3	問4 (1) (a)	(b)	(2)
ア	ウ	ア	ウ	イ	ウ

各4点
10問

【6】

	問1	問2	問3	問4	問5
	イ	ウ	イ	ウ	イ

小　計
40

※　複数解答問題は，問ごとにすべてができて正答とする。

得　点　合　計
100

解説

【1】
ア．シェアウェア：一定期間無償で使用し，期間終了後も使い続ける場合には著作権者に規定の料金を払うソフトウェア。

ウ．ルートディレクトリ：ファイルを階層構造で管理するとき，最上位にあるディレクトリ。

エ．グループウェア：ネットワークで共同作業をする上での情報の共有化を図るソフトウェア。

オ．多要素認証：「知識情報」「所持情報」「生体情報」を2つ以上組み合わせておこなう認証方法。

キ．OCR：手書きの文字や印刷された文字を光学的に読み取る装置。

【2】
ア．イニシャルコスト　　エ．ドット　　オ．Wi-Fi　　ク．デジタル回線　　コ．OSS

【3】
1．10進数7＝2進数111（4×1+2×1+1×1=7）　　　1110×111＝1100010

2．ア．セクタ：ハードディスク上にデータを記録する際の最小単位。

　　イ．シリンダ：磁気ディスク装置で，アクセスアームを動かすことなく読み書きできる円筒状に並んだトラックの集まり。

3．イ．Unicode：世界の主要な言語のほとんどの文字を収録している文字コード。

　　ウ．ASCIIコード：英数字の最も標準的な文字コード。

4．256色を表現するには，256＝2^8なので8ビット必要である。

　　1280×1024×8＝10485760ビット　　　10485760÷8＝1310720バイト

　　1Mバイト＝1000000バイト　　　1310720÷1000000≒1.3Mバイト

5．差は，一方の表から他方の表のレコードを取り除くことなので，A表のデータからB表のデータを引くと残りのデータ
　　件数は2である。

【4】

問1．外部キーとは別の表の主キーを参照する項目である。講師表では分野コードが，分野表の分野コードを参照している
　　ので外部キーとなる。

問2．講座表から，料金が12000未満の講座コードをすべて抽出する。

問3．講師表から，性別が男で分野コードがD1である講師名をすべて抽出する。

問4．分野表と講師表を分野コードで，また，講師表と実施表を講師コードで結合し，講師表の分野コードがD2でなく実
　　施表の講座コードがR1の実施番号と分野名，参加人数をすべて抽出する。

問5．実施表から講座コードがR4であるレコードの参加人数を平均した値を講座人数平均に抽出する。

【5】

問1．数値を除数で割った余りを求めるには，MOD関数を利用する。
　　イ．ROUND関数：指定した数値を，指定した桁数で四捨五入する。
　　ウ．INT関数：数値を切り捨てて，整数にした数値を求める。

問2．SECOND関数を利用すると，シリアル値の秒の値を表示することができる。
　　ア．MINUTE関数は，シリアル値から分の値を表示する。
　　イ．HOUR関数は，シリアル値から時刻の値を表示する。

問3．目標値を逆算して，元の数値を求める機能がゴールシークである。
　　イ．「数式入力セル」に設定する。
　　ウ．「目標値」に設定する。

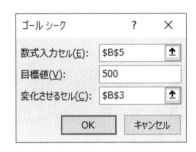

問4．(1) 文字列を数値に変換するにはVALUE関数，文字列の途中から文字を抽出す
　　　　るにはMID関数を利用する。
　　(2) 範囲の上端行から，検索値と一致する値を検索し，その列の上から数えた
　　　　行番目のデータを表示するには，HLOOKUP関数を利用する。100までが2に
　　　　なるようにINT関数を使って変換する。イ．は99までが2になるが100は3に
　　　　なってしまうので，ウ．のように－1をして調整する。

【6】

問1．範囲の左端列から，検索値と一致する値を検索し，その行の左から数えた列番目のデータを表示するには，
　　VLOOKUP関数を利用する。商品コードを抽出するには，LEFT関数を利用する。

問2．フォトブックのページ数を抽出するには，MID関数を利用し，VALUE関数を用いて数値に変換する。12ページごと
　　に追加料金が発生するので，抽出したページ数を12で割り，基本料金分の1を引く。追加単位はVLOOKUP関数を利用
　　して求め，追加料金を計算する。

問3．条件の判定を行うには，IF関数を利用するが，複数の条件を判定するので，論理関数にする。論理関数は，複数の条
　　件がすべて真の場合を求めるので，AND関数を利用する。受取コードはMID関数を利用して求める。

問4．商品名をもとに，範囲の中で検索条件に一致したセルの個数を求めるためには，COUNTIFS関数を利用する。

問5．条件を指定した合計を求めるには，SUMIFS関数を利用する。引数は，合計対象範囲，条件範囲，条件の順である。

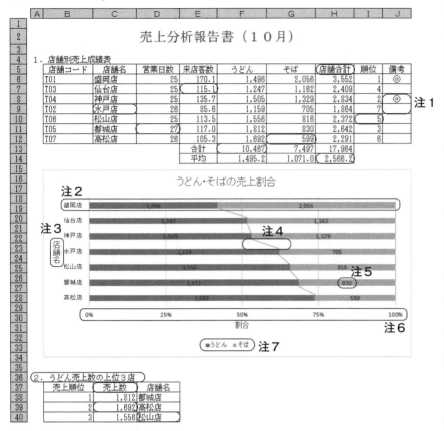

売上分析報告書（１０月）

1. 店舗別売上成績表

店舗コード	店舗名	営業日数	来店客数	うどん	そば	店舗合計	順位	備考
T01	盛岡店	25	170.1	1,496	2,056	3,552	1	◎
T03	仙台店	25	115.1	1,247	1,162	2,409	4	
T04	神戸店	25	135.7	1,505	1,329	2,834	2	◎ 注1
T02	水戸店	26	85.6	1,159	705	1,864	7	
T06	松山店	25	113.5	1,556	816	2,372	5	
T05	都城店	27	117.0	1,812	830	2,642	3	
T07	高松店	26	105.3	1,692	599	2,291	6	
	合計			10,467	7,497	17,964		
	平均			1,495.2	1,071.0	2,566.2		

うどん・そばの売上割合

注2
注3
注4
注5
注6
注7

2. うどん売上数の上位3店

売上順位	売上数	店舗名
1	1,812	都城店
2	1,692	高松店
3	1,556	松山店

【グラフの作成】

① C5～C12，F5～G12を範囲指定する。

② ［挿入］リボンの［縦棒／横棒グラフの挿入］→［100％積み上げ横棒］を選択する。

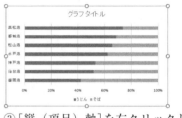

③ ［縦（項目）軸］を右クリックし，［軸の書式設定］を選択する。

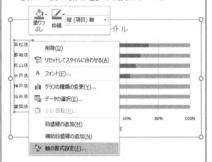

④ ［最大項目］と［軸を反転する］にチェックを入れる。

【式の設定】

シート名「報告書」

[C6] =VLOOKUP(B6,店舗表!$A$4:$B$10,2,FALSE)

[D6] =COUNTIFS(売上データ表!$C$4:$C$182,報告書!B6)

[E6] =AVERAGEIFS(売上データ表!$D$4:$D$182,売上データ表!$C$4:$C$182,報告書!B6)

[F6] =SUMIFS(売上データ表!$E$4:$E$182,売上データ表!$C$4:$C$182,報告書!B6)

[G6] =SUMIFS(売上データ表!$F$4:$F$182,売上データ表!$C$4:$C$182,報告書!B6)

[H6] =SUM(F6:G6)

[I6] =RANK(H6,$H$6:$H$12,0)

[F13] =SUM(F6:F12)

[F14] =ROUNDDOWN(AVERAGE(F6:F12),1)

[J6] =IF(AND(F6>=AVERAGE($F$6:$F$12),G6>=AVERAGE($G$6:$G$12)),"◎","")

[C38] =LARGE($F$6:$F$12,B38)

[D38] =INDEX($C$6:$C$12,MATCH(C38,$F$6:$F$12,0),1)

配点

1. 表の作成（　　　　　）の箇所。　　　　　　　　　　　　　5点×13箇所＝65点
   注1　T04が◎，T02が空白。
2. 罫線。　　　　　　　　　　　　　　　　　　　　　　　　　5点×1箇所＝5点（2つの表の罫線が正確にできている）
3. グラフの作成（　　　　　）の箇所。　　　　　　　　　　　5点×6箇所＝30点
   注2　100％積み上げ横棒グラフで，「盛岡店」が一番上にあること。左右の積み上げ順およびデータラベルの有無は問わない。
   注3　方向。
   注4　区分線が設定されていること。
   注5　数値（830）。
   注6　最小値（0％），最大値（100％）および間隔（25％）。位置はグラフの下側にあること。
   注7　位置はグラフの下側にあること。左右の順序は問わない。

▷P.180

【1】

	1	2	3	4	5
	エ	オ	ク	イ	カ

【2】

	1	2	3	4	5
	オ	コ	ウ	ケ	ア

【3】

	1	2	3	4	5
	ア	ア	イ	イ	イ

【4】

	問1	問2	問3	問4	問5
	ウ	イ	ア	ウ	イ

各3点
20問

小　計
60

【5】

	問1	問2	問3	問4 (1)	問4 (2)
	ア	イ	2	イ	ウ

各4点
10問

小　計
40

【6】

	問1	問2	問3	問4 (a)	問4 (b)	問5
	イ	ウ	ア	イ	エ	イ

得　点　合　計
100

※　複数解答問題は，問ごとにすべてができて正答とする。

解説

【1】

ア．キーロガー：キーボードの操作内容が記録されるしくみを悪用し，パスワードやIDを盗み出すこと。

ウ．ランニングコスト：コンピュータシステムの運用・保守・管理に必要となる費用。

キ．著作権：芸術作品と同じように，プログラムやデータの創作者にも認められた，本人などが独占的にその作品を利用できる権利。

ケ．グループウェア：社内で共同作業をする上での情報の共有化を図るソフトウェア。

コ．ピアツーピア：サーバ専用のコンピュータを置かないネットワーク形態。接続された各コンピュータが互いに対等な関係であり，プリンタ共有などを目的とした数台のコンピュータによる小規模なLANに向いている。

【2】

イ．MP3　　エ．不正アクセス禁止法　　カ．サイトライセンス　　キ．シェアウェア　　ク．OMR

【3】

1．10進数15＝2進数１１１１　（8×1＋4×1＋2×1＋1×1＝15）　　　　１０１１１－１１１１＝１０００

2．イ．拡張子：ファイルの種類を識別するために，ファイル名の後に付ける文字列。

　　ウ．アーカイバ：複数のファイルを1つにまとめたり，ファイルを圧縮するためのソフトウェア。

3．ア．MIDI：電子楽器を制御するための規格で，音楽情報を保存したファイル形式。

　　ウ．SSID：アクセスポイントを識別するために付けられた名前。複数のアクセスポイントとの混信を避けるために利用される。

4．ア．JPEG：静止画像データのファイル形式。画質は低下するが圧縮率が高い。

　　ウ．PNG：圧縮によって画像が劣化しない，インターネット上で利用するために作られたフルカラー画像圧縮ファイル形式。

5．A表からB表のレコードを取り除いているので，差である。

    ア．2つの表にあるすべてのレコードをまとめること。同じレコードは1つにする。

    ウ．2つの表の共通のレコードだけを取り出すこと。

【4】

問1．2つ以上の表（商品表と部門表）から共通項目（部門コード）をもとにして新しい表を作成するのは，結合である。

    ア．射影：1つの表から条件を満たすフィールド（列）だけを取り出して新たな表を作成すること。

    イ．選択：1つの表から条件を満たすレコード（行）だけを取り出して新たな表を作成すること。

問2．店員表から，年齢が36以上の店員コードをすべて抽出する。

問3．商品表から，単価が50000未満で部門コードがSUである商品コードをすべて抽出する。

問4．店員表と売上表を店員コードで結合し，また，商品表と売上表を商品コードで結合し，年齢が30以下で数量が4より大きい店員名と商品名をすべて抽出する。

問5．売上表から店員コードがT01でないレコードの数量が最大の値が実行結果に抽出される。

【5】

問1．集計の行の上の行がすべて同じ列がグループの基準である。

問2．範囲の中から，指定した順位番目に大きい数値を求めるには，LARGE関数を利用する。E6までコピーするため，範囲は絶対参照にし，順位は相対参照にする。順位は，行は相対参照であれば，列が固定参照の複合参照となっていてもよい。

問3．筆記・実技ともに70以上の場合は合格，筆記が70以上の場合は筆記のみ，実技が70以上の場合は実技のみ，それ以外の場合は不合格を表示するので，筆記が70未満で実技が70以上の数を求める。

問4．(1)「年」「月」「日」のシリアル値を求めるには，DATE関数を利用する。引数は，年，月，日の順である。

    (2) 条件の判定を行うには，IF関数を利用するが，複数の条件を判定するので，論理関数にする。平日は2から6なので，複数の条件がすべて真の場合に，真となるAND関数を利用する。

【6】

問1．範囲の左端列から，検索値と一致する値を検索し，その行の左から数えた列番目のデータを表示するには，VLOOKUP関数を利用する。検索値は，MID関数を利用して車種コードを抽出し，VALUE関数で数値に変換する。

    ウ．FIND関数：指定した文字の位置を求める。

問2．範囲の中で，行番号と列番号が交差する値を表示するには，INDEX関数を利用する。車種コードは，MID関数を利用して抽出し，VALUE関数で数値に変換する。車サイズは，3から始まるので列番号を1にするため2を引く。

問3．範囲の上端行から，検索値（D5）と一致する値を検索し，その列の上から数えた行番目のデータを表示するには，HLOOKUP関数を利用する。

問4．検索条件範囲の中（B5～B10の車種名）で，検索条件（B15の車種名）に一致したセルの個数を求めるには，COUNTIFS関数を利用する。

問5．条件を指定した合計を求めるには，SUMIFS関数を利用する。合計対象範囲で合計するデータが含まれる範囲（E5:E10）を指定し，条件範囲で条件が含まれる範囲（D5:D10）を指定し，検索条件で対象となる条件（B20）を指定する。

日帰りバスツアー募集人数報告書（５月８日分）

１．申込人数集計表

コース名	申込回数	申込人数	金額合計	備考	
房総	5	67	335,000	★	
伊豆	6	112	672,000	★★★	注1
信州	5	86	602,000	★★	
合計	16	265	1,609,000		

２．募集人数計算表

コース名	バス台数	募集人数
房総	2	100
伊豆	3	150
信州	2	100
合計	7	350

３．追加人数計算表

コース名	追加人数
房総	33
伊豆	38
信州	14
合計	85

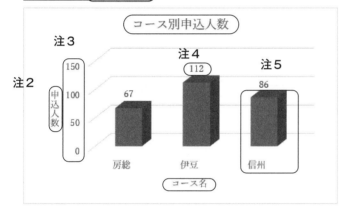

コース別申込人数

注2　注3　注4　注5

【式の設定】

シート名「報告書」

[C6]　=COUNTIFS(予約表!$F$4:$F$19,B6)

[D6]　=SUMIFS(予約表!$G$4:$G$19,予約表!$F$4:$F$19,B6)

[E6]　=SUMIFS(予約表!$H$4:$H$19,予約表!$F$4:$F$19,B6)

[F6]　=IF(E6=MAX($E$6:$E$8),"★★★",IF(E6=MIN($E$6:$E$8),"★","★★"))

[C13]　=ROUNDUP(D6/50,0)

[D13]　=C13＊50

[C20]　=D13-D6

【グラフの作成】

①Ｂ５～Ｂ８，Ｄ５～Ｄ８を範囲指定する。

②[挿入]リボンの[縦棒]→[３Ｄ集合縦棒]を選択する。

配点

１．表の作成（　　　　　）の箇所。　　　　　　　　　　　　　　5点×13箇所＝65点
　　注1　伊豆が ★★★，信州が ★★ 。
２．罫線。　　　　　　　　　　　　　　　　　　　　　　　　　　5点（3つの表の罫線が正確にできている）
３．グラフの作成（　　　　　）の箇所。　　　　　　　　　　　　5点×6箇所＝30点
　　注2　方向。
　　注3　最小値（0），最大値（150），および間隔（50）。
　　注4　伊豆の数値（112）。
　　注5　信州が３Ｄ集合縦棒グラフ。

主催　公益財団法人 全国商業高等学校協会

令和５年度（第69回）情報処理検定試験ビジネス情報部門　第２級 筆記

審 査 基 準

【1】

1	2	3	4	5
オ	カ	コ	ウ	キ

【2】

1	2	3	4	5
ケ	エ	ア	カ	ク

【3】

1	2	3	4	5
イ	ウ	ア	イ	ア

【4】

問1	問2	問3	問4	問5
イ	ア	ウ	ウ	4

各3点 20問　小計 **60**

【5】

問1	問2	問3	問4	問5
ウ	イ	ア	イ	イ

【6】

問1	問2	問3	問4	問5
ウ	イ	7	ウ	ア

各4点 10問　小計 **40**

得 点 合 計 **100**

アイスクリーム年間売上集計表

1. 県別売上表

県コード	県名	売上数計	売上金額計	人口	1人あたりの金額	順位	備考
YM	山口県	1,131,166	247,967,432	1,312,950	188.8	2	○
KC	高知県	1,061,964	203,115,539	675,710	300.5	3	
KG	香川県	1,012,187	278,887,166	933,758	298.6	1	○
SM	島根県	946,649	171,423,439	657,842	260.5	6	
HR	広島県	918,850	189,567,593	2,759,702	68.6	4	
OK	岡山県	916,641	189,170,185	1,862,012	101.5	5	
TT	鳥取県	901,786	156,762,410	543,615	288.3	8	
EH	愛媛県	851,007	166,903,179	1,306,165	127.7	7	
TK	徳島県	842,504	129,203,540	703,745	183.5	9	○

注1

2. 期別売上表

四半期コード	期間	売上数合計	売上金額合計	平均売上金額	構成比率
1Q	4-6月	1,917,640	399,191,634	14,784,875	23.0%
2Q	7-9月	2,738,812	455,909,063	16,885,521	26.3%
3Q	10-12月	2,099,276	443,631,313	16,430,789	25.6%
4Q	1-3月	1,827,026	434,268,473	16,084,018	25.1%
	合計	8,582,754	1,733,000,483		

期別売上構成

注2

売上数合計	1,917,640	2,738,812	2,099,276	1,827,026

注3

注4

売上金額合計	399,191,634	455,909,063	443,631,313	434,268,473

注5 0% 25% 50% 75% 100%

注6 ■4-6月 ■7-9月 ■10-12月 ■1-3月

配点

① 表の作成（▭）の箇所 ……… 5点×13箇所＝65点

注1　KGが ○ ，SMが空白。

② 罫線 ………………………………… 5点×1箇所＝5点（2つの表の罫線が正確にできている）

③ グラフの作成（▭）の箇所 … 5点×6箇所＝30点

注2　100%積み上げ横棒グラフで，位置は「売上金額合計」の上であること。左右の積み重ね順およびデータラベルの有無は問わない。

注3　区分線が設定されていること。

注4　数値(443,631,313)

注5　最小値（0%），最大値（100%）および間隔（25%）。

注6　位置はグラフの下側にあること。左右の順序は問わない。

【1】

ア．ケーブルを使わず，赤外線や電波・光などの無線通信を利用してデータの送受信を行うシステム。

イ．電子楽器を制御するための規格。

エ．ウェブサイトを改ざんし，サイト閲覧者をウィルスに感染させるサイバー攻撃。

ク．停電時でも一定時間コンピュータを稼働できるようにする電源装置。

ケ．新規にコンピュータやシステムを導入・構築する際に必要な費用。

【2】

イ．OMR　　ウ．著作権法　　オ．サブディレクトリ　　キ．CMYK　　コ．テザリング

【3】

1．計算式：①10進数の19を2進数で表すと，10011になる。

```
2) 19    余り
2)  9 ・・・1 ↑
2)  4 ・・・1 │
2)  2 ・・・0 │
    1 ・・・0 │
```

②2進数の1010110と2進数の10011の和を求めると，1101001となる。

$$
\begin{array}{r}
1010110 \\
+\ \ \ \ 10011 \\
\hline
1101001
\end{array}
$$

2．ア．磁気ディスクの最小記録単位で，トラックを放射状に分割した部分。

　イ．磁気ディスクの記憶領域の単位であり，同じ半径の円筒状のトラックの集まり。

3．イ．シングルサインオン。一度の利用者認証で複数のコンピュータやソフトウェアを使用できるしくみ。

　ウ．無線LANにおけるアクセスポイントの識別子。

4．ア．米国規格協会。アメリカの工業製品に関する規格を制定する団体。

　ウ．国際標準化機構。様々な産業の製品の国際標準化を推進する国際機関。

5．画像容量を計算すると，1,600×1,200×8＝15,360,000(ビット)となる。

　1バイト＝8ビットなのでバイトに直すと，15,360,000÷8＝1,920,000(バイト)となる。

　1,000,000バイト＝1MBなので，1,920,000÷1,000,000＝1.92MBとなる。

【4】

問1．ア．射影とは，条件を満たすフィールド（列）だけを取り出す操作である。

　　ウ．結合とは，複数の表から共通項目をもとに新しい表を作成する操作である。

問2．楽器表から料金が4500以下の楽器名を抽出する。

問3．分類表と顧客表を分類コードで結合し，顧客表と貸出表を顧客コードで結合し，分類表と顧客表と貸出表から，貸出開始日が2023/09/07の分類名と顧客名を抽出する。

問4．楽器表と貸出表を楽器コードで結合し，顧客表と貸出表を顧客コードで結合し，楽器表と顧客表と貸出表から分類コードがB02でかつ貸出月数が2より大きい顧客名と貸出月数×料金の値を利用料として抽出する。

問5．貸出表から顧客コードがK0005の個数を実行結果として求める。

【5】

問1．TEXT関数は，=TEXT(値,表示形式)により「値」を指定した表示形式に変換する。

　　ア．FIND関数は，=FIND(検索文字列,対象,[開始位置])により「対象」の中から「検索文字列」を検索し，最初に現れる位置を求める。大文字小文字を区別できるが，ワイルドカードが使用できない。

　　イ．SEARCH関数は，=SEARCH(検索文字列,対象,[開始位置])により「対象」の中から「検索文字列」を検索し，最初に現れる位置を求める。大文字小文字の区別ができないが，ワイルドカードが使用できる。

問2．D列とB列の差から60分単位の時間を求め，E列とC列の差から分単位の時間を求めた値を合計しROUNDUP関数により30分に満たない値を切り上げて料金を算出する。

　　ア．HOUR関数は，=HOUR(シリアル値)によりシリアル値から時を求めるため，D列とB列の差からは時のシリアル値を求めることができない。同じようにMINUTE関数は，=MINUTE(シリアル値)によりシリアル値から分を求めるため，E列とC列の差からは分のシリアル値を求めることができない。

ウ．TIME関数は，=TIME(時,分,秒)により時，分，秒から時刻のシリアル値を求めるため，シリアル値を利用時間の分として計算すると正しい料金は計算されない。

問3．晴 が含まれる「天候」の文字列は，晴 の前後に文字列が含まれているため，E3に入力された文字列の前後にワイルドカードを設定する必要がある。

　イ．E3を指定していない。

　ウ．E3の前後に他の文字列があることが考慮されていない。

問4．総当たり対戦表といい，左側縦のA列が各チームで，4行目は対戦相手チーム。自分のチーム対自分のチームはないので斜線が引かれる。

　　この問題では，勝ったら○，引き分けは△，負けは×を記入し，G列の計算式により，○は2点，△は1点として得点に表示される。

　　表の見方は，横の行方向に見ていき，例えばA5の3年1組は，C5で3年2組に勝って○，E5で3年4組に勝って○，F5で3年5組に引き分けて△，得点は7点なので，D5は○で3年3組に勝ちとなる。

	A	B	C	D	E	F	G
1							
2	対戦表						
3				対戦相手			
4		3年1組	3年2組	3年3組	3年4組	3年5組	得点
5	3年1組		○	○	○	△	7
6	3年2組	×		×	×	○	2
7	3年3組	×	○		△	×	3
8	3年4組	×	○	△		○	5
9	3年5組	△	×	○	×		3

　　(a)は，D5で3年1組は3年3組に勝って○なので，B7については，3年3組は3年1組に負けているので×となる。総当たり対戦表の仕組みがわからないとすぐには回答できない問題である。

　　(b)は，F7の値によって回答する。まずD6で3年2組は3年3組に負けて×なので，C7については，3年3組は3年2組に勝っているので○，G7の得点は3なのでF7は×で3年3組は3年5組に負けとなる。よって(b)のD9は，3年5組は3年3組に勝って○となる。

問5．ア．フィルタとは，入力データのなかから，特定の条件を満たすデータだけを抽出する機能。

　　ウ．ゴールシークとは，ある数式の計算結果から，その結果を得るための数値を逆算する機能。

【6】

問1．HLOOKUP関数は，=HLOOKUP(検索値,範囲,行番号,[検索方法])により「範囲」の上端行から，「検索値」と一致する値を検索し，その列の上から数えて「行番号」行目のデータを表示する。選手番号の左から2文字を使ってB23～F24を行方向に検索するにはHLOOKUP関数を使用する。学校コードは昇順に並んでいないため検索の型はFALSE（完全一致）を指定する。

問2．RANK関数は，=RANK(数値,範囲,順序)のように使用する。引数の順序は0が降順で1が昇順を指定する。ポイントは「総得点」の降順に順位を求めるため，引数は0を指定する。

問3．備考は，L列の総得点が2500より大きい，または，M列のポイントが10以上の場合「○」が表示される。

問4．SUMIFS関数は，=SUMIFS(合計対象範囲,条件範囲1,条件1)により「合計範囲」の中で「条件範囲」の「条件」を満たすデータの合計を求める。

　　ア．引数の合計対象範囲が「総得点」になっている。

　　イ．引数の条件が「学校コード」になっている。

問5．MATCH関数は，=MATCH(検査値,検査範囲,[照合の種類])により，「検査範囲」を検索し，「検索値」と一致する相対的なセル位置を表す数値を求める。

　　INDEX関数は，=INDEX(配列,行番号,列番号)により，「配列」の中で，上からの行番号と左からの「列番号」が交差する値を表示する。

　　問題のB29に設定する式の考え方は，まずMAX関数によりE列で最も得点の高い値を求め，MATCH関数でその値が上から何番目かを求め，INDEX関数によりB6からB20の範囲で対応する値を求める。

　　イ．数式をC29までコピーするため，$B$6:$B$20のように絶対参照でセル番地をB列に固定しない。

　　ウ．数式をC29までコピーするため，$B6:$B20のようにB列を固定しない。

実技試験問題

C6：=VLOOKUP(B6,県表!$A$4:$B$12,2,FALSE)

D6：=SUMIFS(売上表!$D$4:$D$111,売上表!$C$4:$C$111,報告書!B6)

E6：=SUMIFS(売上表!$E$4:$E$111,売上表!$C$4:$C$111,報告書!B6)

F6：=VLOOKUP(B6,県表!$A$4:$C$12,3,FALSE)

G6：=ROUNDDOWN(E6/F6,1)

H6：=RANK(E6,$E$6:$E$14,0)

I6：=IF(AND(F6>=700000,G6>=180),"○","")

D18：=SUMIFS(売上表!$D$4:$D$111,売上表!$A$4:$A$111,報告書!B18)

E18：=SUMIFS(売上表!$E$4:$E$111,売上表!$A$4:$A$111,報告書!B18)

F18：=AVERAGEIFS(売上表!$E$4:$E$111,売上表!$A$4:$A$111,報告書!B18)

D22：=SUM(D18:D21)

G18：=E18/$E$22

グラフの作成

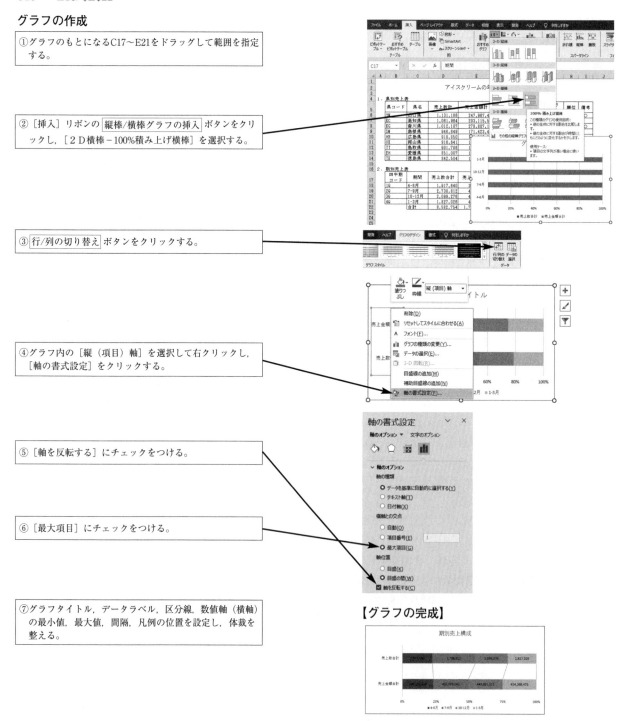

① グラフのもとになるC17～E21をドラッグして範囲を指定する。

② ［挿入］リボンの 縦棒/横棒グラフの挿入 ボタンをクリックし，［2D横棒－100%積み上げ横棒］を選択する。

③ 行/列の切り替え ボタンをクリックする。

④ グラフ内の［縦（項目）軸］を選択して右クリックし，［軸の書式設定］をクリックする。

⑤ ［軸を反転する］にチェックをつける。

⑥ ［最大項目］にチェックをつける。

⑦ グラフタイトル，データラベル，区分線，数値軸（横軸）の最小値，最大値，間隔，凡例の位置を設定し，体裁を整える。

【グラフの完成】

主催　公益財団法人　全国商業高等学校協会

令和5年度（第70回）情報処理検定試験ビジネス情報部門　第2級 筆記

審　査　基　準

【1】

1	2	3	4	5
ク	イ	ウ	コ	カ

【2】

1	2	3	4	5
ア	キ	エ	オ	ク

【3】

1	2	3	4	5
ア	イ	ウ	ウ	ア

【4】

問1	問2	問3	問4	問5
ウ	ア	イ	ア	6

各3点 20問　小計 **60**

【5】

問1	問2	問3	問4 (a)	問4 (b)	問5
イ	ウ	ア	80	115	ウ

【6】

問1	問2	問3	問4	問5
ア	3	イ	ア	イ

※　複数解答問題は，問ごとにすべてができて正答とする。

各4点 10問　小計 **40**

得　点　合　計 **100**

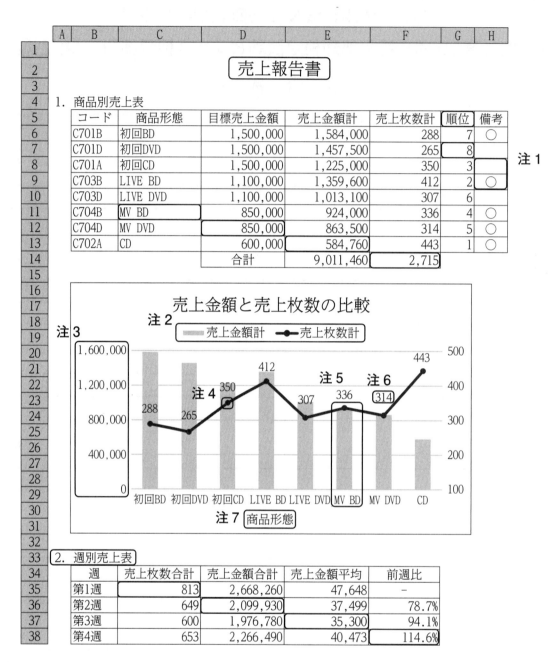

1. 商品別売上表

コード	商品形態	目標売上金額	売上金額計	売上枚数計	順位	備考
C701B	初回BD	1,500,000	1,584,000	288	7	○
C701D	初回DVD	1,500,000	1,457,500	265	8	
C701A	初回CD	1,500,000	1,225,000	350	3	
C703B	LIVE BD	1,100,000	1,359,600	412	2	○
C703D	LIVE DVD	1,100,000	1,013,100	307	6	
C704B	MV BD	850,000	924,000	336	4	○
C704D	MV DVD	850,000	863,500	314	5	○
C702A	CD	600,000	584,760	443	1	○
		合計	9,011,460	2,715		

注1

売上金額と売上枚数の比較

注2　注3　注4　注5　注6　注7

2. 週別売上表

週	売上枚数合計	売上金額合計	売上金額平均	前週比
第1週	813	2,668,260	47,648	－
第2週	649	2,099,930	37,499	78.7%
第3週	600	1,976,780	35,300	94.1%
第4週	653	2,266,490	40,473	114.6%

配点

① 表の作成（⬭）の箇所 ……… 5点×13箇所＝65点
② 罫線 ……………………………………………… 5点×1箇所＝5点（2つの表の罫線が正確にできている）
③ グラフの作成（⬭）の箇所 … 5点×6箇所＝30点

注1 C701Aが空白，C703Bが ○ 。
注2 位置はグラフの上側にあること。左右の順序は問わない。
注3 最小値（0），最大値（1,600,000）および間隔（400,000）。
注4 初回CDの売上枚数計が折れ線グラフであること。データラベルとマーカーの有無は問わない。
注5 MV BDの売上金額計が集合縦棒グラフであること。
注6 数値（314）。
注7 位置はグラフの下側にあること。

解説

【1】

ア．小説や音楽，美術，映画などを創作すると自動的に発生する権利。

エ．プリンタで出力する文字や画像を構成する最小の要素である点。

オ．ファイルを上書きしたり，データを追加したりすることができる権限。

キ．アメリカの規格協会が定めた文字コードで，数字やアルファベットを7ビットのコードで表す。

ケ．任意の文字列や1つの文字の代用として使うことができる記号。

【2】

イ．アーカイバ　　ウ．テキストファイル　　カ．シリンダ　　ケ．シェアウェア　　コ．ISO

【3】

1．計算式：①2進数1101011と2進数111011との差は110000になる。

```
   1101011
 −  111011
   110000
```

②2進数110000を10進数で表すと48になる。

```
  1   1   0   0   0   0
  ×   ×   ×   ×   ×   ×
  2⁵  2⁴  2³  2²  2¹  2⁰
  ↓   ↓   ↓   ↓   ↓   ↓
  32 +16 + 0 + 0 + 0 + 0 = 48
```

2．ア．静止画像を圧縮して保存するファイル形式。フルカラーの画像を多少の劣化を伴いながら高い圧縮率で記録できる。

　　ウ．静止画像を点の集まりとして，圧縮せずに記録するファイル形式。

3．ア．スマートフォンなどの通信機能を使って，他のコンピュータ等をインターネットに接続する機能。

　　イ．建物や敷地内などの限られた範囲を結んだネットワーク。

4．ア．組織内部のネットワークと外部のネットワークとの間に立ち，外部からの不正アクセスなどから保護するためのシステム。

　　イ．プログラムの設計ミスなどにより発生するセキュリティ上の欠陥。

5．積集合とは，2つの集合から共通部分を取り出す演算であり，次の4レコードになる。

会員番号	会員名
1016	小田　○
1033	富川　○○
1060	高橋　○○
1082	森山　○

【4】

問1．主キーとは，テーブルの中でレコードを識別するための1つだけしか存在しない値であり，売上表の主キーは，それぞれのレコード（行）を特定するために「売上コード」を設定している。

　　外部キーとは，テーブル内で別の表で主キーとなっている値であり，売上表では「入館料コード」が入館料表の主キーとして設定されている。

問2．貸出表から料金が450以上の品目を抽出する。

問3．入館料表と売上表を入館料コードで結合し，入館料表と売上表から，種別が朝風呂の売上コードと大人人数を抽出する。

問4．入館料表と売上表を入館料コードで結合し，売上表と貸出明細表を売上コードで結合し，貸出表と貸出明細表を貸出コードで結合し，入館料表と売上表と貸出表と貸出明細表から，種別が平日かつ料金が500よりも小さい品目と数量を抽出する。

問5．貸出明細表から貸出コードがK001の数量の平均を実行結果として求める。

【5】

問1．ア・ウ．「購入回数」が3の倍数の場合はポイントが1倍で，それ以外の場合にポイントが3倍になってしまう。

問2．「変更前学部名」の左側から「変更部分文字」を除いた文字列に，「変更後文字」をつなげ，「変更前学部名」の右側から「変更部分文字」を除いた文字列をつなげて作成する。

　　LEFT関数は，=LEFT(文字列,文字数)により文字列の左側（文字列の先頭）から，指定した文字数を取り出す。

　　RIGHT関数は，=RIGHT(文字列,文字数)により文字列の右側（文字列の終わり）から，指定した文字数を取り出す。

　　LEN関数は，=LEN(文字列)により文字列の文字数を求める。

　　SEARCH関数は，=SEARCH(検索文字列,対象,[開始位置])により，「対象」の中から「検索文字列」を検索し，最初に現れる位置を求める。

　　ア．TEXT関数は，=TEXT(値,表示形式)により「値」を指定した「表示形式」の文字列に変換する。

　　イ．COUNTIFS関数は，=COUNTIFS(検索条件範囲,検索条件)により，「検索条件範囲」の中で「検索条件」を全て満たすデータの個数を求める。

問3．SMALL関数は，=SMALL(配列,順位)により，配列の中で，「順位」番目に小さい数値を求める。

　　イ．LARGE関数は，=LARGE(配列,順位)により，配列の中で，「順位」番目に大きい数値を求める。

　　ウ．MIN関数は，=MIN(範囲)により，範囲の中で最小値を求める。

問4．シート名「合計」のB4には，シート名「1学年」からシート名「3学年」のB4の値を合計する数式が設定されている。

$$(a) + 60 + 70 = 210 \qquad (a) = 80$$
$$40 + 20 + 55 = (b) \qquad (b) = 115$$

問5．ア．ゴールシークとは，ある数式の計算結果から，その結果を得るための数値を逆算する機能。

　　イ．クロス集計とは，指定した複数の列ごとにデータを集計する方法。ピボットテーブルともいう。

【6】

問1．イ．VLOOKUP関数は，=VLOOKUP(検索値,範囲,列番号,[検索方法])により使用するが，検索方法にTRUEを使用すると，検索値と近似値一致の検索方法となり，検索する列が昇順に並んでいないと正しい値が得られない。エリア別集計表の「エリアコード」は昇順に並んでいないため適切ではない。

　　ウ．HLOOKUP関数は，検索する値が行方向（横）に並んでいる場合に使用する。

問2．I列の関数は，もしD列の「いちご狩り」がE列の「直接販売」より大きく，かつ，H列の「順位」が5以下の場合〇を表示する。

問3．SUMIFS関数は，=SUMIFS(合計対象範囲,条件範囲,条件)により，「合計対象範囲」の中で，「条件範囲」の「条件」をすべて満たすデータの合計を求める。

　　ア．「条件範囲」と「条件」が「エリア名」を指定していない。

　　ウ．「合計対象範囲」が「その他」を指定している。

問4．売上金額合計の合計範囲を絶対参照で固定することにより，式をE25までコピーしても売上金額合計の合計範囲は変化しない。

　　イ．売上金額合計の合計範囲が絶対参照で固定されていない。

　　ウ．売上金額がC22に固定されていて，かつ，売上金額合計の合計範囲が絶対参照で固定されていない。

問5．LARGE関数は，=LARGE(配列,順位)により「配列」の中で「順位」番目に大きい数値を求める。

　　ア・ウ．MAX関数で求めることができるのは，最大値（上位1位）のみである。また，ア．はMAX関数の引数の設定が正しくない。

実技試験問題

C6：=VLOOKUP(B6,商品表!$A$4:$B$11,2,FALSE)

D6：=VLOOKUP(B6,商品表!$A$4:$C$11,3,FALSE)

E6：=SUMIFS(売上表!$E$4:$E$227,売上表!$C$4:$C$227,報告書!B6)

F6：=SUMIFS(売上表!$D$4:$D$227,売上表!$C$4:$C$227,報告書!B6)

G6：=RANK(F6,$F$6:$F$13,0)

H6：=IF(OR(F6>350,E6>D6),"○","")

E14：=SUM(E6:E13)

C35：=SUMIFS(売上表!$D$4:$D$227,売上表!$B$4:$B$227,報告書!B35)

D35：=SUMIFS(売上表!$E$4:$E$227,売上表!$B$4:$B$227,報告書!B35)

E35：=AVERAGEIFS(売上表!$E$4:$E$227,売上表!$B$4:$B$227,報告書!B35)

F36：=ROUNDDOWN(D36/D35,3)

グラフの作成

① グラフのもとになるC5～C13とE5～F13をドラッグして範囲を指定する。

② ［挿入］リボンの 複合グラフの挿入 ボタンをクリックし，［集合縦棒－第2軸の折れ線］を選択する。

③ グラフをクリックし， グラフの種類の変更 ボタンをクリックする。

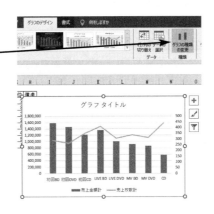

④ 「売上枚数計」の「折れ線」を「マーカー付き折れ線」に変更する。

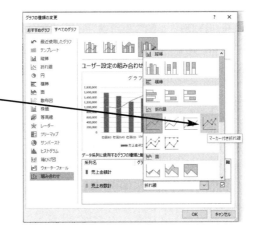

【グラフの完成】

⑤ グラフタイトル，軸ラベル，データラベル，最小値，最大値，間隔，凡例の位置を設定し，体裁を整える。

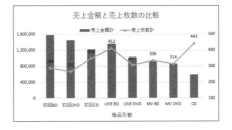

1．ハードウェア・ソフトウェアに関する知識

(1) **ハードウェアの構成**　1　OCR　2　OMR　3　磁気ディスク装置　4　磁気ヘッド

5　アクセスアーム　6　シリンダ　7　トラック　8　セクタ　9　UPS

(2) **ソフトウェアに関する知識**　10　ドット　11　ピクセル（画素）　12　解像度　13　dpi

14　ppi　15　RGB　16　CMYK　17　圧縮　18　解凍　19　アーカイバ　20　プラグアンドプレイ

(3) **ディレクトリとファイル**　21　ルートディレクトリ　22　サブディレクトリ　23　拡張子

24　テキストファイル　25　バイナリファイル　26　ファイル形式　27　BMP　28　JPEG

29　GIF　30　PNG　31　MPEG　32　MIDI　33　MP3　34　CSV　35　PDF　36　ZIP

(4) **関連知識**　37　ISO　38　JIS　39　ANSI　40　IEEE　41　文字コード　42　JISコード

43　ASCIIコード　44　Unicode　45　イニシャルコスト　46　ランニングコスト

47　TCO（総保有コスト）　48　ワイルドカード（＊　？）

2．通信ネットワークに関する知識

(1) **ネットワークの構成**　49　アナログ回線　50　デジタル回線　51　LAN　52　パケット

53　有線LAN　54　無線LAN　55　Wi-Fi　56　SSID　57　テザリング

(2) **ネットワークの活用**　58　ピアツーピア　59　クライアントサーバシステム　60　ストリーミング

61　グループウェア

3．情報モラルとセキュリティに関する知識

(1) **権利の保護と管理**　62　知的財産権　63　産業財産権　64　著作権　65　肖像権　66　著作権法

67　個人情報保護法　68　不正アクセス禁止法　69　フリーウェア　70　シェアウェア

71　サイトライセンス　72　OSS

(2) **セキュリティ管理**　73　多要素認証　74　多段階認証　75　ワンタイムパスワード

76　シングルサインオン（SSO）　77　アクセス許可　78　フルコントロール　79　読み取り

80　書き込み　81　ファイアウォール　82　セキュリティホール　83　キーロガー　84　ランサムウェア

85　ガンブラー　86　バックアップ　87　暗号化　88　復号

4．データベースソフトウェアの活用

(1) **リレーショナル型データベース**　89　データベース　90　DBMS　91　基本表（実表）

92　テーブル（表）　93　レコード（行）　94　フィールド（列）　95　データ型　96　数値型

97　文字型　98　日付/時刻型　99　仮想表（ビュー表）　100　関係演算　101　選択

102　射影　103　結合　104　集合演算　105　和　106　差　107　積　108　主キー

109　複合キー（連結キー）　110　外部キー

①COUNTIFS　②SUMIFS　③AVERAGEIFS　④VLOOKUP　⑤HLOOKUP　⑥INDEX
⑦MATCH　⑧TEXT　⑨FIND　⑩SEARCH　⑪LARGE　⑫SMALL　⑬INT　⑭MOD
⑮AND　⑯OR　⑰NOT　⑱TIME　⑲DATE　⑳YEAR　㉑MONTH　㉒DAY　㉓HOUR
㉔MINUTE　㉕SECOND　㉖WEEKDAY

①(a)SELECT　(b)FROM　(c)WHERE　②AND　③OR　④NOT　⑤(a)蔵書表,貸出表
(b)蔵書表.書籍コード　(c)貸出表.書籍コード　⑥SUM（貸出回数）　⑦(a)AVG（貸出回数）
(b)著者コード = 'B367'　⑧MAX（貸出回数）　⑨MIN（発売年）　⑩(a)COUNT（＊）
(b)会員番号 = 11340052　⑪(a)AS　(b)貸出日 = 20210409